浙江省哲学社会科学规划重点课题研究成果

新时代国有企业发展的改革深化研究

廖家财　著

U0647737

ZHEJIANG UNIVERSITY PRESS
浙江大学出版社

图书在版编目（CIP）数据

新时代国有企业发展的改革深化研究 / 廖家财著. —杭州：浙江大学出版社，2021.6（2022.6 重印）
ISBN 978-7-308-21419-3

Ⅰ.①新… Ⅱ.①廖… Ⅲ.①国有企业—企业改革—研究—中国 Ⅳ.①F279.241

中国版本图书馆 CIP 数据核字（2021）第 091312 号

新时代国有企业发展的改革深化研究
廖家财　著

责任编辑	顾　翔　张一弛
封面设计	周　灵
出版发行	浙江大学出版社
	（杭州市天目山路 148 号　邮政编码 310007）
	（网址：http://www.zjupress.com）
排　　版	杭州青翊图文设计有限公司
印　　刷	广东虎彩云印刷有限公司绍兴分公司
开　　本	710mm×1000mm　1/16
印　　张	15.25
字　　数	242 千
版 印 次	2021 年 6 月第 1 版　2022 年 6 月第 2 次印刷
书　　号	ISBN 978-7-308-21419-3
定　　价	49.00 元

推荐序
Recommendation preface

　　国有企业是中国特色社会主义的重要物质基础和政治基础,是我们党执政兴国的重要支柱和依靠力量。随着国有企业改革的不断推进,国有资产监管体制不断健全,国有经济布局与结构不断优化,国有企业在社会主义市场经济中,市场主体意识不断增强,运行机制不断完善,运行质量不断提高,在国民经济中的主导地位不断巩固。

　　但同时,国有企业改革并未完全到位,一些深层次固有矛盾和问题依然突出,国有企业改革继续深化意义重大且任务艰巨。改革至今,国有经济布局和结构调整的节奏尚需进一步加快。虽经多次调整,国有经济布局仍不够集中,国有企业尤其是地方国有企业小而散的状况尚未根本改变,国有经济战线过长、分布过散问题仍然突出。国有企业运行效率亟须进一步提高。由于历史原因,部分国有企业功能目标不明确,分类改革监管不到位,仍存在经营机制不活、效率不高等问题。部分国有企业缺乏公平、公正、公开的市场竞争意识,大而不强,没有充分发挥行业引领和市场主导优势。国有企业治理和激励约束机制尚需进一步完善。不可否认,国有企业公司制股份制改革取得了瞩目的成就,但部分深层次根本性问题尚未得到彻底解决,例如政企不分、产权制度改革滞后、股权结构不合理、法人治理结构不完善、内部人控制等问题。部分国有企业运行过程中缺乏有效的激励机制,内部分配制度仍存在平均主义现象,紧缺型专业技术人才、高级管理员工等人才流失严重。国有资产监督管理体制仍待进一步完善。历史上国有企业从规模扩张、高速发展一路走来,体制机制、发展方式比较适应传统产业和基础产业,公司治理、商业模式还不太适应新阶段、新任务,公司层级过多,国资监管没有真正转到管资本上来,国有企业转变观念和思路的任务依然迫切。

当前,我国社会经济发展已经进入新阶段,发展速度、结构、动力呈现新的特点。国有企业是我国先进生产力、国家综合实力和国际竞争力的代表,行业产业的影响力强,在适应引领经济发展新常态、推进供给侧结构性改革中发挥着重要的带动作用。深入推进国有企业改革,将有力促进国民经济转型升级,为我国经济高质量发展做出重大贡献。在新的发展阶段,必须进一步深化国有企业改革,推动国有经济、国有资本和国有企业布局优化、结构调整和战略性重组,实现质量更高、效益更好、结构更优的发展,有效发挥主导作用,推动我国经济实现中高速增长、迈向中高端水平。深化国有企业改革是推动我国经济创新高质量发展的重大战略举措。国有企业拥有雄厚的科研、人才和技术积累,实施国家重大创新工程的基础好、实力强,在载人航天、探月工程、深海探测、高速铁路、商用飞机、特高压输变电、移动通信等领域取得了一批具有世界先进水平、标志性的重大科技创新成果,承担了一批重大基础设施、公共服务工程和许多国防科技工业重大项目,彰显了国之重器的实力与担当。深化国有企业改革,提升企业经营效率、市场竞争力和创新能力,是"十四五"期间推动我国经济创新发展、高质量发展的重大战略举措和最重要抓手。深化国有企业改革是提高国民经济整体运行效率的重要保障。我国国有企业大多分布在关系国计民生的重要和关键领域,特别是在能源、交通、通信、重大基础设施、公共服务等基础领域,处于产业链、价值链上游,因此国有企业经营效率对产业链上下游、对整个国民经济的运行质量都具有重要的决定性影响。无论是在关系国民经济命脉的重要行业和关键领域,还是在非重要行业和非关键领域或者一般竞争性领域,依据"有所为,有所不为"的原则,以经营效率为核心标准,进一步深化国有企业改革,建立现代企业制度,将对提高整个国民经济的运行效率起到重要的基础和保障作用。

在新发展阶段、新形势下,国有企业改革面临新的历史使命。"十四五"时期,是我国全面建设社会主义现代化国家的第一个五年,我国将向第二个百年奋斗目标进军,到21世纪中叶把我国建成富强民主文明和谐美丽的社会主义现代化强国。"两个一百年"的奋斗目标,尤其是第二个百年奋斗目标的实现,必然要求涌现一大批具有国际竞争力的世界一流企业,这是国有企业必须要扛起来的重要历史使命。国有企业改革面新的发展要求。中国特色社会主义进入新时代,我国社会主要矛盾已经转化为人民日益增长的美好生活需要和不平衡不充分的发展之间的矛盾,经济发展面临的主要矛盾和矛盾的主要方面在供给侧。国有企业是中国特色社会主义的重要物质基础,是社会主义市场经济产品和服务的重要供给方。国有企业的生产能力和水平与高质量发展还有一定差距,无法很好满足社会发展和人民生活高端高质的新需求。人民日益增长的美好生活需要必然要求国有企业牢牢把握高质量发展的要求,坚持质量第一、效益优先,坚定推进供给侧结构性改革,把提高供给体系质量作为主攻方向,提供更高质量的产品、更高水平的服务,推动我国经济迈向高质量发展的新阶段。国有企业改革面临国内外复杂形势的挑战。"十四五"时期国有企业面临的内外环境会更加复杂,国有企业改革发展机遇与挑战并存。国际格局和国际经济发展形势复杂多变,对外贸易不确定性在增加,下行压力在增大。世界格局出现以科技竞争为核心的全面竞争态势,我国关键核心技术的"卡脖子"问题会更加突出,创新需求更加迫切。国有企业迫切需要摆脱技术依赖,在关键核心技术上努力突破。党的十九大报告明确指出,我国经济要由高速增长的阶段转向高质量发展的阶段,要形成质量第一、效益优先的现代化经济体系。我国投资难以维持高增长,粗放式增长模式难以为继,国有企业长期依赖的大规模快速扩张的发展模式将面临巨大挑战,国有企业改革发展面临的转型升级的倒逼压力会更强烈,必须要下决心推动企业发展进行质量变革、效益变革、动力变革。全面深化改革向纵深推进,市场竞争环境要求更加公平公开公正,这都对"十四五"期间深化国有企业改革提出了更高要求。

廖家财同志多年来一直致力于国有企业改革理论和实践的研究，并取得丰厚的学术成果。2019 年他申请浙江省哲学社会科学规划重点课题"全面深化改革背景下国有企业资产监督机制研究"并获得支持，本论著系该课题的研究成果。论著从国有企业改革历史和现实出发，通过考察借鉴国外国有企业改革的先进经验，探索了新时代国有企业改革的新方向和新路径，这对推进"十四五"乃至更长时间的国有企业改革必将产生重要影响！

是为序！

朱谐汉

2021 年 6 月 6 日于中央党校南校区

前言
Preface

　　国有企业是国民经济的支柱性力量,在很多生产与生活领域都发挥顶梁柱作用,大部分的国有企业集中于关乎国计民生的战略性行业,包括能源、通信、交通等。近年来,虽然随着"国退民进"、民营企业快速发展,国有企业占国民生产总值的比重已经下降到 30％左右,但国有企业上缴的利税却占到国家财政收入的 60％以上。

　　在新中国成立初期,我国国营企业依靠出色的经营,迅速有效地稳定了国内市场经济环境,沉重打击了资产阶级哄抬物价、扰乱市场的行为,对于巩固民生与新生政权起到了积极作用。

　　在社会主义国家建设时期,国营经济也在不断发展,帮助中国迅速从一穷二白中走出来,极大地满足国内群众的生活需求与经济发展需要,推动国计民生的进一步改善,在民生领域发挥了不可替代的作用。

　　在改革开放时期,国有企业除继续发挥应有作用外,还成为社会经济改革的重要力量,不仅带动我国中小型企业的发展,而且促进国民经济的转型发展。随着改革开放的开启,计划经济向社会主义市场经济转变,国有企业改革的序幕拉开,为国民经济发展做出了突出贡献。

　　从目前情况看,国有企业发展中还依然存在一些突出矛盾,如何激发国有企业发展活力、效率和竞争力,使其在国际化浪潮中继续做大做强,承担起民族复兴的重任,是国有企业下一步改革的重要方向。2019年11月召开的国务院国有企业改革领导小组第三次会议对国有企业改革进行了部署,制定了国有企业改革的行动方案,主要从国有企业制度体系出发,推动国有企业改革向纵深发展。

本书聚焦历史,立足当今,展望未来,从国有企业改革历史之路入手,探索新时代国有企业深化改革的背景、价值及其面临的机遇与挑战,进而在党的十九大精神引领下,提出国有企业改革发展的新方向与新路径。希望本研究有助于加快改革步伐,推动国有企业高质量发展,构建国有资产监管大格局。

目录 Contents

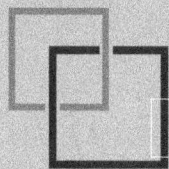

第一章

国有企业改革的历史进程
与现状

第一节　国有企业的主要特征

在我国,国有企业产生、发展的目的不在于追求经营利润、追求经济效益的最大化,而是服务社会,实现社会效益的最大化。因此,相对于民营企业,国有企业具有很多特点,不能因为追求经济效益而浪费公共资源。相对而言,我国民营企业的设立与发展则是为追求经济效益,满足企业经营者个人的经济需要,当然在参与竞争的过程中也会产生一些社会效益,带动地方经济发展。可以说,国有企业与民营企业在经营目的上存在本质上的区别:民营企业的经营目的在于获取经济效益;国有企业在主观与客观方面都是以社会效益最大化为目的,是满足社会发展需要的准营利性组织。

作为准营利性组织的国有企业应该切实强化对运营效率、运行质量的追求,扩大收入,提升企业经营利润。但是在追求盈利的过程中,不能简单地依赖政府扶持,引起不公平的竞争;也不能借助公共资源来获得盈利;更不能凭借自己的垄断地位,借助挤压民营企业来盈利⋯⋯这些盈利途径都不符合我国社会主义制度,也不符合我国政府对市场经济的要求。最初设立国有企业,是为了满足社会发展需求、人民群众需求,来弥补自由市场存在的缺陷,向社会提供高品质的公共产品与服务。可见,国有企业设立的目的并不是追求经济效益,而是追求社会效益。在研究中,明确国有企业设立的目的,有利于更好地回答和解决国有企业经营目标与改革目标的问题。从实际情况看,国有企业的设立在于解决市场失灵问题,其体现的是国家、政府的意志。具体到我国,除了达到以上目的之外,还希望通过设立国有企业来推动国民经济的发展。

我国国有企业的发展大致经历了国营企业和国有企业两个历史性的阶段,但直到目前为止,社会对国有企业的概念、意义尚未达成共识。自由市场中的企业以民营企业为主,民营企业以盈利为目的,但却无法在参与市场竞争的过程中最大限度地满足社会公共需要。根据英国哲学家约翰·洛克在《政府论》中所说"权力不能私有,财产不能公有,否则人类就会进入灾难之门",在自由的市场经济中,政府是市场经济的引导者和"守夜人",承担的无非是向社会提供公共服务,保护公民的生命财产、受教育权、健康权等各项基本权利的责任。在自由市场经济中不存在国有企业参与竞争的问题。但从另一个角度看,真正自由的市场经济是不存在的,市场经济中必然会出现自然垄断、外部性等市场"失灵"的问题,进而导致市场无法为社会发展提供必需的公共产品和服务。面对这一情况,政府所设立的国有企业就可作为重要补充,因此,欧美现代发达国家即借助政府财政资金设立国有企业,来有效弥补自由市场的缺陷,设立的国有企业主要集中于教育、医疗、国防、基础科研等涉及国计民生的关键领域。在这些领域,国有企业并没有完全覆盖,却提供了坚实的力量。西方政府所设立的国有企业,除了国家出资这一特点外,其他属性与一般企业类似,属于现代企业法律制度下的普通企业。国有企业中的管理人员与普通员工只是企业的雇员,不是公职人员,不具有任何的行政职能和级别。政府只是以出资者、股东的身份来影响国有企业管理层、董事会的决策,进而实现对国有企业发展的管理,以满足社会发展的需要。虽然政府出资设立的国有企业,其经营目的不在于追求经济效益,但也需要以企业效率最大化为目标进行经营,监督管理者依据效益最优化原则进行考核。综合而言,市场经济中政府出资设立国有企业,其目的是满足社会公众对服务、产品的需求,按照"谁出资则企业产权归属谁"的原则,国有企业的所有权归属政府。

国有企业虽然是国家出资,但这也只能说明国家出资建立的目的在于满足社会需要,因为这些社会需要无法由民营企业来满足,或者民营企业认为这些服务、产品无利可图,所以这些产品服务只能由政府提供。"国家所有"是按照谁出资谁所有的产权制度而产生的法律结果,但这并不是国家出资设立国有企业的根本性目的。因为这些资本即使不被政府用来设立国有企业,也归政府所有,而国家即使不出资设立国有企业,这些资本也不会有所损失。如果政府没有出资,那么就没有"国有企业"这一概念,所以过度强调国有企业所有权的研究是无意义的。国有企业最核心的特点不在于所有权归属的问题,而在于为什么出资。"谁出资谁所有"是产权法律制度下的题中应有之义,但是国家出于公共目的出资设立国有企业体现了其特殊性。有鉴于此,国有企业的基本含义就是由国家出资成立的企业,我们称之为"国资企业"要比称之为"国有企业"更能够体现其主要特征。我国政府 2008 年发布的《中华人民共和国企业国有资产法》中对国资企业进行了明确规定,指出国家出资企业,是指国家出资的国有独资企业、国有独资公司,以及国有资本控股公司、国有资本参股公司。但因为人们更习惯"国有企业"这一称呼,故而本书沿用"国有企业"的说法。相对于民营企业、集体所有制企业,国有企业具有很多特点。

一、国有企业并不一定由国家经营

国有企业是由国家出资设立的企业,但并非一定由国家经营。为什么国有企业没有被交由下属各级政府部门进行管理与经营?因为各级政府是社会管理者和公共服务的提供者,在社会主义市场经济制度下,各级政府的作用是维护公平竞争环境,是市场的监督者与管理者。如果政府参与到市场竞争中,那么必然会导致市场竞争制度受到严重破坏,影响市场公平竞争。其他的民营企业、外资企业、混合所有制企业缺乏公权强制力,如果政府直接通过自身经营的企业参与到市场竞争中,政府作为经营主体很容易利用手中的公共权力获取垄断收益。在这一背景下,无论是国有企业管理者,还是政府职员,都可能会凭借公共权力和特殊身份为自己谋取不正当利益。所以国有企业的所有权虽然归属各级政府所有,但对其经营权必须进行分离,使经营权归属独立的出资人代表。

就我国而言,国有资产监督管理委员会(国资委)并未参与国有企业经营,只是国有资产的监督管理者,它所监督管理的国有资产包括但不限于在国有企业的国有资产。国资委作为政府代表和出资人代表对国有企业进行监督管理也存在一些问题,主要是国资委的身份、角色问题,即既有政府角色,也有企业角色。近年来,在深化国有企业体制改革的探索中,为有效解决政企不分和政资不分的问题,我国政府逐步借助国有资本投资运营公司实现对国有企业的监督与管理,通过资产经营和管理实现国有资本保值增值,履行出资人的监管职责。

二、国有企业可能存在行政等级之分

国有企业是国家通过所掌握的公共资源与资本设立,以满足社会需要和弥补市场缺陷为目的的准营利性组织,所以国有企业并不是具有行政职能的政府机关,并未被要求设立行政等级。不仅欧美国家的国有企业具有这一特点,马来西亚、吉隆坡等国家的国有企业亦是如此。

然而具体到我国,国有企业既包括在国际市场上有较强竞争力的中石油、中石化这样的正部级大型企业,包括五大银行、招商局等副部级企业,也包括五矿集团等正厅级企业。除此之外,还包括各类省级、市级的国有企业。因此,我国国有企业有级别划分,如省级的厅级企业、市级的处级企业以及其他级别的科级企业。即相对于国外的国有企业,我国政府所设立的国有企业具有不同的行政等级。许多企业的总经理、党委书记也具有职务级别,这种具有行政级别的国有企业,在参与市场竞争中往往具有许多优势,国有企业管理者也可能借助行政特权来参与市场经济。当然在这个过程当中,各个级别的国有企业也需要承担更多的社会责任、政治责任,在经营中面临来自政府政策的干预,这导致国有企业在日常经营中难以真正独立,影响企业的职业化、专业化发展。这也是许多国有企业"大锅饭"思想严重、经营效率低下的根本原因。

三、国有企业员工不是国家公务员

虽然我国国有企业具有行政等级,许多国有企业经营者、管理者也具有与企业级别对应的行政等级,身份在国企管理者和政府行政官员之间转换。一般来说,部级、副部级、厅级、副厅级、县处级、副县处级、科级、副科级国有企业的管理者,其身份分别对应政府部门中相应的行政级别,他们下属的管理者也具有一些行政级别。同时,这些具有行政级别的国有企业管理者又接受上一级别党政机关的监督与管理。例如,部分市属国有企业管理人员归属市委组织部管理,根据"党管干部的原则",被称为"市管干部"。但是,"党管干部原则"与国资委管理国有企业之间存在冲突。

首先,许多大型国有企业的行政级别与国资委相等,国有企业干部任免权归属上级党委组织部。即国资委对于大型国有企业而言,管理力不足,由国资委进行国企人事及资产管理的理念很难得到落实。

其次,国有企业的高级管理者大多是具有行政等级的官员,所以在日常经营与企业管理中难以实现国企管理队伍的职业化发展,影响国有企业的健康运行。究其原因,国有企业管理者由上级部门、上级政府委任,是一种自上而下的选拔任命,而不是从市场中竞争选择的,部分缺乏企业管理经验的官员通过平调、选拔的方式任职于国有企业的管理岗位。这种管理者选拔途径对贯彻落实现代企业管理制度产生了十分消极的影响,尤其是在现代股份制企业管理制度与治理结构下,国资委选拔人才制度只能让现代管理机制流于形式,难以发挥真实的作用。

最后,在国有企业管理者任命过程中,往往还存在政府官员对国有企业经营策略、运营理念的干预,随之国有企业员工也变成一种"公务人员"。长此以往,必然会对国有企业体制改革与健康发展产生深远影响。国有企业基层员工或管理者都成为政府雇员而非企业一般从业者,对员工与国有企业之间的雇佣关系就很难按照《劳动法》进行规范,员工管理、员工晋升也就带有行政管理色彩,国有企业人力资源管理与人才队伍建设中难以形成有效的人力市场化聘用机制。

四、国有企业职工绩效考核与一般企业不同

正如前文所述,国有企业管理人员的任命需要摒弃传统方式,将行政任命转变为企业雇用,那么,国有企业管理经营者将会与普通员工、一线员工身份一致,转变为国有企业雇员而非公务人员。员工以企

业雇员身份就职于国有企业,就必须遵守劳动聘用合同的约定,在选拔、晋升、薪酬确定等方面按照企业管理模式进行。每个员工都必须恪守岗位职责,服从企业规章制度,依法取得合理报酬,并根据岗位获得与工作绩效一致的福利待遇。

普通员工与企业之间的劳动关系的确立,本质是双向选择的过程。员工在选择企业的同时,企业也在选择员工,对员工进行绩效考核是企业实施管理、选择人才的重要途径。但是国有企业经营的本质目标并非追求更大的经济效益,而是社会效益。那么,对员工就不能完全按照普通企业的绩效标准进行考核,考核指标也不能只与经济效益挂钩。尤其是不同级别、不同岗位的国有企业职工,其所承担的工作职责和所行使的权利不一样,在绩效考核中也应该有所考量。

国有企业董事会应该针对国有企业自身担负的使命和任务,合理确定与国有企业高管、中下级管理者和普通职工岗位相适应的绩效考核体系,确保薪酬福利待遇和选聘、晋升机制的客观公正。从实际情况看,我国一些国有企业在改革过程中只是将西方现代企业制度简单照搬。直接将西方企业绩效考核体系引入国企管理,这种"拿来主义"的方式是不对的。究其原因,首先是西方企业主要以追求经济效益为经营目的,而我国国有企业不同,我国国有企业以追求社会效益的最大化为经营目的。因此西方企业绩效考核体系与我国国有企业的经营目标不匹配。其次,如果简单将员工考核与经济效益进行挂钩,对国有企业员工是不公平的。最后,国有企业追求运营效率目的在于促进社会效益的最大化的实现,这一点亦与现代西方企业有本质区别。综上,国有企业的绩效考核必须与社会服务质量、服务能力等指标相关,需要结合国有企业自身情况制定有效的考核机制。

五、国有企业追求社会效益最大化

政府出资设立国有企业的目的是弥补自由市场的不足,进而为社会大众提供公共服务和产品。因此,国有企业经营的使命不是借助公共资源来实现企业经营利润或者经济效益的最大化,而是借助公共资源追求经营效率与社会效益的最大化。在这个过程中，效率的最大化不仅包括运营效率的最大化，也包括在提供社会公共服务的过程中利用最少的资源实现社会服务目标，即国有企业需要实现社会公共服务任务完成效率的最优化和期限内完成程度的最大化，而不仅仅追求企业财务指标的完成情况。例如，国资委下属投融资平台，强调和追求利用最小的资金成本完成融资任务，更好地实现融资目标，促进国有企业的健康发展。又如，企业绩效考核中主要观察相应指标的完成情况，并据此对国有企业薪酬总量进行控制，不能随便增加子公司，不得随意聘请中介机构，不得随意签订业务外包与劳务合同，等等。将国有企业运营效率与经营质量作为对国有企业进行考核的依据，而不是简单地对企业所获取的经营利润进行考核。

第二节　国有企业的功能

相关研究者认为，在中国特色社会主义制度下，政府所设立的国有企业有两个基本功能：一是经济功能，二是社会功能。经济功能即实现对国民经济发展的促进，社会功能则是借助国有企业来实现社会主义发展目标。从这两个角度考虑，在中国特色社会主义背景下，我国国有企业的功能具体包含以下几个方面。

一、主导功能

2018 年修订的《中华人民共和国宪法》第六条和第七条规定，"中华人民共和国的社会主义经济制度的基础是生产资料的社会主义公有制，即全民所有制和劳动群众集体所有制"，"国家在社会主义初级阶段，坚持公有制为主体、多种所有制共同发展的基本经济制度"，"国有经济，即社会主义全民所有制经济，是国民经济中的主导力量"。党的十五大至今的全会报告,均指出国有企业在国民经济、社会发展中的主导作用,是我国经济发展与国计民生的支柱。因此,国有企业的设立与发展对于稳定国民经济发展,引导经济发展方向,实现对国民经济的调控都具有重要价值。尤其是,在基础设施、国防军工、能源安全、粮食储备、高新技术企业以及垄断性的行业,国有企业更是起到中流砥柱的作用。掌握这些领域便能够确保国家的经济安全、人民生命财产安全不被国外资本或者外国企业控制。国家实行国有独资经营或国有控股公司控股经营,就是为了确保涉及国计民生、国家安全的行业领域不被个别私人或外国资本控制。

二、国民经济调控功能

在社会主义市场中,国有企业是由政府设立的,是政府进行宏观经济调控的重要途径,有力地引导着国民经济的发展。

例如,2008 年世界金融经济危机爆发后,为促进国民经济回暖与增长,避免经济"硬着陆"问题的发生,我国政府随即出台 4 万亿经济刺激计划,推动国家基础设施的建设。这些措施和经济刺激计划都是借助国有企业进行落实的,并取得了良好成效,我国也成为最快从这次世界性金融危机中走出来的国家。目前为止,虽然社会各界对经济危机期间的经济刺激计划褒贬不一,但在当时背景下,经济刺激计划在带领国民经济走出困境中的作用是不可替代的。当然,最为关键的是我国铁路、公路、航空等交通设施,以及通信、能源等重要经济领域都掌握在国有企业手中。这也是政府能够借助国有企业这只"无形之手"实现对宏观经济的调控的重要原因。

又如:在 2003 年应对"非典"时,国有企业也肩负起更多责任;2008 年年初应对中国南方出现的雨雪冰冻灾害,国有企业也发挥了重要作用;2008 年汶川大地震后的救援工作中,国有企业更是有力履行了自己的责任,肩负起相应的重建任务,在党中央的号召之下,无论是直属中央的企业还是地方性的国有企业,都积极参与到救援工作之中,不仅提供资金支持,而且也给予了大量的物资与人员支持。

三、稳定市场经济功能

新中国成立初期的上海,由于受到资本主义的影响,物价波动特别大,借助国有企业的力量,党中央迅速平抑地方物价,维持了社会的稳定。可见,国有企业对于稳定市场经济、保障社会和谐发展具有很大作用。尤其是在市场价格调整方面,国有企业有着很强的执行力,对影响自身经营效益的产品市场价格的调整能力等都远远强于其他类型的企业。在国民经济出现通货膨胀、通货紧缩时,为稳定经济发展,政府可以借助国有企业对社会中流通的产品、服务价格进行调控,进而减少自由市场竞争对经济发展产生的消极影响。例如,我国电力、移动通信、原油成品、城市供水供气等基础性产品的价格都由国有企业控制,目前也依然采用价格控制机制,所有这些公共产品与服务的价格都在政府政策引导下制定。但在这个过程中,也存在一个问题,即部分国有企业认为自己隶属于政府,执行政府的调控意图是理所当然的,因此在执行政府宏观调控政策时不太关注企业成本、利润的增减,即使连年亏损也毫不焦虑,而最终这些亏损都由政府买单。针对这一问题,笔者认为在执行政府政策时,国有企业亦不能忽视市场规律,应该在执行的同时追求效率、效益的最大化。这也是国有企业改革与发展的重要目标。

四、提供公共产品功能

为社会公众提供产品与服务,稳定国家经济发展是国有企业的一项基本功能。尤其是在过去的计划经济条件下,社会物资匮乏,许多关乎民生的产品都是由国有企业提供,能有效缓解社会物资匮乏的情况。随后,伴随着经济发展与国企改革,国民经济逐步由计划经济向市场经济转型,虽然一部分国有企业从经济领域退出,民营企业、外资企业等成为市场经济的主体,但是国有企业在社会基础产品与服务领域依然占有重要位置。国有企业由于其所提供产品和服务具有非营利性的特点,不会过分追求经济效益,因此,国家特别设立国有企业或国有控股企业,去涉足那些经营利润不高、民营企业不愿意去做也无能为力的领域。国有企业为市场提供公共产品服务是市场经济条件下国有企业的重要功能,这也是我国国有企业在公共产品领域占有主导地位的重要原因。国有企业的这一功能能够有效解决"市场失灵"问题对居民生活的影响,这也正契合国有企业发展的基本目标与市场定位。

五、盈利与就业功能

盈利与就业功能是每个企业都具备的,国有企业的盈利与就业功能主要体现在通过经营为国家上缴利税,同时为社会提供大量的工作岗位。例如,国家烟草公司作为国有企业,每年为国家上缴大量税金。在计划经济时代,国有企业大部分的经营利润是需要向国家上缴的;同时,在国际业务中,国有企业为国家赚取了大量的外汇。在市场经济时代,政府对国有企业的管控日渐放松,国有企业在参与市场竞争时也需要自主经营、自主决策、自担风险、自负盈亏。从这个角度看,国有企业为了更好地生存与发展,也必须追求经济效益,在为国家创造利润的同时关注自身的健康发展,这与其他企业的行为与目标是一致的。另外,任何企业在经营过程中,都会为社会提供大量的工作岗位,吸收社会劳动力,促进社会就业率的提升。其他企业主体也具有这一功能,这并非国有企业的特有功能。

第三节　国有企业改革的重点

一、产权制度与国有企业改革

随着国有企业改革的深入，社会各界对国有企业产权改革的理论问题也有广泛而深入的研究。第一种观点认为，国有企业产权改革必须在马克思主义产权理论的指导下进行，这种改革是由多种因素决定的。第二种观点认为，西方产权经济学能够有效指导国有企业改革，并在实践中取得成效。第三种观点认为，与其他方面的改革一样，我国国有企业的产权改革一样可以"摸着石头过河"，需要在改革中不断摸索、不断优化，进而促进改革的实现。由此可见，国有企业产权改革并不是一个简单的问题。

产权制度改革原则如下。

（1）产权法定和产权法律保护的原则。财产制度中的法权关系，所反映的是社会生活中现实的经济关系，即法权关系由经济关系决定，不同的经济关系对应不同的法权关系。产权既然体现的是法律关系，那么，产权也必须或只能由法律条款加以保护。产权如果缺少了法律条款的保护，那么产权即是不确定的、模糊的。也就是说，企业产权的归属是由相应的法律条款进行明确规定的。产权理所当然是受法律条款保护的，这是清晰界定所有权的一个基本前提。

（2）产权完整原则。正如前文所述，产权并非是单一的"权利"，而是一组"权利"。除具有法律意义上的所有权外，还包括对财产使用、处置的权利，即"使用权"。具体包括狭义的占有使用权、对财产的支配权或处置权、企业经营过程中取得的收益权、所有人的继承权，以及包括法律规定的应当享有的不可侵犯权等。

（3）所有权与使用权可分离的原则。具体的产权所具有的各种"权利",既可以是统一的——归属于同一个明晰的产权主体,也可能在某个时间点有所分离,并由不同的市场主体所有。这种所有权与使用权的分离具有多种表现形式。显然,国有企业改革中使用权与所有权存在较大的差异,使用权是可以分离的。对于国有企业而言,这里的"使用权"主要是指"经营权",这在国企改革中一直有所体现。

(4)现代企业产权明晰原则。在社会主义经济制度下,由国家出资设立的各类国有企业同样是权属清晰的企业。现代企业制度能够有效解决传统计划经济体制下,国有企业产权不明晰、资源配置高度统一所导致的经营问题,进而从根本上消除国有企业经营过程中所有权与使用权分离可能引起的矛盾。这矛盾一方面在于中央及各级地方政府是国有企业产权的唯一主体,这是国家法律明确规定的;而另一方面,国有企业的经营者受中央和各级政府委托,对这些资产进行管理和使用。这必然导致在国有企业所有权与使用权分离的背景下,不同主体之间会出现一些经营管理方面的冲突。例如:作为所有者的政府会对企业日常经营进行干预,对企业经营产生影响;而具有经营权的管理者则可能存在侵吞国有资产的问题。也就是说,既存在所有权干预经营权的问题,也存在经营权侵蚀所有权的现象。由此可见,在国有企业改革中,所说的"产权清晰",并非绝对意义上的产权清晰,而是相对的清晰,至少无法清晰量化到具体的自然人。显然,这与民营企业的产权所有制度存在很大差异。一般情况下,国务院或者国资委、地方国资委是国有企业产权的所有者;如果进一步落实,那么财政部、地方政府等也可以是国有企业产权的所有者,而企业经营权并不一定在政府部门手中。

(5)国有企业法人产权不可侵犯的原则。依据产权的各种权利可以实现相对分离的理论,借鉴西方发达国家现代企业管理经验,中国特色社会主义国有企业管理中可以根据财产所有权与使用权分离的理论,进行现代产权制度改革,进而建立现代化企业管理制度,这是国有企业产权改革的重要基础。基于前述产权法律关系理论,国有企业经营权可以被看作一项企业的产权或"法定权利",这要求国有企业产权制度必须与法人制度有效结合,明确所有权与使用权,这便是企业法人产权制度。这里需要说明的是,企业法人的概念非常重要,因为这与我国《公司法》的制度设计是一致的。在后续国有企业产权制度改革中,必须建立与之相对应的、新型的国有资产管理机制,进而实现政府出资人所有权的到位,彻底改变传统计划经济体制下国有企业所有权主体"虚化"或"不到位"的现象。这样的改革,逐步让国有企业制度符合《公司法》的要求,最终达到法人治理的基本目的。

（6）国有产权国家监督原则。社会主义体制下,国有企业的财产所有权和使用权、经营权是分离的,但是这种分离是相对的,不是绝对的。国有企业产权需要由国家、政府进行监督与管理,虽然经营权不归属国家、政府,但出资人要行使一部分重要职能。例如,需要对企业董事会人员构成、管理层人员选拔等进行有效管理,建立和健全各级国有资产管理机构,对中央和地方两级国有资产实施监管。又如,政府也可以根据需要调用国有资产及其收益,以实现对国民经济发展的有效引导、调控,进而有效履行政府职能。从完善社会主义市场经济体制这一角度出发,国有企业在改革中除了探索公有制的不同实现形式外,更需要同步创建、优化国有资产的管理机制,以确保有效消除计划经济时代国有资产管理中存在的弊端,防范任何导致国有资产流失的问题发生。为实现国有资产监督管理的目标,在国有资产一级所有、分级经营的格局下,中央政府、各级政府都需要肩负起监督责任,确保国有企业在经营过程中实现国有资产的保值、增值,避免国有资产的流失。

在讨论国有企业产权改革时,"权"与"利"的内涵十分丰富,在实际应用中也存在很大的差异。"权"更多代表的是"所有权",即具有抽象性的,法律规范层面对国有企业的占有权,突出的是权,是"所有";而"利"则更多代表"使用权",强调经营过程中对"利"的所有,因此是既包含狭义的使用权,也包括对物处置的权利、享有收益的权利等。另外,所有权与使用权的分离并非绝对。例如,在国有企业中,某些时期企业获取利益的"使用权"比占有的"所有权"更加重要,也正因为如此,过去企业改革中经常存在强调国有企业所有权而忽视使用权的现象,这最终导致国有企业所有权被虚置,而使用权又无法被正当使用,缺乏监督。所有权虚置,使用权缺乏监督的情况是普遍存在的,这不仅严重影响国有资产的使用效率,影响国有企业经营绩效,也严重影响整个社会资源配置效率的提升。这与计划经济体制下国有企业的"国有""国营"属性有着天然的联系。

二、政府角色与国有企业改革

著名经济学家亚当·斯密认为,每个政府都有为公民提供公共设施,满足公民公共行为需求的任务。如果这些公共事业由政府经营,那么经营过程中产生的利润则能够更好地促进社会公共事业的开展;但是如果这些公共事业由私人经营,在追求经济效益的情况下,公共事业不可能获得足够的补贴,也就无法得到有效的发展。保罗·萨缪尔森的研究认为:"我们的经济由自由市场与政府共同控制,进而有序生产与消费。基于此,我们的经济并不是单纯的价格经济,而是混合经济。"世界银行指出,在国家经济与社会发展中,政府应当不断健全法律规定,保障国家政策的延续性与稳定性;为社会居民提供优秀、完善的社会服务;为弱势群体权益提供强大的保护。在16—17世纪的重商主义背景下,国家干预经济、干预商业发展的理论即已成形。在当时的环境中,商业经营者、政府管理者都认为国家要干预市场经济活动,通过正确的干预来引导经济的快速发展。尤其是外贸业务,更需要政府引导。德国哲学家黑格尔认为,国家高于社会,脱离国家的社会只会是一种无政府状态,因此,国家对于社会发展的干预是不可或缺的。在1929年世界经济危机爆发之后,国家对市场经济的干预进一步强化。在这一特殊时期,政府对经济发展的干预更侧重政府经济职能,主要采用较为积极的财政、金融政策对国民经济进行二次分配,引导需求的发展并刺激消费,进而实现经济的良性循环。从这个视角对政府与国有资产进行界定可以发现,政府是国有资产的所有者,也是国有企业的监管者。

1. 国有资产所有者

在国有企业改革中,政府除了是公共政策制定者之外,还承担着国有企业出资人的角色,既要通过建立科学制度、制定调控政策来实现对国有企业改革的推动,还要履行对国有企业的监督责任。国有资产管理制度的改革是国有企业改革的关键内容,而对所有权的改革又是重中之重。政府作为国有资产所有者,能否积极主动地行使职能,直接决定着国有企业改革的成败。国有企业设立之初即是为了解决自由市场失灵问题,通过公共管理主体介入自由市场,并进行适当干预。由于我国国家权力归属全国人民,因此,国有企业产权归根结底属于全国人民,但是全国人民又不能直接对其进行管理,所以全国人民委托政府进行管理,政府即成为国有企业、国有资产的代表人。这为政府具有国有资产的所有权提供了法理基础,政府通过制定公共政策来引导国有企业的经营与发展,达到促进经济发展、维护市场秩序的目的。政府经全国人民的委托成为国有资产的所有权人,拥有广泛的国有资产,政府如何发挥职能,进而推动国有企业改革,成为目前研究的重要问题。无论从相关研究理论,还是从国有企业管理经营实际看,我国政府代表着全国人民的利益,也代表全国人民拥有对国有资产的经营权与所有权。但是市场经济又要求企业的所有权与经营权适当分离,以提高国有企业参与市场竞争的能动性。国有企业所有权与经营权的分离,能够有效缓解所有者与经营者的矛盾,进而为政府发挥监督、管理作用提供有效途径,而不是简单将政府作为国有企业的所有者看待。

所谓国有资产的经营者,是国有产权所有者的受委托代表。根据《反垄断法》第十二条"经营者,是指从事商品生产、经营或者提供服务的自然人、法人和其他组织",本书将国有资产经营者界定为:利用国有资产开展生产、服务活动的法人、自然人。而国有资产的管理者,则是指在各级政府(国有资产所有者)的授权下,对国有企业依法行使经营权的主体。在计划经济体制下,政府兼有所有者、经营者及管理者三重身份。从计划经济时代到市场经济时代,政府在国有企业中所有者、经营者及管理者的身份经历了一个变化的过程,其过程体现出如下特点。第一,所有权职能与公共管理职能等同。在新中国成立初期,中央政府即对国营企业的经营方式、管理方式进行统一,建立有针对性的计划经济模式。由此,我国经济高度集中于国营企业,其最大的特点即是将政府对企业的管理职能与社会管理职能等同。将国有企业的管理、经营权划分至几个政府部门,建立起条块分割的管理模式。在此模式中,对于国营企业而言,其管理者、经营者、所有者都是由政府担任,因而经营不能按照市场经济追求效益、效率为先的原则发展,这对国营企业的发展产生了一定的消极影响。第二,国有经济管理存在碎片化现象。面对政府管理国有企业的弊端,我国改革开放后计划经济向市场经济转变,政府职能也在逐渐转变,逐渐与企业职能分开。但是在实际过程中,政府依然对国有企业有所约束,将企业管理的职能下放至国资委、财政部、发改委等部门,在一定程度上导致国有资产管理碎片化,不仅没有起到应有的效果,反而模糊了政府在国有企业发展中的角色,对企业经营产生不利影响。第三,经营权、所有权及管理权的适当分离。随着国民经济的进一步发展,国有企业经营效率有所提升。在党的十六大之后,国有企业改革提出新的资产管理机制,即对经营权、所有权以及管理权进行分离。明确建立专门的机构,代替中央政府与地方政府对国有企业进行管理,政府只履行出资者职能;管理权与经营权则进一步下放,形成义务、权责统一的国有企业管理架构。

从国有企业中政府职能定位发展来看,中央政府与地方政府在国有资产管理中发挥绝对主导作用,但是随着经济的不断发展,社会主义市场经济的不断完善,政府职能也在不断转变。传统所有者、管理者、经营者的角色逐步分离,这既帮助政府发挥了对国有企业的监督管理作用,也让企业在经营中能够展开拳脚,按照市场经济规律进行经营。总之,这极大地促进了企业经营效率的提升。

2. 国有企业监管者

社会主义市场经济要求是"小政府""有限政府",虽然不是将政府完全排除在市场经济之外,但是希望政府减少对经济市场的干预,希望政府起到宏观调控的作用,出台各种政策来引导市场发展,维护良好的市场秩序,建立良好的市场环境。因此,在社会主义市场经济机制下,政府是市场的监管者。有鉴于此,笔者认为在国企改革的过程中,政府是确保国有企业改革顺利进行的重要力量,监管市场也是政府的重要职能之一;同时,政府作为国有企业的出资人,在实际改革过程中也需要扮演国有资产监督者的角色,代表全国人民履行监督权。2003 年成立的国资委,即是以监督、管理国有资产为出发点设立的。政府对国有资产的监督与管理,需要建立在社会公众利益最大化的基础上,体现公共权力角色;在对国有企业进行监督管理的同时,为国内企业的发展提供公平竞争的市场经济环境。除此之外,政府也应做好公共利益维护者角色,在市场经济秩序调节与国有资产监督管理中,为具有公益性的国有企业的发展提供一定的政策支持或者资金支持,尤其是在关系民生的交通、水利、电力等基本需求领域。

首先,政府肩负着对国有资产的监督责任。2003年3月,国资委正式挂牌成立。随后一段时间内,全国各地的地方性国资委也纷纷建立,我国初步建立起新型的国有资产监督与管理体系。全国各级别国资委的职能:一是根据国务院授权在法律规范之内履行出资人责任,强化对国有企业管理与国企改革的监督,确保国有资产的保值、升值,避免出现资产流失的情况;二是国资委作为国务院部级直属机构,承担了对国有资产管理、监督的职能。

其次,对国有资产监督者进行监督。通过前文论述可知,国资委作为政府的代表履行着出资人的责任,而且为确保企业发展,肩负着监督者、管理者的义务。如此可见,国资委的定位似乎有模糊与矛盾之处,即自己监督管理自己,所以对国资委以及各个地方性国资委的监督也要充分重视。

3.市场环境监管者和维护者

在我国社会主义市场经济体制建设过程中,受到传统计划经济体制的影响,市场经济发展不健全、市场运行不规范等问题依然存在。加上当前正处于社会发展转型时期,市场竞争中不规范行为亦大量存在。在市场经济体制建设中,没有任何机构、组织能够取代政府履行职能,代替政府去维护市场秩序与市场环境。政府对市场经济的管理、监督需要通过科学、合理的政策来落实,以维持市场经济的良好秩序,确保市场交易的顺利进行。维护市场的和谐与稳定,建立适合企业发展的稳定环境是政府的重要责任与义务。从实际情况看,政府对市场的监督与维护责任主要体现在以下两个方面。

首先,建立公平市场,促进企业公平竞争。我国《反垄断法》和《反不正当竞争法》中对不正当市场竞争行为有着明确规定。具体到对国有企业改革的监督中,政府要侧重消除地方保护主义、行业垄断两个问题,这也是政府行使市场监督权力中要重点关注的两个方面。实际执行过程中,针对地方政府借助自有权力对区域内国有企业、区域市场进行保护的行为,更高一级的政府必须明确政府在市场环境建设中的地位,简政放权,让企业自由竞争,政府只需要维护好市场环境即可,以促进市场主体的公平竞争。而对于容易产生垄断的行业,为避免垄断性国企"与民争利",在引导市场经济发展的过程中,政府有义务通过种种措施来消除可能产生垄断的情况,引入企业参与竞争。

其次,政府作为国有企业的监督者,也需要营造良好的市场法治环境,推动市场管理的法治化进程,这是确保市场经济良性发展的重要途径。相对于西方发达国家而言,长期的计划经济体制对我国市场经济的法制建设起到一定的消极影响,各个方面的法制建设相对落后。对此,政府作为市场的维护者与监督者,就需要不断强化市场经济立法,创建公平公正的法律环境。

4.公共政策的制定者

在国有企业改革中,政府也承担着政策制定者的角色,为国企改革的顺利进行提供政策支持。在政策制定过程中,政府可以借助更多元化的治理策略来实现"公共政策制定者"的职能。例如,优化制度的供给、强化市场政策的调节,以及对改制成功的国有企业进行财政补贴,等等。虽然在国企改革中,政府作为出资人不直接对企业经营进行干预,但是可以将行业帮扶信息通过各种方式传入市场,然后再由市场对政策消息进行解读后传达给企业,进而达到政府对行业发展调控的目的,以促进国有企业的健康发展。

在传统计划经济体制下,国有企业发展战略、生产行为等都是依据政府政策制定的,因而缺少现代企业的属性。然而随着国企改革的深入与市场经济发展的成熟,我国经济体制逐步从计划经济向市场经济转变,这就要求国有企业改革需要结合市场特点,对自身经营方式进行市场化改造。市场经济强调自由竞争,减少政府对企业发展的直接干预,寄希望于市场自由的竞争与调节,因此,国有企业面对经济市场化发展潮流,需要逐步减少对政府的依赖,而政府则可以借助制度供给帮助国有企业不断深化改革,提高适应市场经济体制的能力;国有企业在发展中则要严格遵循市场经济规律,积极引入现代企业管理制度,提升核心竞争力。此外,从政府制度供给角度看,国有企业现代企业制度的建立需要政府给予一定政策支持,以帮助国有企业完善内部治理结构,提升管理水平与经营效率。

在公共政策的制定中,政府要实现两个目标。一是通过公共政策的制定,提升国有企业的市场主体地位。在传统计划经济体制下,国有企业在许多领域都处于垄断位置,企业规模大,覆盖范围广,是国家经济的重要组成部分。彼时,国有企业为国家建设和社会发展提供了充足的资金支持。在普通群众心中,在国有企业工作可谓是"铁饭碗"。但是国有企业在经营中也存在一些问题,例如,国有企业隶属于某些行政部门,经营中缺乏自主权,在面对市场变化时,往往无法按照市场规则与市场变动情况对企业模式进行调整。因此,随着国内经济体制的转变,必须在牢固国有企业市场主体的地位的同时,帮助国有企业更好地适应市场经济体制。政府作为出资人、管理者及政策制定者,需要对国有企业进行积极引导,通过帮助国有企业进行产权制度改革来塑造其市场主体地位。

二是需要推动国有企业内部治理机制的不断完善。作为国有企业的出资者,政府对国有企业改革提出了两个方面的内容。首先,2002 年党的十六大明确指出各级政府代表中央政府和人民群众作为国有企业出资人,履行监管责任,这是首次从理论层面对这些内容进行规范,奠定了国有企业进行公司治理结构改革的第一步。其次是在会议中要求国有企业不断完善董事会治理机制。我国《公司法》①规定:国有独资公司不设股东会,由国有资产监督管理机构行使股东会职权;董事会在经过国有资产监督管理机构授权之后,可以行使股东会的部分职权;董事会和监事会成员需要由国有资产监督管理机构委派。虽然没有对国有企业董事会制度的具体细则做出规定,但在一定程度上肯定了国有企业公司治理的董事会制度。

三、激励机制与国有企业改革

激励机制对于企业发展与经营绩效的提升具有重要意义。员工个人效能的大小与发挥与企业的价值实现有着直接的关系,但员工贡献大小并不取决于他的能力和天赋,而是取决于他对公司的态度和努力程度。无论一个企业的管理理念如何先进、管理体制现代化水平多高,

---

① 此处所引《公司法》为 2018 年修正本。

如果作为科学技术和先进生产力载体的员工没有被真正激励起来,那么企业发展仍无从谈起。因此,必须建立激励机制,发挥员工能动性。首先,应当理解需要和动机的概念。例如,在计划经济时期,国家生产与经济发展主要通过对民营工商业进行社会主义改造,很多旧社会即在民营企业工作、长期受到企业主剥削的工人转变为企业的"主人翁",其劳动积极性也得到很大的提升。又如,在社会主义建设时期,企业不定期进行集体学习和讨论,在建设社会主义国家热情的激励下,许多企业内部形成了巨大的正能量效应,为国效力、建设祖国的情感也进一步激发了工人的积极性,对国有企业普通工人的主人翁意识、生产能动性的产生和调动具有极大的推动作用。工人们因此在工作岗位上都尽职尽责,履行工作义务;工人之间也十分团结,积极研究创新企业生产技术、提升产品质量。员工们这种对企业的奉献和热爱,是激励机制起到良好作用的表现。工人的奉献大小与技术水平高低直接关系着个人的发展前途,例如,能否入团入党、评先进、晋职称,能否获得继续深造的机会,以及能否由普通工人晋升为基层领导或部门领导。

计划经济时代国有企业的激励机制包括以下几个特点。第一,物质激励较少甚至缺失。第二,以自我认同为主的精神奖励为主要手段。计划经济时代,国有企业的工作岗位是"铁饭碗",比民营企业工人的地位、收入都高出很多,员工也以能够在国有企业上班为荣。第三,工人的最大动力来自精神激励,或者说政治激励。先进工作者、劳动模范、三八红旗手等一系列称号对工人的精神激励与劳动积极性的提升有显著作用,成为重要的精神激励手段。第四,其他形式的约束和引导也是激励的重要方式。

1. 激励使国有企业发展更有效率

在市场经济中,每个企业面临激烈的竞争时,都需要重视企业内部激励对企业竞争力提升的作用。竞争力的提升能让企业做出更有效、更正确的决策,竞争力较弱会为企业的发展带来一些约束性因素。竞争的存在会给国有企业发展带来一定压力,这种压力传递至工人身上就会激发其劳动能动性,使其意识到偷懒与毫无责任意识的行为会对企业发展产生十分消极的影响,因此,通过有效激励可以让企业运行更有效率。竞争会打破组织的静态均衡,低效率、无责任、缺乏能动性的员工是没有成长空间的,而剩下的将组成有效率的经济组织。市场竞争带来的压力也会促进企业的创新发展,而创新是企业的生命线。通过建立激励机制,可以将国有企业的一部分划归为竞争性国有企业,将竞争性国有企业的经理人放置到市场竞争的环境中,既能够借助与市场同类企业的对比,真实、深入地了解国有企业经理人的一般能力和努力程度,又可以借助市场中优胜劣汰的机制给国企的经理人施以一种压力,推动其战胜对手,不断寻求自我实现。

2.激励机制改革现状

国资委于 2003 年 3 月正式成立,随后各个地方政府也结合本地国有企业的情况建立国有资产监督管理组织。国资委正式成立之后,针对国有企业改革与管理现状,颁布了许多政策与措施,对国有企业经理人、管理者的绩效考核和薪酬管理体系进行了规范,有效促进了国有企业内部治理模式的完善和治理能力的提升。表 1-1 中主要列举国资委出台的关于国有企业激励机制的主要政策法规,为国有企业内部治理改革、薪酬体系创新提供了良好的政策保障与行动指南。这些法律规范主要对国有企业负责人的经营业绩考核办法、薪酬管理办法以及实施股权激励具体策略等进行了明确。目前大部分的国有企业都是中央企业,在未来深化国有企业改革进程中,必须以科技创新驱动企业发展,国资委将进一步完善国有企业激励分配政策,出台更多具体的、适用于全国所有国有企业改革的细则办法,指导国有控股上市公司在允许的范围内积极推进并规范实施股权激励工作,进一步推进国有企业建立健全长效激励机制。

表 1-1　国资委出台的关于国有企业激励机制的主要政策法规一览

颁布时间	实施时间	政策名称	编号
2003-9-19	2003-9-19	关于做好 2003 年中央企业工资总额同经济效益挂钩工作的通知	国资分配〔2003〕79 号
2003-11-25	2004-1-1	中央企业负责人经营业绩考核暂行办法	国资委令第 2 号

续　表

颁布时间	实施时间	政策名称	编号
2004-4-30	2004-4-30	关于高新技术中央企业开展股权激励试点工作的通知	国资厅发分配〔2004〕23号
2004-6-2	2004-6-2	中央企业负责人薪酬管理暂行办法	国资发分配〔2004〕227号
2004-6-11	2004-6-11	中央企业负责人薪酬管理暂行办法实施细则	国资发分配〔2004〕231号
2005-12-12	2005-12-12	关于做好2005年度中央企业工资总额同经济效益挂钩工作的通知	国资发分配〔2005〕303号
2006-1-5	2006-1-5	关于组织北京市中关村科技园区国有高新技术企业和企业化转制科研院所开展股权激励试点工作的通知	国资厅发分配〔2006〕1号
2006-1-27	2006-3-1	国有控股上市公司（境外）实施股权激励试行办法	国资发分配〔2006〕8号
2006-4-7	2006-5-7	中央企业综合绩效评价管理暂行办法	国资委令第14号
2006-6-8	2006-6-8	关于规范中央企业负责人职务消费的指导意见	国资发分配〔2006〕69号
2006-9-12	2006-9-12	中央企业综合绩效评价实施细则	国资发评价〔2006〕157号
2006-9-30	2006-9-30	国有控股上市公司（境内）实施股权激励试行办法	国资发分配〔2006〕175号
2006-12-30	2007-1-1	中央企业负责人经营业绩考核暂行办法（2006年）	国资委令第17号

续　表

颁布时间	实施时间	政策名称	编号
2007-12-24	2007-12-24	中央企业负责人任期经营业绩考核补充规定	国资发考核〔2007〕224号
2007-12-26	2007-12-26	关于加强中央企业负责人第二业绩考核任期薪酬管理的意见	国资发分配〔2007〕229号
2008-2-13	2008-2-13	中央企业负责人年度经营业绩考核补充规定	国资发考核〔2008〕36号
2008-10-21	2008-10-21	关于规范国有控股上市公司实施股权激励制度有关问题的通知	国资发分配〔2008〕171号
2009-9-16	2009-9-16	关于进一步规范中央企业负责人薪酬管理的指导意见	
2009-12-28	2010-1-1	中央企业负责人经营业绩考核暂行办法	国资委令第22号
2010-1-28	2010-1-28	关于认真做好2010年中央企业经营业绩考核工作的通知	国资发综合〔2010〕10号
2010-8-9	2010-8-9	中央企业全员业绩考核情况核查计分办法	国资发综合〔2010〕115号
2010-10-11	2010-10-11	关于在部分中央企业开展分红权激励试点工作的通知	国资发改革〔2010〕148号
2011-8-5	2011-8-5	关于做好2011年国资委系统监管企业职工薪酬福利调查工作有关事项的通知	国资厅分配〔2011〕517号
2012-1-17	2012-1-17	关于认真做好2012年中央企业经营业绩考核工作的通知	国资发综合〔2012〕8号

续　表

颁布时间	实施时间	政策名称	编号
2012-1-17	2012-1-17	关于进一步加强中央企业负责人副职业绩考核工作的指导意见	国资发综合〔2012〕9号
2012-12-29	2013-1-1	中央企业负责人经营业绩考核暂行办法	国资委令第30号
2014-1-10	2014-1-10	关于以经济增加值为核心加强中央企业价值管理的指导意见	国资发综合〔2014〕8号
2015-9-16	2015-9-16	国资委关于贯彻落实《中共中央国务院关于深化国有企业改革的指导意见》的通知	国资发研究〔2015〕112号

3.激励机制改革不足

随着国有企业改革的深入,许多国有企业在企业内部管理、企业激励机制建设等方面也逐步完善,但是受到国有企业特殊性的影响,在建立、实施激励机制时又存在一些困难。

(1)政府对国有企业的"关爱"

政府作为国有企业的出资人,对国有企业给予了足够多的"照顾"与"关爱"。例如,一旦市场出现变动或者国有企业面临经营困难时,政府总是会及时"出现",帮助企业走出困境,甚至直接剥离不良资产,减轻企业发展负担。尤其是地方性的国有企业,几乎是要政策给政策,要资金给资金。又如,在国企管理者方面,国有企业的经理人即企业管理者,也在某些政府部门担任职务,即使不是兼任,往往也会在企业里做出贡献或者取得优异成绩后走向政府部门。在这种背景下,许多国有企业经理人并没有把工作重心放在管理与发展企业上,而是以职务提升为重要任务,导致国有企业的激励机制导向不明,而经理人在行政岗位上制定出的政策肯定会更偏向于重视政府、社会的效益,忽略企业的发展。

（2）国有企业的特点导致激励机制导向性不足

跟欧美发达国家大型企业相比，虽然我国国有企业营业额较高，但是获得的利润相对较少。例如，在世界 500 强企业名单上，有中石化、中石油、国家电网等国有企业。这些企业与其他上榜的大型企业相比，在企业管理水平、市场知名度、市场占有率以及企业核心竞争力等方面并没有明显的优势。另外，大部分国有企业都具有一定的垄断性，这是导致国有企业大而不强的重要原因。在企业具有垄断性的背景下，国有企业经理人的薪酬多少、晋升机制与企业的经营情况、经理人的努力情况并不直接相关，企业的经营业绩也很难真实反映经理人的能力。如果只是简单地依据企业获取利润多寡来判定经理人的职业素养，必然会导致经理人过于追求企业的经济效益，进而影响国有企业的社会效益，最终使社会的净福利遭受损害。除此之外，在调查中也发现目前国有企业经理人和高级管理人员存在薪酬偏高、薪酬增速过快、薪酬结构单一等问题，现有绩效考核政策无法起到有效的激励作用。

（3）利润分配政策偏向国有企业

国有企业红利上缴比例过低，垄断性行业的企业（包括中国烟草、国家电网、中国电信、中石油等）上缴比例大约为 10%。国有企业对于其他 90% 以上的经营利润有着自由支配的权力，因而国有企业管理者对剩余利润的支配能力、支配意识都很强。而国家在接受这些国有企业利润后，除去一些必要支出，大部分又以出口退税、研发资金等方式返还给企业。根据相关统计数据，自 1993 年至今，国有企业积累的未上缴利润已经达到几万亿元，这也就成为国有企业经理人高薪酬、高福利的主要来源。但是根据边际效用递减的原理，过高的薪酬反而会影响企业激励机制发挥作用。对此，2013 年中共中央发布的《关于全面深化改革若干重大问题的决定》对国有企业上缴的利润比例做出了新的规定——在 2020 年提高至经营利润的 30%，政府将会更多地将其应用到社会基础设施建设与民生改善中。然而对于某些经营绩效较好、垄断性特征明显的企业而言，30% 的比例仍然偏低。

（4）精神激励虚化

精神激励主要是指企业对员工良好行为与态度的鼓励、支持，也包括给予员工一些职务晋升的机会，目的是通过提高员工的精神动力来激发其活力。根据马斯洛需要层次论，在人类解决个体基本生存需求或者基本需求得到满足后，就会产生对精神满足的追求。精神满足是一种高层次的需求，精神奖励在这个物质需求已经得到极大满足的社会中能起到更有效的激励作用。国有企业的高级管理者自然更重视个人社会地位的提高、所获得的荣誉及生活质量。然而，精神激励作为一种抽象的存在，往往被大部分国有企业所忽视，存在精神激励虚化的问题，对员工劳动积极性的提升也产生了一定的消极影响。具体表现在以下几个方面。第一，委托人与代理人之间信息不对称，导致董事会与经理人缺乏有效沟通或者沟通渠道不畅，缺少与员工的沟通与交流，忽视人的作用。第二，高级管理者与职业经理人的晋升与退出机制不合理，而且国企确立绩效评价指标时存在不科学现象。例如，许多职业经理人的职位随着工作时间增长而不断提升，但是极少因为经营绩效不合格、经营业绩不突出的问题而被辞退，即无论好与坏，都没有辞退职业经理人的现象。这种现象导致下属员工晋升机会少，使企业丧失创新力与发展活力。又如，人力资源培训是提高员工素养、实现企业与员工共同发展的重要方法，但是在实际培训过程中，许多企业只关注短期培训，培训内容偏重知识与技能的提高，导致接受培训的人从培训中获得的激励微乎其微。第三，忽视企业文化的建设与融洽的工作氛围的营造。除此之外，国有企业精神激励中还存在奖励范围过大、荣誉称号授予过度的问题，如果每个员工都得到同样的精神奖励，那么精神激励也就失去了它应有的作用。

（5）重物质激励尤其是现金奖励，精神激励不足；股权激励难以有效推进

例如，在调查中发现，在对员工进行激励的过程中，70％的国有企业会倾向给予现金激励，而精神奖励等较少。股权激励在国有上市公司中步履维艰，操作力度非常小，难以起到有效的激励作用。导致这一现象的原因在于国有企业在进行股权激励的时候存在许多阻碍，例如内部人控制现象严重、经理人市场竞争不足、受到董事会的

约束不够、企业评价机制不健全等。同时，也因为国有企业资产的敏感性，整体上而言，国有企业的股权激励制度，尤其是地方国有企业的股权激励制度的推进速度一直非常缓慢，甚至出现停滞。另外，从目前情况看，许多上市国企股票价格不能有效反映出企业实际经营绩效，进而出现国企股价和业绩不对称、不匹配的问题，对国有企业的经营者与管理者无法起到有效激励作用。目前，大部分国有企业缺乏完整的业绩评定体系，可能会导致分配股票期权时产生不公平的现象。

四、经营效率与国有企业改革

"效率"在经济学领域是一个历久弥新的概念，关于它的争论也一直持续不断。学者们从不同的研究视角，下了很多不同的定义，如生产效率、交换效率、消费效率、组织效率、市场效率等。马克思在《剩余价值理论》中指出："真正的财富在于用尽量少的价值创造尽量多的使用价值。换句话说，就是在尽量少的劳动时间里创造出尽量丰富的物质财富。"马克思所阐明的反映了效率的基本精神，即在最短的时间内创造最多的财富。

国有企业的效率改革经过了三个不同所段。第一阶段是从 1978年到 1992 年的企业经营层面的改革。这一阶段中，国营企业最开始是没有任何经营自主权的"半死不活"的状态，通过放权、让利及承包等手段，国家对企业的控制权和剩余索取权进行分享，在一定程度上提高了企业的运行效率。第二阶段是从 1993 年到 2002 年的企业微观所有权层面的改革。这一阶段主要是进行现代企业制度的建设，形成国有企业风险自担、产权清晰、权责明确的制度，推进政企分离。第三阶段是从 2003 年到 2013 年的国有资产管理体制的改革。这一阶段主要是明确国有资产管理主体，走出国资多头管理的困境。多头管理既缺少明确的责任主体，又增加企业的成本，且由行使社会经济管理职能的政府部门承担国资管理职能，会将企业推入政企不分的"泥淖"，严重影响国有企业的运营效率。

总的来说,国有企业改革的每个阶段都有其主要矛盾,通过具体改革措施消除阻碍改革进程的绊脚石后,国有企业改革得以升级,步入新阶段。

一直以来,国有企业相对绩效较差、效率偏低,经研究,其全要素生产率要低于民营企业等其他类型企业,因而提升全要素生产率是国有企业提升效率的重要途径。具体而言,国有企业全要素生产率的提升主要依托于奖金制度、人力素质、受教育程度和劳动力质量的改善。其中,奖金制度对效率改善的影响尤为显著,薪酬差距的扩大和对国有企业经营者激励的强化会提高其工作努力程度,因而有利于企业效率的提升。为此,在国有企业改革过程中,生产率增长的决定因素除了技术性因素,如规模、资本装备率之外,还有产权、人力资本和市场竞争。总的来说,国有企业全要素生产率可以被分解为技术、组织管理、规模和配置效率及国有资产管理体制,因而全要素生产率在推进国有企业改革中的作用就可以被细分为技术进步、组织管理创新、规模和配置效率提升及国有资产管理体制创新等方面。

第四节　国有企业改革历程

国有企业是指企业资本全部或主要由国家投入,并为国家所有的企业。在经过一定发展后,绝大多数国有企业已经成为市场中的独立法人,其经营目标主要以实现国有资产的保值、增值以及为社会提供一定基础服务为主,但是在经营过程中,有时也需要服从国家经营导向。国有企业改革在国有企业发展中占据着重要的地位,是我国国有企业发展的关键,同时也是国有企业市场定位的关键环节。对我国国有企业改革历程进行回顾与分析,能够帮助我们清晰了解近年来改革的经验、教训与启示,让我们在未来改革中更好地把握国有企业改革发展的轨迹和内在逻辑,进而不断强化对国有企业市场定位问题的认识。同时,在对改革经验进行探讨的基础上,也让我们进一步明确改革过程中可能面临的问题,更有效地寻求克服困难的方法与策略,在对国有企业准确定位的同时实现企业体制创新,进而为社会主义市场经济建设奠定良好的基础。

1984 年,我国经济改革重心从农村转向城市中的企业。城市企业改革主要是国营大中型企业的改革,国有企业从此由计划经济逐步走入自由竞争的"战场"。现在许多人将国有企业改革从"放权让利"开始算起。20 世纪 80 年代开始的一些国有企业改革举措,虽然带有一定改革性质,但只能算是局部微调。就国有企业改革来说,真正的改革应当始于明确了社会主义商品经济属性以后,人们对国有企业改革普遍形成了"放权让利"的认识。本书对于国企改革的历史进程的研究也是由此出发,以利于保持研究的整体性、系统性与连贯性。

一、经营权与所有权分离改革(1978—1992 年)

改革开放的主要发展目标是促进我国经济向好发展,摆脱贫困落后的面貌,实现经济的稳定发展。改革开放之后,我国人民群众的生活品质与经济收入都有很大的改善,为后续经济发展奠定了良好的基础。党的十一届三中全会后,国营企业开始进行持续的改革,从 1978 年到 1992 年,在经过 10 多年的改革开放后,国营企业在参与市场竞争、走向世界的过程中也不断发展壮大并成熟起来。之所以把 1978 年作为国有企业改革的起始,最为重要的原因即是党的十一届三中全会在这一年的 12 月召开。这是一个重大历史事件,也是一个标志性事件,标志着我国诞生新的发展思路并付诸实践。中国改革开放的总设计师邓小平发表了著名的讲话《解放思想,实事求是,团结一致向前看》。一般来说,每当提起改革开放与国有企业的改革,并不一定联想到邓小平同志在 1978 年的这次讲话。但事实上,1978 年以后的改革,主要是围绕经济体制展开的。也就是说,1978 年以后的改革,都始于 1978 年的十一届三中全会。这是一个基本的历史背景。改革起始阶段的重点是农村经济体制的改革。当然,中国经济体制改革的序幕一经开启,与之相关的改革会历史地、必然地逐一展开。

1. 1978 年至 1984 年的改革措施

在 1978 年开始改革的最初几年里,社会改革的重心放在贫穷落后的农村地区。因此,国家在这段时间内对于国营企业改革的关注较少,出台的改革政策与措施也不太多。其中的几条主要是围绕国营企业放权让利、实行所有权与经营权分离、规范国家与企业的分配关系这些方面进行。

一是通过立法,下放权力,实行厂长负责制,明确企业和企业负责人即厂长的权力。为了调动企业的积极性,国务院于 1979 年出台了《关于扩大国营工业企业经营管理自主权的若干规定》,明确规定国营工业企业是在国家计划指导下,实行独立经济核算、从事工业生产经营的基本单位;1981 年出台了《国营工业企业职工代表大会暂行条例》,明确要求企业建立健全党委领导下的职工代表大会制;1982 年出台的《国营工厂厂长工作暂行条例》、1983 年出台的《国营工业企业暂行条例》明确规定,"企业实行党委领导下的厂长(经理)负责制","企业是法人,厂长是法人代表","厂长是企业的行政领导人。厂长对企业的生产、经营活动和行政工作统一指挥,全面负责"。显然,这些条例的一个根本出发点,就是扩大企业及企业负责人即厂长的管理权限。上述措施中,1983 年《条例》确定的"厂长负责制",是 1984 年以前国营企业改革的重要进展。

二是对国营企业现有经营利润分配模式进行改革,改变传统企业经营利润全部上缴国家的政策。在这段时间内,许多地方政府对地方性国有企业也制定了扩权、利润留成、利润包干等政策。例如,1979 年 7 月,国务院出台《关于国营企业实行利润留成的规定》。又如,1980 年,国务院对国家经委、财政部提交的《关于国营工业企业利润留成试行办法》进行批准,其中,对国营企业利润增长实施部分上缴:上缴国家 60%,企业留 40%。《试行办法》也同时规定,企业留存部分的 60% 必须应用于企业发展,剩余的 40% 则可以被用于改善职工薪酬福利等方面。这些有效的措施,彻底改变传统国营企业利润全部上缴的模式,对提高国营企业经营积极性和工人的劳动热情有着重要作用。

三是针对企业贷款与纳税出台两个政策。一是"拨改贷";二是"利改革税"。改革试点开始时,这两个政策先在北京、上海、广州三个经济相对发达、市场成熟的城市进行行业试点,1980 年又将试点行业逐步扩大至基本建设投资范畴,规定凡是实行独立核算、有还贷能力的建设项目,一律将预算内基本建设拨款改为贷款。1985 年以后,"拨改贷"在全国推行。现在看来,"拨改贷"更具有试点意义。"拨改贷"最初出台的目的是彻底改变传统中国企业项目建设、生产技术改造资金全部由国家无偿提供的现状,通过这种方式来提升国营企业的责任意识。但是从实际情况看,这些策略并未产生一定实效,最终后果是导致部分国营企业的债务规模急剧上升,加之由于国营企业缺乏资金的自我积累,资金运转效率低下,企业生产资金出现严重短缺的情况。面对这一问题,"拨改贷"改革措施在 1989 年就慢慢停止了。现在看来,"拨改贷"政策的初衷是好的,但是在实际执行过程中缺少对企业生产方案、企业建设资金来源问题的考量,反而成为导致 20 世纪 80 年代国有企业债务负担沉重、资本金严重不足的一个重要因素。事实上,拨款转为贷款,如果企业在贷到款项后经营出现变故,没有能力偿还时,国家作为债权人,也无可奈何,根本不可能到法院起诉,依法追偿或申请企业破产清算。因为国家是出资人,政府只是代理进行管理,用一句通俗的话描述即是政府与国有企业的关系就是"父亲与儿子"的关系,"儿子"如果借了"父亲"的钱没有能力偿还,"父亲"也不一定能够要回。因此,为了解决部分国有企业资本金严重不足和债务负担过重的问题,1995 年 7 月,国务院下发《国务院批转国家计委、财政部、国家经贸委关于将部分企业"拨改贷"资金本息余额转为国家资本金的意见的通知》,将 1979 年至 1989 年期间的"拨改贷"资金本息转为企业国家资本金,"拨改贷"转资本金的范围包括天津、唐山等 27 个"优化资本结构"试点城市和综合配套改革试点城市,以及国务院确定的参加建立现代企业制度试点的企业、国务院确定的试点企业集团的核心企业及其全资和控股子企业。而那些不符合"拨改贷"转资本金条件的企业,则仍然需要按规定归还"拨改贷"资金本息。

"利改税"是一项重大改革。这项改革的最终的目的是对国家和国营企业经营利润的分配关系进行确定,让国营企业脱离对政府的依赖,鼓励企业走自主经营、自负盈亏的路子,并将两者之间的关系法律化。改革前,国营企业需要将一部分利润上缴给国家,但是国营企业上缴利润并不是法律规定的责任,也没有明确的条款。因此,经常存在国营企业恶意拖延上缴或者欠缴利润的行为。在实施"利改税"后,国营企业照章纳税就成为必需的应尽的法定义务,政府与企业在利润分配上的关系发生了根本性的变化。国家依据法律对企业进行征税和传统的依据出资人身份分得企业经营利润,两种模式显然存在本质上的差异。这项改革自1980年开始,先后在全国18个省市的数百户企业中实施。

1983年4月,国务院还批转财政部《关于国营企业利改税实行办法》,"利改税"改革扩大到所有国营企业。1984年10月起,经国务院同意,财政部结合"利改税"的实施情况,尝试进行第二次改革。当然,"利改税"并未将政府与国营企业的关系界定得很清晰,有些涉及产权方面的问题并未明晰。在进行"利改税"之后,改革也面临一系列重要问题:改革后国营企业自主经营权扩大,原有的利润分配机制是否依然保持不变?政府的角色如何?这些都是必须解决的问题。政府作为国营企业的出资人,在企业运行中也具有管理职责,那么政府是否对企业税后利润拥有处置权和分配权?很明显,在国企改革中,政府既是出资人,也是国企的管理者,更是国家的执政者,在制定市场经济制度的同时,政府的身份也在不断转变,逐渐放弃或模糊了作为出资人的一部分权利。对这个问题需要根据改革政策的执行情况进行更深入的探究。

1978年至1984年,政府出台了一系列改革措施,有效激发了国营企业的经营积极性。但是这期间的政策措施,仍然建立在当时的背景和条件下,国营企业在整个国民经济中仍占据绝对的主导和支配地位。

2. 1984年至1992年的改革措施

在农村经济体制改革初步完成后,国营企业改革也就成了整个经济体制改革的中心环节。1981年、1982年、1983年这三年,改革主要在农村进行,1984年重点转入城市改革,经济发展比较快的是1984—1988年。但是,城市中由于国营企业众多,城市经济体制改革远比农村经济体制改革困难,城市经济体制改革面临的问题也更复杂。另外,国营企业基本上还是政府下属企业,中央机构对其管理职能并未改变。

这期间改革的重点是国营企业改革,目标是激发国营企业的经营活力,因此,必须实行国企经营权与所有权的分离。1984 年 10 月,中央召开十二届三中全会并做出了《关于经济体制改革的决定》,提出"全面改革经济体制的条件已经具备",决定"制订全面改革蓝图,加快改革步伐,推动以城市为重点的整个经济体制的改革"。此次会议,对国企改革明确提出"增强企业活力"的要求,国营企业改革、激发国营企业经营活力逐渐受到政府的重视。这些国营企业大部分集中在大中型城市,包括工业、建筑业、交通业、商业和服务业等在内的许多行业的企业,是这次改革的重点。

《决定》提出,"现行经济体制的种种弊端,恰恰集中表现为企业缺乏应有的活力。所以,增强企业的活力,特别是增强全民所有制的大、中型企业的活力,是以城市为重点的整个经济体制改革的中心环节"。同时,当时国营企业的经营存在效率低下、绩效较差的问题,而导致这些问题的主要原因是国营企业缺少经营权,政府对国营企业干预过多。围绕这个中心问题,在国企改革中必须着力明确以下两个方面的关系:一是明确政府和国营企业之间的关系,简政放权,扩大企业自主经营权利;二是明确国企员工与企业之间的关系,确保生产过程中员工主人翁的地位不动摇。在这两个"关系"中,政府与企业的关系突出的是"放权",政府放手,企业经营,给企业的负责人放权;企业与职工的关系突出的是"让利",政府给企业让利,企业给职工让利,通过让利的方式来提升企业经营绩效,调动职工能动性。在《决定》的指导下,国家在帮助国营企业激发企业活力、提升员工主人翁意识方面做出了很多努力,主要是借助政策的引导,对企业放权让利,将企业所有权与经营权进行分离等,采取科学有效的方法来调整规范国家与企业高级管理人员之间的"委托"关系。放权让利也给予了企业更多的自主经营权,提升了企业活力,进而促进企业稳健经营,提高盈利水平,减少亏损。具体措施主要包括以下几个方面。

一是在国营企业中普遍建立承包经营责任制。1984 年推行"拨改贷""利改税"之后,国家根据国营企业所有权与经营权分离原则,对传统的政府与国营企业之间的关系进行优化,摒弃传统的"委托"与"经营关系",而是采用新型的授权经营,与农村土地改革类似,让责任人对企业进行承包,推行承包经营机制。为此,1984 年,国务院有针对性地出台了《关于进一步扩大国营工业企业经营管理自主权的暂行规定》,指出在国营企业生产经营计划、产品销售、价格、物资采购、资金使用、资产处置、机构设置、人事劳动管理、工资奖金、联合经营等方面全面将权力下放给企业。1988 年,国务院又结合企业承包经营情况颁布了《全民所有制工业企业承包经营责任暂行条例》。在该条例中对国家与企业之间建立承包经营责任的机制进行了明确规范。实行承包经营,本意是进一步改革国营企业经营方式、落实企业经营自主权,在当时是推动国营企业改革的一项重大措施。1988 年的《条例》指出,在国营企业中推行承包经营责任制的目标是"转变企业经营机制,增强企业活力,提高经济效益"。结合实际情况看,在 1984 年国企改革中推行承包责任经营制度,是借鉴了农村土地承包经营的经验与方法。农村土地承包经营方法彻底解放了农村生产力,农民的生产积极性也得到极大提升。

二是出台《企业破产法(试行)》。1986 年,全国人大通过了《中华人民共和国民法通则》,第一次以民事基本法的形式对国营企业的法人制度进行明确,同时明确国营企业的法人实体地位;同年,全国人大常委会又通过《企业破产法(试行)》。这两部法律不仅为国企改革提供了良好的法律环境,同时也标志着中国民商法体系的初步确立。传统国有企业"只生不死"的弊端在《企业破产法(试行)》出台之后将成为历史。《企业破产法(试行)》的出台,尽管是试行,但也为部分经营管理不善、长期亏损、资不抵债的企业实施破产、退出市场提供了法律依据。《企业破产法(试行)》出台,还意味着中国的企业破产标准从此建立,企业可以破产的时代来临。但是由于国营企业在经营过程中不仅有盈利职能,而且肩负推动社会发展等责任,也需要为员工谋福利,因此,在失业、养老等配套设施不健全的情况下,即使有《企业破产法(试行)》的出台,实际工作中却很少有国营企业主动申请破产。在当时国营企业的工作是"铁饭碗"的背景下,国营企业的破产对于地方政府以及政府领导而言,都是一件很"丢脸"的事情。

直到 20 世纪 90 年代中期,随着社会机制的不断完善和企业改革的持续推进,部分经营不善或者长期处于停产、半停产状态的企业遇到很大的困难，艰难维持运行，破产的企业也日渐增多。虽然破产这一市场经济行为在欧美成熟市场是一件很正常的事，但是在中国，直到改革开放之后才慢慢推行。国有企业在经营不善时可以申请破产，是我国经济体制从计划经济转向市场经济的一个标志性事件，也是经济改革发展中必须经历的过程。经济体制改革的一个重要目的即是在市场中建立优胜劣汰的机制，让优秀企业健康发展，让经营不善、转型困难的企业退出市场，这也是实现市场自动调节机制的重要途径。如果企业只能建立、生存，而没有破产、退出机制，那么就不是市场经济。在1986年以前的计划经济时期，既没有企业需要破产关停，也没有《企业破产法(试行)》。国营企业作为政府的国营单位，若要关停，只有政府行政性地下令关闭。即使出台《企业破产法》，在当时的社会背景、经济体制下也是无法实施的。

三是出台《全民所有制工业企业法》(以下简称《企业法》)。1988年，全国人大通过了《企业法》，对国营企业的法律地位、所有权与经营权分离的原则、国营企业经营中具有的权利和义务进行了明确的规定。尤其是针对厂长负责制，以及国营企业中基层党组织的地位和作用、企业民主管理方式等内容进行了规范。《企业法》在当时的条件下，对减少政府直接干预具有积极的意义。另外，这部法律还对企业自主经营权的法律地位给予了明确界定。例如，《企业法》明文规定："全民所有制工业企业是依法自主经营、自负盈亏、独立核算的社会主义商品生产和经营单位……企业依法取得法人资格，以国家授予其经营管理的财产承担民事责任。"这条规定，对企业与政府的关系进行了明确，指出了国营企业经营需要自负盈亏，这是国营企业脱离政府干预的重要一步。《企业法》也顺应了国营企业改革的潮流，是立法改革中的一个重要突破。

3.该阶段改革的局限性

这一阶段，国家虽然通过立法确认了企业对国家授予的财产享有经营权，但却没有明确企业享有独立的法人财产权。在这一背景下，国营企业的经营本质上还是受到政府"委托"而进行的经营，政府依然具有"管理者"的身份和责任。但现在看来，由于当时确立的经济体制仍然是"社会主义商品经济"，突出强调是"社会主义"和"商品经济"，所以这个阶段的国营企业改革本质上依然是在计划经济体制下进行的。因此,确立上述两个"正确关系",仅停留于在原有经济体制下对细节的修修补补这一层面,并没有从根本上解决国营企业普遍面临的经营绩效不高、生产效率低下等问题。

这里还需要指出的是,国营企业经营效率不高、生产效率低下,并不代表国有企业缺少经营的能动性,这一现象出现的原因是多元的。例如,在"大锅饭"背景下,许多国企职工参与生产的积极性不足,劳动能动性不高,因此,两个"关系"虽然将问题提出来了,但是在实际工作中却很难落实。又如,在企业经营过程中政府对企业干预过多,而没有有效地简政放权。当时的许多国有企业都隶属于各个中央机构或地方政府,这些部门既是企业的"主管部门",也是市场发展政策的制定者。但是中央机构和政府部门众多,在工作中又有各自负责的领域,如果将对国有企业的管理权与经营权下放,必然会导致出资人利益损失,很明显,在利益的驱动下,这是很难实现的。此外,各部门管理企业,就是管理与企业有关的资源的配置。反过来说,如果中央机构不再对企业进行管理,那么有些中央机构就会失去存在的必要性。更进一步讲,在计划经济条件下,政府最重要的职能就是用行政的手段配置资源。"社会主义社会在生产资料公有制的基础上实行计划经济,可以避免资本主义社会生产的无政府状态和周期性危机,使生产符合不断满足人民日益增长的物质文化生活需要的目的,这是社会主义经济优越于资本主义经济的根本标志之一。"

值得肯定的是,当时中央在进一步深化经济体制改革中也提出了一些创新性的策略,希望有效突破传统经济体制对国营企业发展的限制与影响。例如:提出"建立合理的价格体系,充分重视经济杠杆的作用";"实行政企职责分开,正确发挥政府机构管理经济的职能";"建立多种形式的经济责任制,认真贯彻按劳分配原则";"积极发展多种经济形式,进一步扩大对外的和国内的经济技术交流";等等。这些措施的提出,为国营企业后续实施经营权与管理权的分离奠定了基础,强化了企业经营责任,对当时的经济体制具有一定突破性。政企分离的模式,为日后的国有企业改革和积极引入现代企业制度奠定了良好的基础。

二、市场化与企业制度现代化改革(1992—1999 年)

1992 年至 1999 年的改革可谓进入了国企改革的深水区,1992 年是中国经济体制改革的重要年份,奠定了以后改革的重要基础。1992 年春天,中国改革开放的总设计师邓小平在视察南方时发表讲话,一时间改革氛围空前浓厚。正是在南方讲话的大背景下,1992 年 10 月,党的十四大召开,提出了国有企业未来改革发展的具体目标。1993 年 11 月,十四届三中全会通过了《中共中央关于建立社会主义市场经济体制若干问题的决定》,这具有划时代的意义。特别需要指出的是,在南方讲话之后,社会中的改革思想得到极大的激发,进一步推动了国企改革与市场经济建设进程。1992 年,《股份制企业试点办法》对股份制企业试点的范围、原则、股权设置和政府管理等方面做出了较多的规定,规范了股份制试点工作。党的十四大之后,国有企业的改革具有一定特点。例如,社会中关于国有企业改革的理论研究与实践不断深化,国有企业改革出现许多新的方向,改革模式不断创新。国有企业改革也逐步从浅层次向深层次发展,此后,国企改革的脚步也不断加快。从这个角度看,1992 年之后国有企业改革进入了新的阶段。本阶段的改革措施大致如下。

1. 现代企业制度试点主要从企业产权关系入手,对产权关系进行管理与调整,通过点、线、面发展辐射区域,并逐步向全国扩散。从 1993 年以后股份制得到迅速发展,国有上市公司数量快速增加,国务院于 1993 年年底建立了现代企业制度试点工作协调会议制度。1993 年以后,国家在全国范围内选取了 100 家国有企业进行改革试点,在当年就顺利批复了 94 家,这也标志着国有企业的体制改革进入具体实施阶段。随后的几年中,全国各地对国企改革措施都进行了推广,有力地促进了国有企业改革的发展。1997 年,根据改革需要和综合配套的要求,政府结合改革的实际情况对现有国有企业改革模式、途径与具体策略进行了重要调整。首先是在改革中强调重点突破与整体推进相结合;其次是在国企改革过程中突出改革与国有发展战略相结合的原则;最后是强调改革必须与综合配套改革相结合。

1998年后对现代企业制度进行全面推进。1998年后即是大中型国有企业"脱困建制"和国有企业战略性改组阶段。我国经济体制改革实现渐进式发展,根据我国具体国情,改革从实际出发,并且在过程中得到不断完善。然而,受到传统计划经济体制以及国企制度的影响,国企改革发展中依然存在一些效率低、竞争意识不强的问题需要解决,社会经济利益分割的问题也逐步显现。国有企业生产中所产生的亏损成为我国市场发展的重要问题,有些企业的亏损甚至十分严重。以传统纺织品产业为例,我国纺织品产业在世界市场上占有绝大多数份额,而且为国内带来了众多就业岗位。但由于新技术的出现,许多纺织品企业出现亏损,国有企业亏损更为严重,因此,国企改革中将纺织品企业作为政策性减亏的重点对象,对全国的纺织品行业进行优化改革。1998年,政府适时推出国有企业下岗职工基本生活保障及再就业制度,对计划经济时期的住房制度、医疗保险制度、职工养老制度等进行改革,有效配合国企改革的进行。至2000年12月,基本实现了党中央确定的国有企业改革与三年脱困的目标。国有企业及国有控股企业的利润实现了大幅度增长,绝大多数国有大中型亏损企业摆脱困境。2001年,国家有关部门开展了规范建立现代企业制度工作,帮助国家重点企业完成公司制改造,改制企业要依法设立股东会、董事会、监事会和经理层,初步形成公司法人治理结构。2002年,国有企业改革继续深入,不断向关系国民经济命脉的行业与关键领域推进,包括电力行业、石化行业及有色金属、铁路运输等行业。国有企业的改革与发展同时对我国经济结构的调整和产业的转型升级产生了积极的影响。在机械制造、半导体、电子等行业与领域,非公有制经济占多数,国有经济的比重明显下降,所有制结构及产业结构都出现了新的变化。

2.国有企业改革的方向:建立现代企业制度。1993年,《中共中央关于建立社会主义市场经济体制若干问题的决定》明确提出国有企业改革的目标是"转机建制",即进一步转换国有企业经营机制,按照市场经济要求,建立产权清晰、权责明确、政企分开、管理科学的现代企业制度。就国有企业改革而言,这一阶段的主要任务是,通过制度创新、战略调整等,以现代产权理论为指导,推进国有企业股份制改造和产权改革,建立现代企业制度。这是国有企业改革过程中第一次触及产权问题。

现代企业制度试点启动,"企业"改"公司"及企业破产制度进入国有企业改革议程。十四届三中全会的召开,为推动国有企业建立现代企业制度提供了思想上、理论上的支撑。1994 年 9 月 23 日,国务院常务副总理朱镕基主持召开专题会议,研究国有企业建立现代企业制度的问题,在会议中指出"现代企业制度试点有关准备工作已经基本完成,试点工作可进入具体实施阶段"。1994 年,国务院召开的全国建立现代企业制度试点工作会议宣布,在国内选择数百家国有企业作为建设现代企业制度试点企业,朱镕基、邹家华、吴邦国三位副总理出席会议。会后,在原国家经贸委组织之下,1995 年 2 月,下发了《关于国务院确定的百户现代企业制度试点工作的组织实施意见》。同时,在深入社会、国有企业进行调查的基础上,国务院、经贸委颁布了《国务院确定的百户企业建立现代企业制度工作试点阶段目标要求(试行)》,并确定在 1996 年 5 月下发。为了配合这项试点工作,财政部还于 1995 年 2 月制定了《国有企业公司制改建有关财务问题的暂行规定》。此后,国有企业依照《公司法》的规定,逐步进行改制。

在这个阶段,现代企业制度的建立主要是在以下两个方面取得显著成效的。首先是通过国有企业制度改革,国有企业从"企业"转变为"公司",现代企业制度逐步建立。其次是在国有企业现代制度建设试点中,对经营不善的企业提出"破产"政策,这也是对部分国有企业最后的处理方式。当然,企业破产需要建立在有效解决职工养老、社保等问题的基础上。根据试点要求,国有企业逐步改制为公司,必须满足以下几个方面的要求:"产权清晰,权责明确,治理结构规范""转变政府职能,促进政企权责分开""采取有效措施,减轻企业负担""坚持三改一加强,提高企业整体素质""深化改革,提高企业经济效益"。从以上五项要求可以看出,国企改制成为改革中最关键的部分,为企业减负、提高企业效益,这是国企改革中必须实现的目标。相对于原来的改革手段,这几项要求已经有了很大的变化。国企破产成为当时会议、文件和中央高层领导关于国企改革讲话中的常见用语。关于"产权清晰,权责明确"，试点要求企业必须严格依据《公司法》，首先明确出资人即国有资产代表机构，其次明确各类出资人均以出资为限承担有限责任，最后还就公司董事会、经理人员的选择、机构设置也进行明确。这项试点工作结束后，我国国有企业制度改革也进入正轨。

3.《公司法》出台，国有企业"公司制"已经慢慢取代传统的"企业制"。1993 年 12 月，第八届全国人大常委会通过了《公司法》，《公司法》的确定与颁布，为国有企业改革和现代企业制度的建立奠定了坚实的法律基础。作为一部中国市场经济体制建设过程中的基础性、保障性的法律，《公司法》对我国市场经济体制的建设、完善也起到极其重要的推动作用。但相对于《企业法》，我国《公司法》又有新的内容和质的变化。首先，有了《公司法》的规定，国有企业的创建就有了法律依据，该法明确规定公司设立的条件、设立的形式；其次，《公司法》以法律形式首次确定了企业"有限责任"的概念与内涵；再次，《公司法》第一次通过法律的形式规定了"企业法人财产权制度"，企业法人财产与所有人的股权相互独立。这一规定首次科学界定了国有企业建立过程中政府作为出资人与企业的关系，从法律的角度彻底改变了国有企业是政府附属物的制度，而《企业法》并没有改变这一基本关系；最后，更为关键的是，《公司法》明确规定了企业的内部组织结构及其权利义务关系，明确了股东大会、董事会、监事会和经理层（即三会一层）的法定职责，为建立各负其责、协调运转、相互制衡的公司法人治理结构和治理机制奠定了基础。因此，如果我国国有企业缺少了《公司法》的保驾护航，那么就无法建立现代企业制度。可以说，《公司法》的建立是国有企业改革借鉴西方现代企业制度的一个成功范例。

1993 年颁布的《公司法》为建立现代企业制度奠定了基础。1994 年，国内上百家国有企业首次开始现代企业制度建立试点工作，这使国有"企业"向"公司"改建迈出了坚实的一步。试点国有企业的内部管理、经营体系也将由企业制改为公司制。两者的核心区别是：企业是主管部门"主办"的，企业依照主管部门的"行政命令"行事，但是经营策略、经营结果等与管理者联系不大，"企业"的存在适应于"命令经济"即"计划经济"；而"公司"是"出资人"依据《公司法》的规定"设立"的，公司的权利、责任、义务、组织架构、治理机构均依据法定条款进行，"公司"

适应于市场经济。中国既然已经确立了建立社会主义市场经济的目标，"企业"改建为"公司"也就是势所必然的事情了。

1999 年 12 月，第九届全国人民代表大会常务委员会第十三次会议表决通过了关于修改《公司法》的决定；2004 年 8 月，第十届全国人大常委会第十一次会议上对《公司法》修正法案给予通过。此后的 2005 年、2013 年、2018 年，《公司法》又进行了多次修正，以更符合市场经济发展需要，为企业发展提供良好的法治基础。

4. 启动优化资本结构试点。优化资本结构是提升国有企业内部治理质量的重要方式，也是国有企业进行产权改革的起点，因此对于国企产权改革的顺利进行有着重要价值。在优化资本结构试点之前，国有企业的改革主要将精力放在鼓励企业发展，对国有企业进行全面放权、让利方面。而在十四届三中全会后，关于国企改革的方式与策略有所改变与创新。目前来看，随着国企改革的不断深入，政府在国有企业改革思想、理论方面进行了积极的创新与实践，这有效奠定了国企改革开放的基础。优化资本结构试点即是在此基础上进行的。早在 1993 年十四届三中全会时，即首次明确提出"国有企业改革的方向是建立现代企业制度"。随后的工作中，国务院批准了原国家经贸委所提出的"转机建制、万千百十"规划，其中的"十"即为选择 10 个左右城市，进行优化资本结构试点工作。1993 年 12 月初召开的全国经贸工作会议对于优化资本结构试点的具体工作进行了安排。1994 年年初，国家经贸委组织多个国家部门、国有企业进行走访调查，从全国 39 个大中型城市中选取了 16 个城市作为工作开展的试点城市，加上后来选取的重庆市、哈尔滨市，优化资本结构试点城市扩展至 18 个。随着工作的推进，所选中的试点城市即开始进行国有企业优化资本结构试点工作，并制定初步的方案。1994 年 6 月，李鹏总理主持召开的国务院第三十五次会议对国家经贸委为试点城市制定的方案进行听取与了解，并提出明确的要求，指出试点应在整体开展的情况下，对国有企业现行的经营机制进行转换，在包括补充企业资本金、降低企业债务负担、帮助国企分离社会服务职能、建立优胜劣汰机制等方面实现重点突破。这次会议所制定的汇报方案被印刷为文字性资料，在原国家经贸委进行传播学习。1994 年 7 月，朱镕基副总理再次主持会议，对优化资本结构试点工作的开展情况进行研究。《企业实施破产暂行规定》对国企之间资金拖欠等问题进行了探讨,会议指出"试点要针对重点和难点问题进行,不搞特殊优惠政策,以利于推广",并要求必须围绕"增资、改造、分流、破产"进行。

5. 1997年9月,党的十五大在北京召开。正是在这次会议上,中央明确提出探索公有制的创新实现形式,会议中确定实施股份制,让股份制成为国有企业产权改革的一种重要形式。这次会议强调,国有企业的改革要调整和完善所有制结构,创新和实践公有制经济的多种实现形式,从战略高度对国有经济进行重新优化与布局。该理念的提出是对我国国有企业改革的重大探索与突破,为国有企业进行股份制改革提供了坚实的理论基础与保障。从此,国有企业股份制改革即成为国有企业产权改革的重要形式,同时也是对国有企业制度改革的一次创新。该理念的提出可谓是我国国有企业改革进程中的重大历史事件。至十五届四中全会,中共中央对国有企业股份制改革的形式又做了新的论述。1999年9月,党的十五届四中全会发布了《中共中央关于国有企业改革和发展若干重大问题的决定》,对国有企业改革的目标、方针、政策以及主要措施都进行了明确的部署,提出国务院代表国家行使国有资产所有权,实行授权经营,保障出资人到位。《决定》同时指出:"国有经济需要控制的行业和领域主要包括:涉及国家安全的行业,资源垄断的行业,提供重要公共产品和为社会服务的行业,以及支柱产业和高新技术产业中的重要骨干企业。"除了对国有企业所必须控制的行业,关系国家安全、群众生活的关键领域进行明确,《决定》也是明确国有企业下一步改革的纲领性文件。首先,该文件是改革开放以来,中央首次对国有经济、国有企业进行明确定位的文件,确定了国有经济在国家经济发展、社会和谐稳定中的作用,明确回答了国有经济与国有企业的具体功能。其次,该《决定》将国有经济的功能和作用与社会主义基本经济制度区别开来,确立了马克思提出的"社会所有制"是"社会主义制度的经济基础"的原则。最后,该《决定》为国有企业未来改革中的"有进有退"和"有所为、有所不为"的发展与改革目标指明了方向。

在文件支撑、政府强力引导的大背景下,根据现代企业制度理论,中央和地方政府先后对2500多家国有企业、地方性国企开展股份制、

公司制改革。转换企业经营机制、分离分流、债转股等多种形式,有效
地让国有企业实现盈利,促进企业的健康发展。同时,确保国有企业在
国民经济中战略性调整的策略,实施"抓大放小"战略,即在一些影响较
小的领域由企业带领改制。通过企业改制、产权转让、破产、工人转岗
或再就业等途径,让国有企业"只生不死""只进不退"的历史性问题被
有效突破,大部分中小型国有企业顺利改制,退出国有经济。1997年3
月,国务院在1994年以来国企改革经验的基础上,有针对性地颁布了
《关于在若干城市试行国有企业兼并破产和职工再就业有关问题的补
充通知》,在此文件的倡导下,关闭了一批经营绩效不佳的国有企业,企
业人员下岗、分流工作也随之拉开大幕。但从实际情况看,在这些国企
破产倒闭、工人下岗过程中始终有政府的"影子",尤其是在地方性的国
企改革中,常常看到政府领导的身影,却没有看到企业家参与企业改革
的身影。导致这种现象的根本原因,即是国有企业是政府、国家所有,
国有企业改革不是由企业家主导的改革。这项改革的核心内容是中央
型企业不再由国家机关直接进行管理,而是交给统一建立的大型企业
委员会等机构进行管理,而地方性的中小型国有企业则全面进行市场
化改革;军队、政法机关原有企业一律关停,禁止军队经商办企业。
1998年10月,国务院决定使原有中央型企业与各个中央主管部门进行
脱钩,自此,中央各部门对企业不再有直接管理权。此后,中央管理的
大型国有企业兼并、重组及改革的力度不断加大,开放的脚步也逐渐加
快。在中央部门和央企的带头作用下,各个地方政府与企业也根据国
有企业改革的要求,通过兼并、重组、破产,实行国有企业政策性关闭,
至此,我国国有企业改革步入新的阶段。但是在脱钩过程中,主管部门
与国有企业也遇到很大的困难与阻碍,这种困难和阻碍不仅来自企业
内部、员工与管理者,也来自中央各个部门。许多中央部门对改革策略
持不同意见,原因在于:自新中国成立以来,大型的中央型国企管理与
经营一直由其主管部门负责,所获得的收益也交由部门。改革之后,各
部门不再管理这些企业,既丧失了经营权,也被剥夺了管理权。可想这
项改革在当时会遇到多少阻碍与困难。

三、混合所有制改革(2000—2013年)

1. 所有制的概念

所有制即生产资料所有制,是指人们对物质资料的占有形式,通常指对生产资料的占有形式。生产资料所有制反映了生产过程中人与人之间在生产资料占有方面的经济关系,是所有人行使所有权活动的社会规范。所有权是决定社会生产劳动的目的、对象、手段、方法和结果的支配性力量。

生产资料的所有制结构,是指不同的生产资料所有制形式在一定社会经济形态中所处的地位、所占的比重,以及它们的相互关系。居于支配地位的所有制性质,决定了该所有制结构的性质,也决定着社会生产目的。它反映的是所有制的外部关系。生产资料所有制是生产关系的基础,社会主义基本经济制度建立在生产资料社会主义公有制基础上。我国社会主义初级阶段的生产力发展状况,决定了其所有制结构必然以公有制为主体,多种所有制经济共同发展,这正是社会主义初级阶段在经济制度上的基本特征。

我国所有制结构变革大致可以分为以下三个阶段。第一个阶段是从1949年新中国成立初期到1978年十一届三中全会,该阶段的特点是以追求生产资料公有制为唯一发展方向,经济发展中过度追求"一大二公",一致认为生产资料公有制程度越高越好。第二个阶段是1978年十一届三中全会至1997年党的十五大,在生产资料所有制中强调发展多种所有制经济共同发展,突出以公有制为主体,其他所有制形式作为补充的经济模式。第三个阶段是1997年党的十五大之后,我国市场经济体制改革取得一定成效,因此,对生产资料公有制的追求转变为实现公有制的多样化,充分利用一切符合生产规律的经营方式和组织形式,有力地促进混合所有制经济向前发展。

2. 混合所有制的概念

混合所有制从不同的角度看,有不同的解释。从社会角度来看,混合所有制是指多种社会所有制结构共存,有学者称之为社会的混合所有制,即公有制与非公有制共同存在。以公有制为主体,多种所有制经济共同发展是混合所有制在我国的主要形式。它是一种社会的混合所有制。从企业角度来讲,公有制成分与非公有制成分联合形成的企业所有制形态是一种企业的混合所有制。在我国,股份制是其重要的实现形式。

企业的所有制形式是多种多样的,混合所有制是其中很重要的一种所有制形式。这种产权组织形式是由不同所有制的所有权主体共同投融资,相互结合而成的,是不同性质的所有权形式在同一市场主体中的融合。这些所有权主体包括公有(国有、集体所有)、私有(个体、民营)以及外资和其他产权形式。它是一种超越行业,超越公有制与私有制的局限,跨越地域甚至超出国界限制的新型所有制形式和企业组织形式。它实现了不同行业、不同所有制形式、不同地区甚至不同国家的不同所有者主体的结合。

企业混合所有制具有与社会化大生产、与市场经济相适应的优点。它也表现为一种财政制度。它可以包含众多的所有权主体,其所有权主体的财产也可以分布于以企业为形式的众多经济组织中。当然,国有企业在改革的过程中也可以通过各种兼并、合并等途径,建立新型的企业。因此,混合所有制企业具有融灵活性与复杂性于一体的特点,在企业建立过程中,通过对企业组织和运作形式的分析可见,混合所有制形式其本质上是一种财产共有的方式。

由于西方国家市场经济建立较早,混合所有制在资本主义国家最先发展起来,在资本主义市场也最早出现混合所有制的经济形式。在资本主义市场的自由竞争阶段,依靠市场的自由竞争,私有产权和分配政策在自由市场中迅速扩大,呈现经济繁荣的景象。但是随着劳动生产力的提升,在市场中出现了更多元的市场竞争主体,它们相互之间既有竞争也有融合,在不断竞争、融合的过程中,资本主义也逐渐向垄断资本主义过渡。在传统自由竞争市场出现垄断的情况下,市场资源调节功能受到严重制约,市场机制陷入失灵的困境。尤其是在垄断资本主义追求经济效益最大化的背景下,垄断企业为维持高额利润就会通过垄断对市场资源的定价进行干预,这严重影响市场的自由竞争,进而导致自由市场资源配置、调节能力下降。垄断资本主义发展的最终结果,即社会中贫富差距悬殊,社会出现严重的两极分化,引发经济失衡、社会失序和政治动荡。当经济失衡达到一定程度,便会出现经济危机,这是资本主义社会的弊端导致的,无法改变。例如,1929年的世界性资本主义危机,不仅带来了资本主义世界经济大萧条,而且沉重地打击了资本主义国家的发展,由此引发的第二次世界大战更是给世界人民带来巨大灾难。二战之后,伴随着凯恩斯主义的盛行,各资本主义国家致力于消除两极分化,在恢复市场经济秩序的同时努力振兴经济。在此背景下,各种企业的混合所有制由此而生,有效地弥补了垄断资本主义市场存在的严重缺陷。这是二战之后资本主义社会出现经济的大发展与大繁荣的重要原因。

3. 混合所有制经济的概念

混合所有制经济从宏观角度看,是指多种所有制结构并存和发展,包括多种所有制实现形式和其经营形式的并存和发展。这是改革开放以来,在所有制结构方面出现的新变化。

改革开放前,我国经济发展主要是追求"一大二公",追求社会经济的过度公有制,即主要以国有和集体所有制为主,同时,地方集体经济和企业也同样选择了国有经济的管理方式,因而被称为"二国营",国有经济和集体经济全部在计划经济体制内生存和发展。伴随着改革开放的发展,国内涌现出一批具有经营活力的民营企业、外资企业以及各种个体经营户,带来大量的就业岗位和资金积累,因此,我国社会经济所有制模式出现了一定的变化,市场中也出现了国营、民营、外资企业等所有制经济共生、共存、竞争、合作的新局面。在参与市场竞争的过程中,这些所有制经济形式发挥各自的优势,实现了共同发展,不仅创新、实践了经济所有制形式,而且极大地丰富了社会主义基本经济制度的内涵,初步构成了以公有制为主体,多种所有制共同发展的社会主义初级阶段基本经济制度。

混合所有制经济是指微观层次、企业层次的一种所有制。所有制有两种:一是单一的、基本的所有制,如国家所有制、个人所有制等;二是混合型的所有制。混合所有制企业,即企业中有两种、两种以上的所有制形式,例如股份制企业、合作制企业、中外合资合作企业等。党的十五大报告和党的十六大报告中讲到混合所有制时,指的都是股份制,但是实际上企业混合所有制并不是仅有股份制这一种形式。

眼下,随着世界经济一体化发展,国际竞争日益激烈。国有企业在立足国内、走向世界的过程中,虽然面对很大的发展机遇,但是也面临着严重挑战与外部环境的威胁。长期以来,国有企业运行效率低、经营效益差一直是困扰企业发展的难题,国有企业改革的最终目的也在于解决这些问题。导致这一现象的原因是多种多样的,既有国有企业内部治理机制的不健全,又有外部市场经济的竞争。在国有企业中发展混合所有制经济,可以有效减少政府对国有企业经营与发展战略的影响,进而让企业自主决定发展方向,有效解决政府对企业经营的干预问题,这是完善和优化我国社会经济体制的一项重要任务。国有企业的混合所有制改革,有助于调节政府和企业之间的关系,通过简政放权让政府的职能从管理企业转变为制定宏观经济政策、调节企业发展。建立良好的市场秩序之后,国有企业也就可以自主地按照市场状况组织企业的生产经营,努力实现企业效益的最大化。

4. 国有企业混合所有制改革措施

2012年,党的十八大指出"公有制、非公有制经济都是社会主义市场经济的重要组成部分。要毫不动摇地鼓励、支持、引导非公有制经济发展,保证各种所有制经济使用生产要素在法律面前是平等的、在市场竞争中是公平对待的、法律保护是同等接受的"。此后,2013年的十八届三中全会指出:"基本经济制度的重要实现形式是各种资本交叉持股、相互融合的混合所有制经济。国家允许公有资本和其他所有制资本更多地发展成为混合所有制。"这一阶段,将针对之前混合所有制改革的缺陷进行更深入的改革,突出强调经营主体的市场化及内部治理的现代化。结合我国所有制改革历程可以发现,自从混合所有制改革提出以来,我国政府对该模式抱有支持、促进发展的态度。而且随着国有企业混合所有制改革的深入,政府在制定混合所有制改革与发展政策的过程中思路日渐清晰,例如:通过持股实现股权多元化,建立清晰的企业法人治理结构,形成股权制衡、优势互补、多方共赢的局面,实现实实在在的改革;借助建立市场化,实现对不同性质资本的包容,有效激发混合所有制经济的活力,极大地促进国民经济与生产力的发展。

十八届三中全会决议发布以后,各地掀起新一轮的国有企业改革热潮。2014 年 7 月,国资委首次宣布对其监管的中央企业进行"四项改革"试点,发展国有企业混合所有制经济,并向国有企业派驻试点工作组是其中的重要内容。通过对国有企业股份制、混合所有制的试点,探索多种所有制模式在国有企业改制、经营中的具体路径,寻找适合国有企业混合所有制模式的企业管理模式与治理结构,进而有效促进国有企业领导者市场化、人力资源的科学化及激励机制的有效化。在实际工作中,通过国有企业员工持股,有效加强对国有企业经营的监管,创新出避免国有资产流失的方法与途径。具体到各个地方的国有企业,则是根据本地实际情况,着手推进国有企业改革。从实际情况看,我国大多数的省、自治区、直辖市结合地方经济特点与发展特色,都推出了具体的改革方案。主要内容包括:实施分类监管、发展混合所有制、国资改革带动国有企业改革、建立职业经理人市场、实施股权激励机制等。地方性国企的具体改革方向主要包括以下几个方面。一是在市场经济发达、市场秩序良好、国有企业发展较好的地方,主要是突出强调对国有资产布局的优化,促进国有资产管理模式的改革与创新。例如,建立国有资产管理平台,对国企所有人员进行薪酬体系改革,发展混合所有制等。二是在经济欠发达的中西部地区,借助上市的机会吸收社会资本,促进企业发展,达到优化企业股权结构的目的。作为本次改革的重点,混合所有制是其中的关键内容。在许多地方性的国有企业改革方案中,大部分关于混合所有制改革的内容都参考了上海市的部分标准。例如,按照经营行业将国有企业划分为竞争类、功能类及公共服务类,然后再根据国有企业实际职能与改革目标进行混改。其实现形式包括外部混合所有制和内部混合所有制。外部混合所有制主要通过借助企业外部的社会资本、国外资本等非公资本来实现混合所有制,包括股份制改制重组、引入战略投资者、共同设立新企业、并购或参股私营或外资企业、上市募股等方式。而内部混合所有制主要借助企业内部的非公资本,通过员工持股计划来实现混合所有制,主要包括普通员工持股、管理层持股和授予股票期权三种方式(表 1-2)。

表 1-2　实现混合所有制的具体方式和操作方法一览

实现形式	具体方式	操作方法
外部混合所有制	股份制改制重组	整体改制,包括:再次融资,资产收购;股票置换,吸收合并;现金收购,吸收合并;集团改制,首次上市。
		分拆改制,也可以称为部分上市。指国有企业拿出下属某块业务资产进行重组改制,到资本市场上市。
		分立改制,指将一个大的国有企业分立成多个独立的公司,其中一个公司进行股份制重组上市。
	引入战略投资者	产业投资,以产业整合为主要投资目的,注重企业的行业地位和市场份额,对财务和利润要求低。
		财务投资,以获取投资回报为主要投资目的,不会过多参与企业的经营管理。
		股权置换,实现公司控股股东与战略伙伴之间的交叉持股,以建立利益关联。
	共同设立新企业	合资成立新公司或项目机构,另起炉灶直接以混合所有制形式运营公司。
	并购或参股私营或外资企业	兼并,将两个以上的公司进行重组,重组后保留一个公司。
		合并,将两个以上的公司进行重组,最终组成一个新的公司。
		收购,一家公司购买另一家公司的股权以获得控制权,但该公司的法人地位并不消失。
		参股,指一个企业收购另一个企业的股份,但收购的额度没有达到控股程度。

续　表

实现形式	具体方式	操作方法
内部混合所有制	员工持股计划	员工持股,让员工持有本公司股票和期权而使其获得激励的一种长期的绩效奖励计划。
		管理层持股,通过增资扩股持有本企业股权,但管理层的持股总量不得达到控股或相对控股数量。
		股票期权,主要是一种激励经理人的措施,授予经理人在约定的时期里售出股票以获利的权利。

第五节　国有企业深化改革的时代背景、意义与现状

　　为提升国有企业改革质量,指导国有企业改革的进行,国务院在2014年10月专门成立了国有企业改革领导小组,并相应组建国资委,代替政府履行出资人责任。国资委不仅具有管理国有资产的作用,而且负责推进国企改革的进行。国有企业改革领导小组由时任国务院副总理马凯负责,国务委员王勇协助,小组人员来自发改委、国资委、工信部、人社部以及中国人民银行、中国证监会、中国银监会等多个部门。自成立之日起,国有企业改革领导小组就针对国企改革进行过多次会议,研究改革制度、改革方向、改革原则等方面。但是关于国有企业改革的总体设计方案尚未出台。导致国企改革效率低的原因,无非是参与国企改革的人员众多、涉及部门较广,因此,国企改革的思路、制度、路径还处于商讨阶段。负责国有企业改革监督与管理的国资委有效推动了国企改革的进行,同时加快了国有企业改革最佳方案的出台。发改委、国资委、财政部、人社部等多个部门负责国有企业改革总体方案的制定工作,分工明确,更有利于国企改革的进行。例

如：由国家发改委主要负责混合所有制企业改革制度的颁布和实施；由财政部重点负责确立国有资产管理体制改革的发展和解决方案，主导国有资本投资公司和资本预算改革；薪酬改革方案主要由人社部制定；国资委主要负责指导国有企业改革的进一步深化，并对国有企业进行定义和分类。从实际情况看，国有企业改革领导小组已经逐渐厘清国家政策层面、理论层面的许多问题，虽然具体策略仍在探索中，改革的突破口仍未出现，但是各级政府对于国企改革的意见、对于深化改革的共识已经达成。

一、深化改革的时代背景与意义

国有企业作为国计民生的基础性保障，其改革一直受到我国社会各界的关注，为切实发挥国有企业在经济发展中的作用，党和政府也一直在积极探索改革之路。尤其是在十一届三中全会之后，国企改革与发展之路就此打开，国企未来改革与发展也成为人们热议的话题，社会各界对国有企业改革的探索也从未停止与间断。自 1984 年颁布《中共中央关于经济体制改革的决定》后，我国经济体制改革的中心也从市场改革发展到国企改革，此时国企改革已经发展成为我国经济体制改革的核心与关键。

1. 政治意义

我国的基本经济制度坚持以公有制为主体、多种所有制经济共同发展。这是结合我国实际国情，对社会主义经济体制的中国化改造与创新。国有企业作为公有制经济的主体，其所有权归属全民，肩负着服务社会、保障人民利益以及推进国家基础设施现代化发展的重要目标，更是实现"两个一百年"宏伟目标的重要支撑。自邓小平提出改革开放以来，国有企业、民营企业以及混合所有制企业利用改革"东风"，在国家政策的强力引导下，充分发挥自身的优势，不断提升自身竞争力，这也是我国经济快速发展的重要保障。总体上来讲，国有企业在参与市场竞争的过程中已经获得足够的优势，在经营绩效与效率方面有着明显提升。同时，能够参与国际市场竞争，具有较强综合竞争力的国有企业已经成长起来，并带领国有企业走向世界，促进中国与世界的融合。例如，2019年，美国《财富》杂志社统计的世界500强企业中，中国上榜的企业已经有129家，首次超过美国的121家，成为世界上世界500强公司最多的国家。国有企业在改善民生、促进经济发展、维护社会和谐、提高我国综合国力等方面都发挥着不可替代的作用。

从总体上看，国有企业为我国经济发展、社会稳定做出的贡献是非常突出的，但我们也要意识到国有企业发展过程中存在的问题，以及一些亟须解决的、已经影响国有企业健康发展的矛盾问题。例如，2015年颁布的《中共中央国务院关于深化国有企业改革的指导意见》中指出："一些企业市场主体地位尚未真正确立，现代企业制度还不够健全，国有资产监管体制有待完善，国有资产运行效率需要进一步提高……"随着世界经济全球化的不断发展，面对日益激烈的国际竞争，国有企业的改革与发展也需要继续深入，面向纵深发展，需要通过深化改革来提升自身竞争力，促进国民经济的转型发展。如果不能意识到这一点，不去改革创新，那么肯定会落后于世界发展潮流，难以承受经济全球化的冲击，更遑论肩负起中华民族伟大复兴的重任。2013年11月，十八届三中全会为国有企业下一步的改革发展指明方向，2015年8月，中共中央国务院针对国企改革颁发了具体的指导性文件——《中共中央国务院关于深化国有企业改革的指导意见》。2015—2018年，中共中央、国务院及相关部门根据这一文件推出了一系列的具体性发展文件，在国有企业改革体系中形成"1＋N"的政策系统，为国企改革的纵深发展提供坚实的基础。

可以说，国有企业的改革是由我国的基本经济制度决定的，更是由其肩负着的历史重任决定的，全面深化改革的重要内容就包含深化国有企业改革。

2.经济意义

国有企业作为政府及各个部门的下属机构，在国民经济发展中起到不可替代的作用。尤其是在新中国成立初期，正是由于国有企业在各个领域的发展，我国才建立起世界上独一无二的、完整的工业体系，目前，我国已经拥有39个工业大类、525个工业小类，在世界500多种工业产品中,我国有 220 种的市场占有率排在第一名。

1978 年十一届三中全会确定社会主义经济制度以来,国内市场经济和国有企业发展经历了从追求数量到追求质量的变化,逐渐从计划经济全面转向市场经济。国有企业改革带来的一系列体制机制创新、技术创新、管理创新,有效增强了国有企业参与世界市场的竞争力、影响力、抗风险力;国有企业也在不断地发展壮大,在国家经济发展过程中的支柱作用也更加明显。

首先,国有企业可谓是我国经济发展的中流砥柱。据《国务院关于 2019 年度国有资产管理情况的综合报告》一文,该年,中国国有企业资产总额已经达到 33.9 万亿元,国有权益资本总额达到 64.9 万亿元。此外,在国民经济的 396 个行业类中,国有经济涉足的行业多达 380 多个。从这组数据可以看出,国有企业不仅是国民经济的大动脉,在某些非核心领域也起到引领作用。其次,国有企业的发展壮大,有效促进了我国综合国力的提升,是发挥国家行政力量,建设国家基础设施的重要保障。在 2019 年《财富》杂志社发布的世界 500 强企业中,中石化、中石油、国家电网分别位列第二、第四、第五名。尤其是 2001 年,我国加入 WTO,国有企业进入国际市场后,更是勇立潮头,成为中国企业"走出去"发展的引领者,国有企业也成为与那些世界级跨国公司进行市场竞争的主力军。最后,国有企业是我国关键行业发展的基础。在涉及国家安全、能源安全的军工、航天、石油等领域中,国有企业一直起到基础性的保障作用,有力支撑国家安全事业的发展,是国家自主发展的重要保障。

3. 社会意义

国有企业在促进国家经济发展,奠定发展基础的同时,也为社会提供了大量的就业岗位。在 2016 年的统计数据中,仅 102 家中央企业就提供了 1200 万个工作岗位,加上地方政府所属的国有企业的职工数量,国有企业为社会提供的就业岗位超过 1 亿个,成为社会稳定的基石。国有企业的性质、经济体量、职工人数决定了其必须承担社会责任,具体来说,国有企业改革发展具有以下几点社会意义。

一是深化国有企业改革是推进社会经济发展的重要保障。国有企业是国民经济的重要组成,是社会的主体之一。在国企经营过程中,其目的不仅仅是追求经济效益,更需要追求社会效益,促进社会稳定、和谐发展。因此,国有企业在为经济发展做出贡献的同时,在经营中也必须自觉遵守法律、积极承担社会责任、维护职工的权益,这意味着国有企业对社会和谐发展有不可磨灭的贡献。

二是国有企业的发展与改革,为国家改革发展吸引、留住了大量人才。21世纪企业之间、国家之间的竞争归根结底是人才的竞争。在构建创新性社会时,人才更是确保一个国家不落后于时代发展,引领世界发展方向的重要保障。相对于其他所有制企业,国有企业在员工工资、福利以及员工获得感、安全感和归属感等方面为留住人才提供了保障,为我国经济发展和创新型社会的构建奠定了坚实的人才基础。

三是国有企业改革也是构建社会主义核心价值观的重要组成部分。国有企业积极地承担社会责任,这对于构建社会主义核心价值观是非常有必要的。良好的企业形象、对社会负责任的态度、对政府工作的支持和对困难群体的善举,以及对灾区、边区、老区的帮扶,这些社会善举具有较强的价值观导向性、不可替代性,体现了国有企业高度的自律性,是构建和谐社会的重要内容。

二、国有企业改革的现状与不足

随着新中国成立,国有企业也建立起来。最初国有企业主要来源于新中国成立后对民族工商企业的公私合营以及对生产资料的公有制改造,国有企业的建立有效地弥补了市场缺陷,解决了社会基础性产品供应不足的问题。但是在长期经营中也暴露出国有企业自身存在的弊端与不足。

改革开放后,随着民营企业的不断发展和外资企业的进入,我国国有企业的发展和改革也逐步深入。在经历"拨改贷""利改税"等改革历程之后,国有企业的经营状况也发生了一些质的变化,我国市场逐步形成了中央大型国企占据垄断性资源和主导行业,其他地方政府下属的国有企业控制地方政府主要资源,引导地方经济的发展,省会城市市属企业主要布局在投融资平台和市政公用设施领域,区、县仅存在少量国有企业和一些新设投融资平台公司的国有企业格局。国资委和相应的省级、市级国有资产监督管理部门会负责管理这些国有企业。但是除此之外,还有党的宣传部门、统战部门,政府的广电部门和文化部门,公安部门和国安部门,甚至还有某些军队和武警部门出资设立或由下属事业单位转制而来的大量国有企业。这些不属于国资委管理的国有企业则由上级主管部门进行管理。从全国情况看,经过改制和建立国资委后,国有企业传统监督与管理中"归属各行政部门,监管上五龙治水"模式有了很大的改变,但是并没有从根本上改善国有企业与政府的隶属关系。

因此国企改革还有进一步深化的需求,当然在国企改革所面临的问题中,学者们讨论最为集中的是政府对国有企业发展的干预问题、企业内部治理结构以及国有企业运营效率低下的问题。

1. 行政干预下的目标多元化

虽然国有企业是企业,也参与市场的自由竞争,但是很多国有企业管理者对企业经营绩效和运行效率的重视程度,远远低于对上级部门指示、意见的重视程度,他们更喜欢遵循上级部门的管理和意见行事。导致这一问题的因素,首先是管理者未来的发展与地位很大程度上取决于上级部门和领导。一方面,只有自己负责的国有企业效益和效率达到优秀级别,并取得一定成绩后,国有企业的发展才会受到上级领导的关注,企业管理者才有更进一步晋升的可能,因此国有企业的经营中可能存在弄虚作假、欺上瞒下的行为。另一方面,是国企中论资排辈氛围浓厚。相对而言,国有企业中中青年领导者和老领导者在国企运行、国企改革方面的理念有较大的差异。国有企业的中青年领导者往往追求国有企业价值的实现,管理者也倾向通过实现企业规模的迅速扩张来展示自己的才华,即使在国有企业规模扩大的过程中会损失企业职工、企业的长远利益也在所不惜。而年长的领导者在国企经营与管理中更注重稳定与经营绩效的平稳,不刻意追求改革立竿见影的成效。其次,一般企业参与市场经济活动时的唯一目标是获取经济效益的最大化,实现个人资产的保值、升值。相对而言,国有企业的经营目标与普通企业存在很大的差异,具体来说,国有企业经营目标具有多元化的特点。主要原因是政府希望借助国有企业的经营与发展来实现稳定和促进国民经济发展的目的。从这个角度看,国有企业的经营目标应该包括促进国民经济增长、提供就业岗位、促进社会和谐发展。国有企业的经营是在政府干预之下实现的。为了推动地方经济的增长,政府和领导往往会主导国有企业的规模扩张,这会导致国有企业在经营过程中贪大求全,一味追求规模而忽略了效益。而片面追求国有企业规模经济效益,最终会导致企业经营效率下降,企业内部治理不规范、不科学。为了向社会提供更多的岗位,许多国企会涉及更多行业,甚至包揽群众生活、学习的方方面面。一旦出现经营风险,国有企业职工就会面临失业的风险,若要有效避免这一问题,就需要政府进行管控,尽量减少下岗职工数量,有的国有企业不得不依赖政府的支持来维持生存。为了保证社会稳定,政府通常要求国有企业肩负更多的社会责任。为了帮助国有企业顺利实现政府所设立的各种目标,除了在政策、资金等方面给予一定支持外,许多政府也会采用行政管理的方式对企业进行管理。

国有企业在 20 世纪 90 年代初之前被统称为国营企业,国营企业是国家直接经营的企业,而代替国家履行职责的主体是政府,所以国有企业的管理者也就转变为政府,国有企业也就直接由政府进行经营。这就导致许多国有企业政企不分,国有企业在日常管理中出现行政化、等级化和非职业化的现象。政企不分也造成政府既是市场经济的"裁判员",又是参与市场经济竞争的"运动员",这必然会导致社会主义市场经济的公平公正性遭到破坏。国有企业的行政化、等级化和非职业化又会造成国有企业在经营中受到政府的直接干预,毕竟国企领导者也受政府委派与管辖。这最终导致国有企业运作机制如同政府运作机制,与市场经济对企业的要求必然存在巨大差距,造成效率损失。针对这些问题,我国政府在市场经济改革中提出以国有企业代替国营企业。在改制之后,政府作为国有企业出资人的身份不变,但是管理者、经营者身份被逐渐剥离,即实现国有企业所有权与经营权的分离,政府不再直接经营企业,也减少对国有企业经营的干预。但是,国有企业在概念上不符合现代企业制度的法律属性,因为公司制企业是拥有独立财产权的法人主体,国家作为出资者拥有的是所投资企业的股权而不是所投资企业本身。由于国有企业在法人财产权方面有所忽视,因此在国有企业中建立现代企业制度就难以实现,在改革实践中也会继续走政企不分,或者国有企业管理行政化的老路,政府对国有企业经营的干预也难以避免,最终依然影响国有企业的经营效率。实际上,国有企业最准确的身份其实是国家资本出资企业(国家及其行为主体),各级行政机构只是国有企业的出资人,拥有的是所投资企业的股权而不是这些企业本身,作为出资人,国家或政府必须在《公司法》规定的股东会层面于公司治理中行使股东权利,如投票表决权、董事提名权等,国家或政府对国有企业发展的引导政策、理念需要借助股东大会来实现,而不是利用政府行政权力进行直接干预。这样一来,国资委作为国家或政府的出资人代表即可以借助参与股东会的运作来行使股东对企业发展的导向权利。从这个角度看,国资委在国有企业改革中所提出的"管人、管事、管资产"的理念与国有企业建立现代企业制度存在很大的差异,甚至是南辕北辙。

根据现代企业制度的要求,国资委作为股东,只能通过参与股东会运作,如通过提名董事的方法对国有企业发展决策产生影响。国有企业高层管理者因为受聘于董事会,所以在国有企业日常管理与经营中的行为会受到出资人的间接影响。国有企业董事会决策后,高管人员负责落实和执行,并通过报告机制受董事会的监督;出资人代表对国有出资企业的影响是沿着股东会、董事会高管人员的治理层级间接延伸的,彻底转变了传统国有企业管理中借助行政审批的模式。所以,国有企业无论是改革还是改制,重点都需要放在转变政府在国有企业出资人中的位置和作用上,这是帮助国有企业建立现代企业制度的关键。要彻底解决国有企业经营中存在的"所有权""经营权"以及政府行政干预的问题,国资委作为出资人代表就必须按照《公司法》,对国有企业内部治理结构进行改革,履行监督责任而不是行政管理责任;同时在内部治理和人员管理中,还应该逐步取消国有企业高级管理者的行政职务,其职务的晋升和薪酬等取决于他们的经营管理能力,而不是行政职务。

2.内部控制制度不合理

从实际情况看,国有企业内部控制制度不合理现象长期存在。在20世纪90年代中期,针对国有企业改革,中央政府提出建立中国证券市场,让证券市场为国企改革提供改革资金,完成融资目标,达到促进国企改革的目的。在此目的引导下,中国 A 股市场上大部分都是国有企业,这段时间内改制后的国有企业也成为股市的重要组成,占据很大的比例。这批企业从内部架构上看是股份制公司,在上市之前成立了股东大会、董事会、监事会,即所谓的"新三会",并与管理层组合后构建了现代的企业管理制度。但是从实际情况看,上市国有企业的董事会成员、总经理等依然是原来的企业领导,几乎没有更换。有部分国有企业在上级主管部门的管理下,由主管部门派出人选担任企业的董事长职务。部分经过现代企业制度改革后的企业的监事会主席职务,一般是由原来国有企业管理者的秘书担任,也有的让原有国企党委委员或者其他职务的人员担任。可见,国有企业现代企业制度改革仅仅是停留在表面,而没有触及本质。而且改制后国有企业的管理者依然兼有一定行政职务,也就是说这些国有上市公司的董事长和董事会成员、监事会的主席和成员依然与在政府中担任职务一样,具有行政级别,而不是完全代表国有资产的真正管理者。在这种原班人马的管理架构下,国有企业内部监督能力、董事会对经营者的约束力都会受到很大的影响。虽然表面上通过改制引入了现代企业制度,但现代企业制度却难以对企业治理结构产生影响,经营方式、经营方向和经营绩效依然会受到行政管理的干预。此外,国有企业所有权归国家所有,那么经营过程中所造成的亏损和国有资产流失不会全由董事会承担,在这种治理模式下,董事会还有可能与经理层串通,以达到获取个人利益的目的。

有一种观点是,内部控制制度不合理的主要原因是国有企业投资者没有产权以及产权主体缺位引起的。值得一提的是,国务院和各级省、自治区、直辖市的国资委在 2003 年左右纷纷建立,代替国家对国有企业以出资人身份进行管理,从形式上代替政府履行对国有企业资产的所有权。另有一种观点是,国有企业存在实施执行力弱、外部监督不足的问题,从中央到地方各级国资委对国有企业监事的派驻,只在形式上解决了国有企业的监督问题。还一种观点认为,国有企业内部控制制度不合理会导致国有企业产生一些亏损,导致这一问题的主要原因是国企管理者的道德问题,国有企业管理者道德沦丧,进而发生侵占国家资产的事件。不过,关于国有企业管理者道德和良知的不足导致国企经营不善、出现亏损的观点过于主观,过于主观地对国企改革中出现的经营不善问题进行强行解释,显然十分牵强。而且,如果是管理者个人的思想道德"滑坡"、贪污腐败等原因导致企业亏损,那么,这些思想品德不高的人又怎么会被作为国有企业高级管理者进行培养呢?从这个角度看,国有企业内部控制制度不科学、不合理依然是主要问题。

3.运营效率低下

参考相关研究文献可以发现,很多学者认为,要解决行政干预问题,就必须对国有企业的所有权与经营权进行分离,国有企业经营和人员选拔不再受命于政府。要解决内部人控制等问题,需要在法律的支持下,对国有企业内部治理进行法治化改造,要求国有企业在经营中必须遵守《公司法》的规定。国资委作为政府代表也只是国有企业的股东,国资委持股占国有企业股份比例的大小,直接决定其在董事会中的权利,国资委行使权利也必须借助董事会。那么,这就需要在国有企业未来改革中对国有企业董事会、监事会和职代会人员的选择与组织的建立进行改革;无论是高级管理者、中层管理人员还是一线普通员工,都要积极推进职业化,摒除行政化;人员招聘市场化,内部晋升绩效化。

政企不分的问题主要表现为国有企业存在着主管部门的问题、分管领导的问题、党管干部的问题;激励不足和内部控制不合理的问题都由缺乏约束所导致;预算软约束的问题,与公共资源的行政化配置问题、政策资源的随意性配置问题、金融资源的软约束配置问题和人力资源的官僚化配置问题都有关系;国有企业非企业化运作的问题,则与管理行政化、目标多元化问题有关;而国有企业效率损失、经营性国有企业效益不佳、国有企业效率低下则是这些因素综合作用的结果。

三、国有企业改革新动向

1.国有企业分类改革

许多地方都会对国有企业进行分类,根据责任、业务、市场和资源配置,企业可被分为生产经营、政府投资、公共事业三类。在这些类别中,生产经营企业追求经济效益最大化,因此将市场作为导向,社会效益相对来说是次要的;政府投资企业主要需要完成政府任务,经济效益是次要的;公共事业企业则以社会发展和满足生活服务为宗旨,社会效益往往比经济效益更加重要。

2. 混合所有制改革

混合所有制发展的重要性曾多次在我国的重要会议中被提及,为了响应中央的决定,许多地方政府也积极采取了一系列措施促进混合所有制下的经济发展。比如说,在充分考虑一些国有企业的定位和目标后,结合其业务特点确定了合理的国有股比。具体说来,对于政府投资的一些公司,国家持股比相对较高;对于公共型的企业来说,国家持股可相对减少;而以经济效益为目标的生产经营企业则需要减少国家持股,充分依托市场。

在混合所有制下,要强调非国有投资主体的重要性,在发展生产经营类国有企业时,应当以非国有资金为主体。在政府的协作下,以一系列优惠政策吸引非公资本投资,放大国有资本的带动效应,在原则允许的范围内尽量降低国有控股比例。在这样的主流原则下,非国有资金会受到强烈的激励,更多地参与到国有企业的改革中,促进国有企业的健康发展。

在混合所有制下,员工持股成为一种新的激励方式,通过赋予员工持股的权利,能够达到留住人才的目的,因为当员工持股时,资本所有者和员工就成为利益共同体。在混合所有制下,员工持股应当以自愿、公平为原则,综合考虑员工对企业的贡献,确定不同人员的股权比例。国有企业的体制改革,一方面要鼓励员工持股,另一方面要对外来的投资者持有一个包容的态度,在允许联合出资的同时不断规范企业的管理机制。

3. 供给侧结构性改革

在2015年11月的中央财经领导小组会议上,习近平总书记首次提出了供给侧结构性改革。从供给侧结构性改革这一概念提出至今,供给侧结构性改革就成为社会经济发展、转型以及国有企业改革的重要指导思想。供给侧结构性改革与以前其他的经济决策有很大差异,这并不是直接对国外的先进方法进行照搬,而是在科学有效地结合我国社会主义特色国情的基础上,依据马克思主义经济学原理确立的。

从国际社会发展情况看,自从 2008 年国际金融经济危机后,全球经济发展持续低迷,很多西方国家都积极从需求侧进行改革,通过扩大需求来刺激经济发展。但是在经济全球化影响下,全球经济发展形势导致外部市场需求急速降低,这对我国出口经济产生了十分重要影响。虽然西方各国和其他经济主体为挽救经济发展颓势,采取宽松的货币政策,但经济发展依然没有任何好转。所以在金融危机、世界经济发展放缓的情况下,必须寻找新的经济增长点,用传统的宽松货币政策来刺激经济发展的做法已经难以发挥作用。在此背景下,我国政府积极将结构性改革落实到供给侧改革方面。

经济全球一体化发展的深入,对国际社会合作与分工提出了更高的要求。在传统世界经济合作中,发达国家是消费市场,而发展中国家则是制造基地和能源输出国。发展中国家制造的商品大多输送至发达国家进行销售。但是受到经济危机的影响,原来的国际经济结构形式已经出现很大的变化,尤其是在人力资源成本上涨、原材料成本不断提升的背景下,全球合作分工进一步细化,各大经济体都加速了对经济的转型调整。而在以往的国际分工中,中国牢牢占据的生产地位也受到很大的冲击;并且随着国内人力资源成本的上升,以出口拉动经济的模式已经出现颓势,国内商品在国际市场上也不再占有竞争优势。这就需要放弃低端制造业,使国民经济向高精尖发展,提升制造业的产业附加值与利润,从以往注重产品数量向注重产品品质、产品品牌方面演变。所以在国内进行供给侧结构性改革十分必要。

从国内背景来看,随着国民收入的增加,我国居民消费能力也进一步提升,但是不可否认的是,国内经济依然面临着严峻形势,供给与需求之间的矛盾突出。

从我国的发展实践来看,改革开放后,为了快速实现经济体制的转变,我国对于需求管理高度重视,通过一系列政策引导,例如"三来一补"等,增加并扩大海外需求。同时,在基础设施建设和人力资源、土地利用方面,政府给予了较大力度的政策优惠,引进了西方国家的资本和相关技术,在实现了我国经济转型的同时,也迅速推动了我国的经济发展。可以说,我国经济之所以能够飞速发展,与我国政府重视需求侧改革是分不开的。

理解供给侧结构性改革,必须从供给侧、结构性、改革三个角度深入。首先从供给侧看,优化供给侧的目的在于实现对社会资源、社会投资的优化,使企业根据市场情况自动调整。因此在供给侧改革中,必须强化对供给侧资源投入的重视,包括社会资源、人力资源,同时要发挥市场经济的协调、优化作用,以实现对供给侧的调整。从结构性看,结构是指事物之间的组织与比例关系,对事物本身的性质起着决定性的影响。但在我国当前的经济结构中,改革开放以来,由政府主导经济发展的模式极大地推动了经济飞速发展,市场也十分依赖政府的主动调节作用,相当多的单位和个人对我国目标经济中供与需之间的矛盾没有深刻的认识,市场经济观念依然停留在政府主导的阶段。因此从结构性看,必须实现对国民经济结构的调整与优化,促进经济实体的转型发展。所谓改革,就是要从经济结构入手,对现有经济模式、经济体制等进行彻底性的变革。从改革开放至今,我国凭借人口红利优势,在各个低端制造领域迅速发展并实现产品的输出、创汇。但随着人口老龄化趋势的加剧以及人力资源成本的上升,传统出口创汇的经济模式已经不再适合现代经济的发展,粗放式的经济发展模式存在的弊端也逐渐显露;加之国际经济形式的剧烈变动,我国需要深刻认识到这些因素对国内经济发展的影响,及时调整经济政策,以适应新形势与新变化。

以往我们所拥有的人口红利、土地资源,在如今的经济形势下,不仅不能有效地促进经济增长,而且随着人口老龄化问题、能源消耗、环境问题的加剧,传统粗放式经济模式反而成为国民经济健康、可持续发展的重要阻碍。因此,充分认识国际需求形势、国内经济发展趋势的变化,顺应形势进行调整,是推动我国经济由量变到质变的重要过程。而在调整的过程中,由于我国所面临的经济形势复杂多变,转型升级所涉及的产业、门类众多,转型发展并不是通过简单调整就能够实现的,而是需要调动全社会的力量参与其中,对国民经济发展进行一次彻底的变革。供给侧结构性改革,就是要通过对生产要素的重新配比,最大限度地调动企业生产积极性,将更多资源投入社会所需的行业之中。政府则做好简政放权,通过一系列的税收优惠政策、发展引导政策来促进我国经济发展。与此同时,为切实提升经济发展的质量,国家也需要大力提倡技术创新、节能减排等,提高我国的供给侧水平,增强我国企业在国际市场中的核心竞争力。

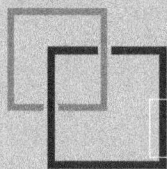

第二章

新时代国有企业改革的新机遇与新挑战

　　在新时代的背景下,国有企业改革也将有新的机遇,同时遭遇新的挑战以及新的威胁。通过 SWOT(S 即 strength,指优势;W 即 weakness,指劣势;O 即 opportunity,指机会;T 即 threat,指威胁)分析法,避免企业自身劣势,发挥其自身优势,迎接未来可能会出现的挑战与威胁,成为国有企业改革的重要方法论。在本章的研究中,借鉴 SWOT 分析法,对新时代国有企业改革即将面临的形势进行分析,以期对以后的改革路径起到参考的作用。

　　SWOT 分析法是一种结合内外部环境要素对企业进行综合分析的战略选择方法。应用到国企改革层面,即是对国有企业创新改革发展中所涉及的各种要素进行全面、系统的分析研究,将企业之间的内部竞争优势与外部机遇结合起来,就有效应对竞争劣势与外部挑战进行规划,选择既能够发挥企业的优势、弥补劣势,又能抓住机会、规避威胁的战略对策。此分析方法,能够让企业对发展改革的目标更明确,更有利于其实现最终目标。

第一节　自身优势

　　优势,主要包括企业自身所具有的长处。企业自身的发展优势,如有充足的资金可供支持,有先进的技术条件支持,拥有执行力强大的团队,拥有专业技术水平较高的管理和技术团队,控制在一定范围内的企业成本,拥有绿色而长效的生产链条,企业产品本身的独一无二和不可替代性,企业在社会中所塑造的美誉度,等等。

　　就国有企业而言,其在经营中的优势主要是有国家的支持,在资金方面比较充足。经过多年的改革与发展,我国国有企业已经积累了较为雄厚的资金,有效地保障了企业自身的发展与壮大。从生产技术与技术创新角度看,国有企业具有一流的技术水平,不管是科学研发还是人才发展,都为创新提供了强大的支撑,企业与科研之间的空间和时间效率提高,缩短了新技术、新科技投入利用的时间。国有企业以国家经济导向为发展方向,能在第一时间获悉并享受国家的优惠政策。与此同时,国有企业具有科学合理的内部管理制度、行之有效的企业管理规范、专业且素质较高的企业团队,这些资源优势都为国有企业发展源源不断地注入活力。凭借着高素质的人才优势,国有企业能够在立足国内市场的基础上,积极开拓国际市场并取得一定成绩,通过不断创新管理模式、优化生产经营环节,来不断提升企业自身的核心竞争力。国有企业在国家大政方针的引导下,坚持以科学发展观为统领,按照"走集团化道路,实现跨越式发展"的要求,不断优化企业战略,提升企业竞争力。

从国家政策优势看,中央政府和各个部门针对国企发展与改革,相继出台了许多政策来保障国有企业的健康发展。例如,国土资源部为实现城市、乡村的协调发展,缓解城市土地供应紧张问题,在改革方案中提出:当一部分国有企业面对自身经营状况不善的问题、自身所经营行业不景气的问题时,其部分国有土地的使用性质可以由划拨改为出让。由于近年来城市化的快速发展,我国城市土地供应紧张,因此土地使用价值增值较快、幅度较大,采用这种方法在一定程度上保障了国有企业资产的保值、增值。而在企业申请银行贷款时,以土地作为担保标的是有巨大优势的。此外,国土资源部对土地使用还做出规定:如果有一些国有企业在改革时经营状况不善,或者这些国有企业涉及一些国家规定保留的行业而被允许暂时保留国有土地无偿划拨的情况,国土部门会给予政策扶持;同时,这类国企可以无偿使用划拨土地的年限不得超过五年,五年内上交土地出让金即可将土地使用性质改为出让。因此,在国有企业改革发展的起始阶段,即使没有能力支付土地出让金,国有企业依然可以享受五年缓存期。可见政府政策为国有企业改革与发展提供了良好的支持。

第二节　自身劣势

劣势主要包括:企业生产原材料成本的上涨,企业员工的薪酬增加

对企业的负担加重,国有企业经营中所面临的市场竞争压力增加,企业
生产效率和管理技术落后,国有企业生产中对资源消耗较大及所产生
的环境污染,产品销售量下降,企业经营过程中可以发生的资金链条断
裂,等等。

首先,对于国有企业来说,其多种劣势主要来源于以下几个方面。
从国企背负的债务角度来讲,从改革开放至今,许多国有企业背负着沉
重的债务负担,这些债务使得国有企业在后续改革发展中缺少自有资
金的积累,无法通过自己的实力来扩大企业规模,实现产业结构的优
化。而且在经营过程中,国有企业也面临着沉重的社会负担,这些负担
导致国有企业在改革与发展中畏首畏尾,障碍重重。其次,国有企业产
权问题在法律规范中规定不明确,国有企业因投资来源比较复杂,可能
形成不同的产权归属,因此在产权改革中也面临着许多问题。因此需
要正确划分资产来源,重新评估企业资产,按照原始投资金额的比例进
行划分。最后,国有企业的跨越式发展需要抛弃旧的管理与经营模式,
有效激发企业的活力,引进新的资源、新的技术来为国有企业发展注入
新的动力,这就需要创新制度,激发员工的劳动积极性。而从当前我国
国有企业的发展来看,员工激励机制缺乏或者激励效果不明显、离退休
员工的安置事项容易出现争议等,这些都严重地影响了员工的劳动积
极性,对国有企业的健康稳定发展带来一定的消极影响。

一、管理制度方面的劣势

从人力资源管理角度看,职工子女顶班制度等传统制度导致国有
企业在改革发展中出现许多问题,如人力资源质量不高、养老负担沉重
等。同时,在任人唯亲的背景下,许多国有企业在内部人力资源选拔、
职务晋升等方面形成亲属管理的局面,各种关系网、利益网阻碍了国有
企业的发展。不过,这无形中也给各种工作的开展带来了一定的便利
性——易于动员。与其他民营企业相比,国有企业的工作开展更具有
凝聚性,往往是各种生产建设任务的命令一下达,不用大力宣传,就能
有效开展。

此外,国有企业本身的人力资源结构较为稳定。众所周知,国有企业长期以来就和国家机关单位和事业单位一样,国有企业的工作岗位被人称为"铁饭碗"。长期以来,国有企业特有的"公有文化"使得国有企业在对职工进行思想教育以及培训上更具有进步性和高度性,职工的思想觉悟和一般的私企员工相比要高,这就使得生产工作中产生的摩擦减少了很多,其人员流动及流失程度低,人力资源配置相对稳定。

反观企业内部文化,国有企业在长期经营过程中,较少企业文化建设,加上任人唯亲,促使企业内部形成各种错综复杂的关系,企业内部人员在长期的利益交换中形成覆盖企业的关系网。因此在某些国企改革措施落实的过程中,往往会影响到既得利益群体的利益,然后牵涉更多国企职工的利益。国企改革的顺利推进也需要解决这些人的问题,如果不能有效处理这些问题,那么国企改革就会面临更多的困难与阻力,使得本来局部的问题变成整体性的问题。与此同时,许多国企职工在进入企业之后就会形成一种稳定的模式和稳定的心理,在工作中积极性不高,而且部分顶岗进入企业的职工的职业素养也不尽如人意。传统中职工进入国有企业主要有两种方式。一种是作为国企职工的父母退休,子女顶替父母作为国企职工继续上班。但是这类顶替上班的人员大多没有岗位工作经验,职业水平不高,能力也不强,在进入国有企业后只是经过简单的学习即走上岗位,这类新员工的技术基本都是由老一辈工人传承,本身就缺乏时代性和创新性。另外一种是在国有企业自己创办的职业技术学校结束学习之后进入企业。这类职工具有一定的专业素养,也有一定的创新意识与能力。但是由于国有企业所创办的职业技术学校本身就隶属于国有企业,职业技术学校中的教师也是国企职工,教学内容、人才培养计划等都会根据国有企业的需求制定,其人才培养模式能够很好地满足企业发展对人才的需求,但也正因为如此,这类职业技术学校毕业的人才在调岗时面临着再培训、再调配的问题。

随着生产技术的创新发展,国企在改革与适应市场的过程中也面临一些问题。虽然国有企业的硬件技术有一定的优势,但在不同的社会发展时期,社会对产品的质量、产品种类的需求也是不同的,国有企业由于沿用传统生产方式,对市场变化的适应能力较差。如今的市场竞争异常激烈,瞬息万变的市场对国有企业的经营能力提出了更高的要求,而且随着我国供给侧改革的进一步深化,按需生产的观念日益深入人心,如果国有企业改革无法跟随社会变化的脚步,不能主动去改变自己以适应市场,那么国有企业必然会慢慢落后于时代。从这一方面说,国有企业原先拥有的强大雄厚的老工艺、老配方反而成了改革创新路上巨大的成本包袱,改变工艺技术意味着必须放弃几十年积累的老技术、老工艺,而改进后的工艺又可能出现不适应生产设备的问题。不过,反过来看,这一情况也能推进国有企业不断创新,更好地促进企业发展。

二、国有企业自主创新能力不足

首先是许多国有企业在技术创新、自主创新等方面投入的资金较少。科技的发展与创新能力的提升离不开资金的支持,国有企业在科技研发中投入较少,就会导致国有企业创新空间不足,丧失发展动力。尤其是在现代社会中,企业科技研发和创新投入资金的多寡直接决定着企业能否生存、发展,科技创新能够提升企业的核心竞争力,为企业未来发展带来更大的好处。从影响国有企业创新投资的因素来看,国有企业背后有国家政策的扶持,同时在市场投入方面也占据了绝对的发展优势。从企业科技创新能力方面看,投资科技创新恰恰在企业经营管理中显示出短期收益较少的问题,因此,在国有企业发展过程中,如果企业管理者对科技创新没有给予足够的重视,那么科技产出将会严重不足。然而,在国有企业参与市场竞争的过程中,科技实力、企业技术创新能力更能代表企业的综合实力与产品在市场中的竞争力。

据相关统计数据,国有控股的大中型工业企业,主营业务的业绩还不足国外企业的一半。导致大型国有企业大而不强的一个重要原因即是核心竞争力较低,产品附加值不高。国有企业在人才培养、科技研发力度、人力资源管理、企业资金发展成本管理、市场开发能力以及产品质量、企业形象等方面落后于国外具有竞争实力的综合企业。一方面,国有企业在以往的管理阶段中经历过相对保守的管理时期,管理层面存在部分问题。然而,短期的、表面的改革只能治标,不能治本。例如,国有企业在在人力资源储备方面,与国外大型企业还存在很大的差距。现阶段,许多国有企业虽然对人力资源开发与培养有深刻的认识,但在人力资源管理上依然处于起步阶段,没有较强竞争力。另外,国有企业对自有科学技术人才的培养也处于起步阶段。另一方面,在科技投入方面,国有企业虽然花很大精力进行改革,但是对科技投入管理方面还是不够重视。西方发达国家的大型企业在人力资源、科学技术创新等方面已经积累了很长时间,这些企业的技术水平、创新能力远远高于我国的国有企业。国有企业在较短时间内依然处于跟随阶段,无法实现超越是其必须正视的问题。

虽然我国国有企业已经有 70 多年的发展历史,但与国外大型企业相比,无论是管理还是开发方面,都存在明显的不足。在我国国有企业改革初期,很多企业内部都在实行表面化改革,在新旧资源交替的发展阶段,新的事物、新的企业显然更具有竞争力、生命力和更好的发展前途。而那些墨守成规、缺乏创新的传统企业必然会被淘汰,虽然它们不会甘心退出市场的竞争,还会在一定阶段做"垂死挣扎"。因此,国有企业的改革必须从制度上入手,彻底改变传统制度。而且,国有企业改革与发展是一个长期的过程,不可能一蹴而就。在改革过程中或许会出现一些反复,但这不应成为对国企改革的阻碍。

其次,科技投入产出率不高。国有企业在科技投入产出率方面处于较低的水平。这主要是国为科技人才团队研发力度薄弱,科技产品含金量偏低,主要表现为发展程度与市场需求存在相当差距,符合市场要求的科技产品在市场中占有率不高。国有企业与国际知名企业相比,还存在较大差距。例如,在 2009 年,央企总计授权的发明专利才4891 项,而同期美国仅 IBM 一家公司就取得 4843 项专利,微软公司取得专利 3740 项。美国一家公司申请的专利数量就相当于我国央企专利总数,这不仅反映出国有企业创新能力不足,而且也反映出其创新意识方面的问题。根据数据不难看出,我国国有企业科学技术创新能力相当薄弱、创新产出率较为低下,在面对国际技术发达企业的竞争时,往往会处于技术上的弱势地位。国有企业产出的许多产品不得不向欧美国家缴纳大量的专利费,才能进入市场。

　　最后,我国国有企业总体核心竞争力偏弱。与国际大型企业相比,单单就自主知识产权方面,国有企业就不及国外知名企业,主要是国有企业在核心技术方面相对落后,核心技术人才管理呈现杂乱状态。我国很多高科技零件主要依赖国外供给,在自主品牌和自主知识产权方面,国有企业占有份额比例很低。例如,在工程机械生产方面,虽然我国产品数量在世界市场中占有优势地位,但是工程机械中80%以上的专利技术依然来自国外,我国企业在技术上受到很大掣肘。另外,我国企业产品品牌知名度、美誉度等与国外企业也存在一些差距。

　　现实市场中,国内销售的许多产品都是在国内生产,出口转内销之后再进入我国市场的。因此,长期以来,我国都是世界产品的加工厂和制造基地。中国是世界著名的制造大国,却也成为名副其实的品牌弱国。自主品牌的薄弱成为限制我国提升核心竞争能力的瓶颈,我们需要不断创新发展机制,努力培养高端的科技人才,不断加强核心技术方面的研发团队建设。

三、高级技术人才不足

　　人才是科技创新的第一生产力。企业的高级技术人员是企业核心技术创新改革的具体执行者和实践者,企业高级技术人才的数量和质量直接影响到企业创新的实质性效果。以山东省某老牌国有企业为例,由于该企业内部人才起点比较低,一线生产员工大多通过顶替父母职务的方式进入企业,这部分工人占据了大量的岗位,对企业引入高新技术人才也产生一定影响;加之部分职工职业素养、文化素质不高,也就导致了该企业对技术人才,尤其对高级技术人员的吸引力比较弱。据不完全统计,该企业大约有2022名员工,但高级技术工人却仅有179人,不足员工总数的1/10。高级技术人员的缺乏,导致企业创新能力不足,产品创新更是严重滞后,在面对其他企业同类产品竞争时往往处于劣势地位,在激烈的市场竞争中渐渐亏损,举步维艰。

四、国有经济功能错位

无论是在西方市场经济国家还是在我国社会主义市场经济条件下，国有企业在某些方面与一般企业相比有一定的特殊优越性，可以超越普通企业的某些局限，在一些特殊的产业中发挥自身特有的职能或者体现特殊的利益要求，实现普通企业难以实现的社会目标。因此，国有企业自有其存在的必然性和合理性。然而从我国国有企业分布特点上看，亦可发现其功能上的错位。

首先，产业布局错位。在市场经济环境下，国有资本的布局有一定科学的标准，即党的十五大报告中所说的"关系国民经济命脉的重要行业和关键领域"。但在我国，国有企业已经大量覆盖了竞争性产业，其中一部分国有资本配置已经偏离了国家提出的"关系到国民经济命脉的重要行业和关键领域"。2003 年年末，国有及国有控股工业企业覆盖了所有工业企业的 39 个行业，国有资产比重超过 50% 的行业达到 16 个，而且国有资本在食品、饮料、纺织、服装、机械制造等一般性竞争产业中的比重也很高。这一方面必然导致国有资本的资金使用过于分散，缺乏规模经济效益；另一方面本应由国家投资的基础性部门却由于国有资本长期被散置在其他领域而投资不足，形成制约整个国民经济发展的瓶颈。这正是我国国有企业产业分布不合理的主要表现之一。在诸如钢铁、汽车、化工、电子、造船等战略性竞争产业中，国有企业和一般企业比例失衡，会导致这类产业中企业缺乏参与市场竞争的压力和动力，从而严重削弱市场经济优胜劣汰的机制，使产业结构的调整和升级方面存在很大的障碍。

其次是地区布局错位。我国国有企业在地区分布上存在严重差异，主要表现为国有经济在中西部地区的比重明显偏高。

总的来说，我国国有资本配置在产业、地区上都存在错位，这个问题解决不了，其他问题就无从下手。

五、经营机制方面的不足

企业经营机制包括决策机制、动力机制（激励机制）、约束机制等多个子系统。传统国有企业在决策机制方面存在严重的行政化色彩，其中包括生产规模、生产方向、产品销售、收入分配、劳动人事等均由政府主管部门统一决定。就现阶段而言，这方面已经得到比较充分的矫正。然而，国有企业的动力机制与约束机制至今仍未改变，还存在固化思想。

企业内部普遍都存在三类基本的利益主体，即出资人、经营者和生产者，他们都有着各自的利益要求和对利益实现途径的规划。企业动力机制的首要功能，在于"激发企业内部不同利益主体的利益动机，并将这种利益动机转化为实现企业经营目标的推动力"。而约束机制则表现为"企业对自身经营活动遇到问题能够加以控制以及约束各利益主体不合理行为的能力、方式和效能"。

在分析国有企业各利益主体之间的激励与约束机制问题前，有必要理顺国有企业复杂的委托—代理关系：国有企业本应是全民所有，但由于全体人民难以有效履行委托人职责，故而委托人职责只能由政府代表全民全权履行，这便形成第一层委托—代理关系——委托人是全民，代理人是政府；政府是一种组织机构，没有自然人的独立思考和决策能力，要经过委托代理机构才能形成有效的治理机制，于是就有了第二层委托—代理关系——委托人是政府，代理人是政府官员；在政府官员代表全民行使产权的过程中，政府向国有企业委派经营者，这就形成第三层委托—代理关系。

在国有企业目前的机制中，国企经营者的选拔与任命仍以行政任命或行政选拔为主，要发展什么类型以及多大规模的企业在很大程度上是由外在因素决定的，与经营者关系不大。此外，经营者收入与企业收益相关度不高，即使经营者承担了很大的风险经营好企业，也未必能得到与之相匹配的收入。国企经营者作为理性的经济人，当无法获得与之劳动贡献成正比的收入时，国企的发展利益对于经营者而言，只不过是一种"外部性"因素,而他们自身的利益关系则是一种"内部化"因素。相比较而言,经营者少花费一些心血,少承担一些风险,自己的收益却没有减少;或者即使收益稍微变少,但能少承担风险和多获得闲暇,经营者也是乐意见到的。在这种情况下,他们就可能会有种种扩大其自身利益而损害企业发展利益的表现,如隐藏自己的经营管理优势,对企业资产的运营效率漠不关心,不考虑企业的长远发展,有意提高在职消费报销额度,等等。

第三节　发展机遇

发展机遇,即企业在改革发展过程中所经受的外在环境变化为其带来的发展前景。国家政策向本企业和本行业提供的机遇、新产品问世给企业带来的逐步壮大的消费者群体、新技术引进对节约生产成本和增大生产量做出的贡献、财政税收相关政策性收入的发放、竞争对手生产低迷等因素都是企业发展过程中的发展机遇。结合目前经济社会环境来看,国有企业正处于可以大展拳脚的重要战略机遇期,国际总体环境趋于平和,国内经济社会转型发展加快,中国经济发展正处于"换挡减速期",这为我国很多国有企业的产业结构优化升级提供了有利的条件和机遇。同时,党的十九大的召开为国有企业的发展和改革进一步指明了道路和方向,国有经济布局更加明确,深化经济体制改革彻底,推进经济结构战略性调整的政策趋势性增强,这些都是国有企业发展的重要契机。另外,国际市场的开放也为我国国有企业的发展制造了良好的机遇,国有企业可以从自身发展的实际情况出发,制定切实可行的发展战略,抓住战略机遇,实现跨越式发展。

一、政治环境稳定

长期以来,我国国有企业内部存在着产权结构不明确、人力资源配备没有针对性、企业内部组织架构管理松散、管理理念跟不上发展，以及对企业文化不重视等一系列问题。因此，国家对国有企业改革的决心一直很坚定。伴随着我国40多年经济的高速发展，我国也相继出台了若干个关于国有企业改革的政策利好条例。2017年4月24日，国务院办公厅发布《关于进一步完善国有企业法人治理结构的指导意见》提出，2017年年底前基本完成国有企业公司制度改革。同年5月10日，国务院办公厅转发《国务院国资委以管资本为主推进职能转变方案》，对国资监管方式和国资委职能转变做出系统性安排。前一个文件是对长期以来强调的国有企业公司制改革所提出的"最后期限"，意味着国家已经把国企改革进行到底的决心摆到了明面上，坚决将国有企业改造成具有时代规范的现代化企业。后一个文件则着重于政企分开，简言之，就是所有权和经营权的分离，国家应该做自己本质性的工作，就是管住资本。这其实是我们社会主义属性的内在根本，国有企业大多数是关系国计民生的重要企业，一定要牢牢把握在国家手中，也就是把握在人民手中，这是毋庸置疑的，必须由国家掌控资本。而对于经营管理，国家要适当放权，国有企业虽说是国有，其归根到底还是企业，必须把经营自主权交还给企业自己，才能展现企业应有的风姿。从两份文件里还可以读出，国企改革整治力度最大的是在经营层面。在试点企业中，开展董事会选举任命总经理的制度，意味着多年以来的政府行政任命终于寿终正寝。总经理经营负责制和总经理绩效考评制度将真正改变国有企业的根本。而对于国企制度改革的支持，国家也早有文件（《国家发政委关于支持国有企业改革政策措施的梳理及建议》），从财政税收、土地使用、社会保障、金融证券、产权保护以及简政放权六大方面对国有企业改革提出全面支持，为国有企业改革创造了一个良好的政治环境。

二、经济环境良好

2018年我国经济的增长速度相对放缓，全年的GDP增长率为6.6%，较之上一年6.9%的增长速度略有回落，经济下行，企业压力较大。效益方面,居民人均可支配收入前三季度为 6.6%,较 2017 年同期 7.5% 有较大下滑。其中民营企业的利润下滑最为明显,根据统计局发布的信息,民营企业增速为 9.3%,可使用利润总额推算的同比增长速度则是 -30%,前后之间的差距有 40% 之多,客观反映了民营企业残酷的生存现状。从制造业来看,2018 年 12 月 21 日闭幕的中央经济工作会议着重提出了"推动制造业高质量发展"的工作任务,指明制造业发展要从依赖要素发展转型为创新驱动发展,推动制造业制造模式、组织模式、管理模式的转变,积极转变快速发展模式。会议进一步提出,要"坚持以供给侧结构性改革为主线不动摇",积极利用更大规模的减税这一利好政策、更明显的降费措施推动所有民营企业和小微企业降成本和补短板。计划在 2022 年,中央将把制造行业的整体发展放在经济工作的首位。

第四节　外部挑战

威胁挑战,同样是由企业发展的外在环境变化所引起的,是对企业生存与发展造成阻碍、构成不利影响的因素条件。新型产业替代产品的问世和普及,市场经济发展速度放缓所导致的需求量的减少,原本的扶持政策突然撤销和转变策略所失去的政策优势,等等,这些都是企业发展过程中的阻力性因素。国有企业发展转变过程中所面临的挑战包括以下几个方面。

首先,世界经济全球化、区域经济一体化趋势不断增强,国有企业发展的竞争压力不断增加。如果面对世界竞争趋势,国有企业不能通过有效改革来提升企业运行效率,以适应未来的发展趋势,迎接未来的竞争,那么企业就会逐渐落后于社会发展,在竞争中丧失市场。企业发展脚步受到阻碍,这对于国企改革而言无疑具有较大影响,而国企改革又会反过来影响国有企业的发展。

其次,管理制度和配套不完善带来的挑战。国有企业只有积极引入现代公司管理制度,才能提升企业管理水平和运行效率。因此国有企业必须改变内部存在的落后、陈旧的管理体制,克服各种影响企业发展的阻力。同时,在我国国有企业发展的外部环境中,相关配套设施还是不够完善,且缺乏较强的针对性,主要是对市场调查因素不明确、社会保障体系不完善以及解读相关政策法律文件不全面。

最后,政策环境带来的挑战。我国经济的发展有赖于现行国家经济管理体制。政府对国有企业的管理发展具有较强的引领作用,国有企业在发展初期是以服务国家建设为宗旨的,由此,国有企业高层管理职位大多由党组成员担任,过于强化的行政管理模式在企业经济发展方面起到了一定的消极作用。虽然在我国历史特定时期,这种以行政管理方式为主导的管理模式曾经发挥过它的积极作用,但是随着社会发展潮流的不断变化,时过境迁,经济全球化趋势不断增强,我们如果还是以老步调的管理模式来发展企业经济,将会被全球化经济洪流所淹没,同时也将会被激烈的世界市场竞争所淘汰,不利于我国经济的总体发展。所以,我们必须审时度势,强化国有企业的管理能力,要实现现阶段国有企业改革发展的健康化管理,就必须消除传统的落后的管理模式,摒弃不良的管理习惯,深化国有企业管理模式改革,强化国有企业的核心竞争能力,从管理源头入手,不断建立适应国际化发展的新的国有企业管理模式。

国家政策的行政干预导致国有企业管理跟不上时代发展的潮流。时代在进步,经济发展步伐日益加快,经济全球化浪潮席卷着世界的每一个角落。中国市场经济在日新月异的发展浪潮中不断实现自身的发展。在机遇与挑战并存的今天,国有企业担负着振兴国家经济、增强国家经济实力的历史使命,为了实现辉煌的中国梦,国有企业应该更大力度地、以更猛的改革脚步快速踏入世界经济的浪潮之中,实现现代化发展的新目标。但就现阶段国有企业发展状况而言,国家的行政干预制约了国有企业在经济发展中前进的步伐,长期以行政干预为主导的国有企业在很大程度上赶不上社会经济发展的潮流,落后于现阶段的外资企业甚至民营企业。所以,解决这一问题将是国有企业改革实现重大突破的主要途径之一。

一、国企垄断地位的动摇

在我国加入 WTO 后,国有企业所处的国内外竞争环境发生了翻天覆地的变化。随着国内民营企业、外资企业的发展,在许多非关键性行业,国有企业的垄断性统治地位受到严重的威胁。例如,在纺织、电子制造等领域中,其他所有制企业占据了市场的主动权,国有企业面临着越来越激烈的市场竞争。受国际经济体制格局的影响,我国经济格局在几十年中也发生了变化,国内市场竞争越来越接近国际竞争的模式,国有企业面临着更大的挑战。市场化改革和市场竞争加剧给国有企业带来了冲击。例如,20 世纪 90 年代以后,我国财税体制实行了统一的分税制和新的工商税制,对税收制度予以进一步的规范,让国有企业的发展更具主动性,有效减少了政府的干预。实行新税制后,征税法规的执行力度明显增强,要求企业按统一税率缴纳增值税和所得税,从而加大了国有企业的税收压力。另外,在金融体制方面,我国实现了银行业向商业化发展的调整与改革,并在一段时期内实现了卓著的发展成效,推动了我国经济的飞速发展。国内资本市场得到发展,使国有企业增加了市场融资渠道,但投资资金的使用要受到比过去严厉得多的外部约束,国有企业难以再享受到低于市场成本的资金供给待遇;此外,对国有企业贷款也开始注重遵循商业化规则。生产资料价格双轨制加快向市场价格并轨,国有企业失去了过去曾享受过的计划低价优惠待遇。同时,劳动力市场发展及社会保障体制改革,使国有企业劳动成本上升。

总之,市场化改革进程加快,非国有经济迅速发展,使国有企业的经营环境发生了很大变化,对国有企业形成了很大压力。随着改革开放的不断深入和宏观经济热度的下降,20 世纪 90 年代下半期以来,出现了卖方市场向买方市场的明显转变。这种转变使国有企业承受了过去所没有承受过的市场压力。相比国有企业,其他企业的发展成本较低,营业灵活性较强,经营方式较为灵活,能够较快地吸收外来先进的管理模式。

作为我国经济发展主导力量的国有企业,在技术改进和管理水平以及产品的质量方面承载着更多来自外资企业的压力。自从我国加入WTO以后,国有企业在更为激烈的市场竞争环境中失去了一些政策方面的保护,并且受到外国企业的直接冲击,发展压力很大。在出口竞争方面,我国主要与处于同等发展水平的新兴工业化国家展开竞争。近年来,由于我国与这些国家相对汇率的变化,出口产品竞争力下降,因此,如何进一步提高出口产品的竞争力是国有企业面临的重大挑战。技术进步,世界在飞速发展,尤其在以信息技术为发展先锋的现代化企业经济发展时代,国有企业在很多领域的竞争中表现得"技不如人"。网络化和信息数字化在全球范围内迅速展开,对全球经济增长方式的转变及效率的提高产生了难以估量的影响。发达国家电子、化工、制药、汽车等高技术制造业,金融、保险、电信等高技术服务业以及服务贸易领域中的技术更新速率加快。企业兼并、产业重组活动频繁,技术创新和产品更新的周期加快。新兴工业化国家曾经以模仿学习并重视应用的方式获得了一些后发优势,但现在已经赶不上发达国家领先技术的更新速度与快速产业化效率。高科技行业中,国有企业占据着绝对的市场份额,技术方面主要靠引进外来技术实现企业内部技术的不断革新。

二、外部环境有待优化

公平公正、开放有序的外部市场环境,是各种所有制经济发展的基础,更是混合所有制经济发展的基本前提。但客观地看,目前公平开放、竞争有序的市场还没有完全形成。一是顶层设计缺失。尽管十八届三中全会已经明确指出要大力发展混合所有制经济,但混合所有制经济今后怎么发展,要遵循哪些程序和制度,仍然缺乏一个统一、详细、权威、明确的方向指引。这直接导致国有企业和民营企业不知所措,还是像以前一样"摸着石头过河",在实际操作过程中充满了各种顾虑。二是缺乏相应的配套制度。要顺利推进混合所有制经济,需要我们建立妥善的配套制度,解决如相应的税费政策、离退休人员社会化管理、简化各种政府审批程序、剥离非经营性资产等国有企业的历史遗留问题。三是相关法律体系不完善。首先,现有的法律体系对新情况和新问题不能及时地做出反应;其次,在国有企业与民营企业发生法律纠纷时,现有法律体系往往会偏袒公有资产、公共财产,民营企业甚至连合法诉求都难以得到法律支持。

第五节　新时代国有企业改革策略——基于SWOT 分析法

一、完善现代企业制度建设

首先,对国企改革的建议,要围绕着现代化的企业制度的制定提出。国有资本产权代表制度需要落实到位,国有企业同样要使用职业化的经理人和管理者,要把市场化的选聘搬上台面。而董事会在现代企业中发挥着重要的管理职能,国有企业的董事会要逐步走出内部的"一言堂",尊重以外部董事占主导的市场化组织架构,董事会直接掌握企业的绩效评价、薪酬管理和领导聘用等权力并承担相应责任。国有企业内部的管理者须有危机意识,在目标绩效完成或未完成时有合理的奖惩措施,避免计划经济时代"铁饭碗"观念的延续。管理人员晋升或降职、调动与辞退完全根据现代企业的人力和绩效制度,同时在职务待遇和业务消费上做到从严治控,从而根除特权与腐败。按照国企的分类,适时将薪酬与业绩挂钩,将期股期权分红、激励基金、项目分成等短中长期激励体系落实到位。

其次,各类配套政策措施要跟上,国企改革要继续依法依规地稳步推进。配套政策措施如何制定,在财政、税收、土地等方面,国家对国有企业的支持力度要拿捏得当。在土地方面确立通过用出让地价扣除补缴土地价款后的结余来增加原企业的国有资本金的原则,此价款可被用于安置企业员工。设立企业重组整合专项基金,此专项基金是支持企业之间进行重组整合的重要资金来源。研究并完善支持国有企业改革重组上市的税收优惠政策,按有关规定展开资产评估增值、债务重组收益、土地房屋权属转移等上市活动。多种途径发展混合所有制经济,平等引进各类经济主体投身于国有企业重组,将混合所有制经济确立为改革的主流方向和国家经济的重要战略性调整目标。破产或重组完全依据市场,国有资源要素要力争向优势产业和企业汇合,这样国有经济的架构才能得到整合优化。着力完善现代企业制度,关键是建立规范的法人治理结构,形成权责明确、运转协调、有效制衡的决策执行监督体系。

最后,人力的激励约束机制不能僵化死板,要灵活创新,这样才能更好地吸引新一代的人才。国有企业不是形式主导,不是政策主导,而是以人为主导,人力的选用、约束、激励的机制直接决定了管理者是否能够依法经营、创业奋斗和不断奉献。加强国有企业中党的建设,重点是创新党建工作机制、创新党风廉政建设体制机制、创新企业文化建设。

二、建立和完善社会保障体系

在国有经济布局战略调整和产权改革的过程中,有相当一部分国有企业转变为非国有企业;即使没有触及产权改革的国有企业,也要进行企业微观机制的重构。不管是何种方式的改革,都会涉及减员增效,这就离不开社会保障体系的支撑。且不说我国农村的社会保障体系没有完全建立起来,仅就城镇的社会保障体系而言,还是存在不少问题。

首先,社会保险基金不足。社会保障制度缺乏强有力的约束,目前通过社会统筹和个人缴纳筹集社会保障基金的方式,缺乏规范化、法制化和强制性,有相当一部分企业拒缴、拖欠或少缴社会保险。其次,社会保险基金在使用上存在漏洞,不能做到专款专用;而且存在社会保障管理机构提取混乱、开支过大的现象。再次,随着老龄化人口的增加,我国社会保障基金缺口呈逐年扩大的趋势,现收现付的筹集方式已不能满足要求。

针对现行社会保障体系的缺陷,政府应采取有力措施加强我国社会保障制度的建设,做好如下工作。第一,立法开征包括养老保障、失业保障和医疗保障在内的统一的社会保障税,由税务机关具体负责税款的征收,并把收入纳入统一的社会保障预算。第二,拓宽社会保障基金筹资渠道。可以变现部分国有资产,将其划入社会保障基金,以弥补社保基金缺口;也可以通过合理调整财政支出结构,提高社会保障支出占财政支出的比例,将企业亏损补贴、压缩的部分事业性支出直接用作企业发展的资金等,充实社会保障基金;还可以考虑通过发行社会保障长期债券,暂时弥补社保基金缺口。第三,加强社会保障基金管理,严禁挤占挪用,确保基金的安全和增值。一方面,抓紧回收被挤占挪用的社保基金;另一方面,实行严格的收支两条线,并设置专门机构负责社会保障基金的管理和使用。

三、完善法律环境

深化国有企业改革过程中,很多改革行为需要健全的法律规定来支撑。比如,国有企业产权改革就需要有配套的法律为之保驾护航,以保证国有企业改革向着规范、健康、有序的方向进行。但我国的法律规定还处在完善的过程中,尤其是与产权改革相配套的法律规定仍在逐步健全中。

首先,以产权改革中的MBO(管理层收购)方式为例,原有国有企业的管理层和员工往往需要成立一个"壳公司"来对国有企业进行收购。我国《公司法》2004年修订版的第十二条规定:"公司向其他有限责任公司、股份有限公司投资的,除国务院规定的投资公司和控股公司外,累计投资额不得超过本公司净资产的百分之五十,在投资后,接受被投资公司以利润转增的资本,其增加额不包括在内。"

然而在当时的实践中,MBO改革过程中组建"壳公司"对外投资,很多时候明显要超过这个比例。这与彼时《公司法》的规定显然是相违背的,但鉴于 MBO 的特点,这又是不可避免的。《公司法》的这项规定在某种程度上阻碍了 MBO 的顺利进行,应当在《公司法》中对该项规定的例外情况另做说明,以利于 MBO 的实施。(新修订的《公司法》即对这一条款做了修改。)另外,从融资角度来说,中国人民银行的《贷款通则》规定不得将贷款用于股权投资,导致银行等金融机构对实施 MBO 的公司放贷受限。

其次,在外资投资我国国有企业或者联合经营时,所面临的最大问题即是外国大型资本企业具有垄断倾向。虽然 2008 年我国已经出台《反垄断法》,但是仅在一些法规中规定了反对经营者的垄断、行政性垄断,以及对滥用行政权力排除、限制竞争等行为,并没有具体规定垄断的认定标准、认定方法以及对垄断的制裁等重大问题。这就使得外国资本在投资、购买国有资产的过程中,存在着实际垄断我国市场的潜在危险。

总之,国企改革已经进入深水区,但是我国关于国企改革、市场秩序保障等方面的法律建设还存在明显的不足与滞后,必须随着改革的推进,充实、优化相关法律规定建设,促进国有企业的改革和发展。

四、培育市场体系

国有企业改革和发展过程中,资产重组、并购、产权转让、拍卖是不可避免的,重要的是通过制定措施来确保过程中国有资产不会流失。因此除了积极制定相关法律,构建完善的法律体系之外,还应该以良好的市场经济秩序为基础,培养健康的市场竞争体系,促进企业的自由竞争。

市场体系包括商品市场和要素市场两大部分。在经过几十年的改革开放后,目前我国已经初步建立起成熟的自由市场经济,但也需要正视其中的不足。如资本市场、产权交易市场、中介服务市场等关系着市场经济构建以及国企改革的要素市场,其发展存在严重不足。

第一,我国资本市场的不完善加大了国有企业改革的难度。资本市场是国有资本退出的重要渠道。目前,我国股票市场面临的最严重的问题是：股票市场仍处于一种被分割的状态，国有股、法人股不能在证券交易所自由流通，这直接引起了股票市场上同股不同权、同股不同利的问题。这说明目前我国股票市场的交易不能完全体现资本的流动性的本质要求，不利于资源的配置，也降低了证券市场的效率。而且，这种股权结构被分割的情况，也给资产转让定价造成困难，不利于上市公司的资产重组，延缓了国有资本退出的步伐。成熟的股票市场要求"同股同权，同股同利"，要求国有股必须上市流通，这就使得资产重组、公司并购和股票流通等构成了对公司的外部竞争压力，从而对公司经营者构成潜在的威胁。此外，我国证券市场上存在资金违规运作的问题，证券营业部利用多个户头串通的方式使部分机构投资者及其他投资大户持有单个股票的份额超过有关规定，上市公司与"庄家"联手进行内幕交易、操纵股价等行为，不但损害了投资者的利益，也造成股票价格不能真实地反映公司的经营状况，不利于国有企业经营者形成有效的激励与约束机制。针对这些情况，主管部门应加强监管，严厉查处证券市场的违规运作行为，依法追究有关人员的经济、行政、刑事责任，探索对"热钱"的监控机制，及时跟踪"热钱"的动向，做好大规模投资活动的预警工作。

第二，产权交易市场存在明显缺陷。主要表现为：全国产权市场整体分散、区域集中的矛盾仍然突出；产权交易市场呈现出相对独立、属地化监管、多头管理以及交易规则不统一等问题，制约了产权交易业务的发展，也阻碍了产权的合理流动。在没有全国统一交易办法的情况下，在各地产权交易市场的运作过程中，产权市场管理标准的不同容易引起市场的不公平竞争，导致市场的不规范运作，造成国有资产的流失。然而，由于我国上市企业数量并不多，大部分国有企业资产重组与并购不是通过股票市场实现的，而是通过产权交易市场完成的。针对这个问题，应当打破产权交易市场的地域限制，加强各区域间的合作，建立区域性、全国性的产权交易大市场，构建统一的监管体系，规范全国各产权交易市场，为企业间的产权转让，尤其是民营资本与外资进入国有企业创造良好的环境与条件。

第三，中介服务市场发展落后。国有企业的产权改革中，并购双方要了解对方企业的财务状况和经济技术实力，而且在实施并购的过程中,一系列的财务、审计、法律和企业策划等环节都需要由专门的市场中介机构来完成,如会计师事务所、资产评估中心、审计师事务所、律师事务所等。但现实的情况是:中介服务市场的不规范行为,加剧了国有资产的流失及资本市场的混乱。有关统计数据表明,我国资产评估机构已有 100 多家,但是这些资产评估机构水平良莠不齐,部分资产评估机构甚至在国有企业改革与产权交易中索取灰色收入。具体表现为:一是在国企混合所有制改革中对国有资产降低评估标准,导致国有资产大量流失,当然这种现象主要集中于非上市国有企业;二是对国有资产进行过高评估,甚至通过造价进行评估,这种情况主要集中于上市国企——通过造价的方式来粉饰业绩,避免国有企业因为亏损而被强制退市。我国财监办 1998 年会计信息质量抽查中,经注册会计师出具无保留意见审计报告的 100 家大中型企业的年度会计报表里有 92.7% 的企业会计信息存在失真、虚假的问题。

针对目前中介服务市场的乱象,政府要培育健全的市场体系,应采取更加严格的措施来规范市场中介服务机构的行为,包括:实行严格的中介市场准入和退出制度,把好中介机构的市场准入关,重点加强对注册会计师行业、资产评估行业、审计行业的管理工作,对不符合条件的予以撤销;建立这些行业的执业质量评估体系,实行严格的年检制度和日常监管;加大对市场中介服务机构违规行为的惩罚力度,依法严厉查处中介机构出具虚假资信证明、虚假评估等不法行为,对严重违法违规的中介机构和人员实行禁入制度;加强行业监管,推进调查委员会、惩戒委员会等自律性组织的建设以及同业间的互查制度。总之,培育健全的市场体系,就要发展为市场经济活动服务的中介组织,有效地起到服务、沟通、公证、监督作用。

综上所述,今后除了需要进一步发展和完善商品市场体系外,重点是要发展资本市场、产权交易市场以及中介服务市场等要素市场,建成统一、竞争、有序的现代市场体系,为国有企业改革的顺利进行搭建良好的平台。

五、深化产权制度改革

发展混合所有制经济是我国产权制度改革的一次重要转折,而现代企业制度是混合所有制的题中应有之义,混合所有制经济的不断建立和完善,必将改变政府在产权界定、产权管理方面的作用。从经济学的角度看,政府的主要职能在于产权界定,完成这一任务后,便可以从经济活动中退出,把自由议价的空间留给私人和市场。但在我国,由于政府发挥作用的方式有其特殊性,所以政府在产权界定中扮演着特殊的角色。在我国,产权界定和产权转移是同时进行的,而政府下放的大部分权利,如国有企业的产权、家庭联产承包责任制下农民对土地的使用权等,都是无法转移的。这样造成的后果便是:每当产权发生转移的时候,政府就要重新参与谈判。而混合所有制把国有企业产权纳入了一个自由交易的平台,从而使得政府在产权交易中的角色逐渐淡化。

因此,在发展混合所有制的过程中,要不断完善产权交易市场,把国有企业的产权纳入自由流通的空间,运用市场机制进行产权运营和交易,使买卖双方都拥有充分的选择空间,降低交易成本,提高交易质量。同时建立健全合法公正的产权交易市场运行机制,使投资者能够获取足够的信息对未来的投资收益进行预判,达到及时、顺利、畅通地投入或撤出资金的目的。此外,需要实现国有产权和私有产权的一视同仁,切实保障出资人的权利,实现同权同酬。

六、国有企业管理去行政化

首先,从人员管理的角度来看,目前我国国有企业领导者的主要激励来自晋升,而民营企业主没有晋升激励,他们的主要动力是经济利益,这就产生了企业领导团队目标取向不一致的问题。其次,国有资本由于其出资人是全体人民,因此必须以追求公共性为首要的目标,不能像私人资本那样追求利润最大化,由此也造成了国有股份和非国有股份的分歧。

　　为了实现国有企业的去行政化,首先需要改革现有的国有企业领导者管理制度,可以对国有企业高级管理人员进行分类管理:一类是党政官员角色,有相应的级别,选用、晋升和交流都可以参照行政方法,主要采用晋升激励;一类是职业经理人角色,由企业董事会进行管理,按照市场化的办法选用和激励,采用市场化的薪酬结构水平,还可以采取相应的股权激励措施。

七、推动国有企业引进现代企业制度

　　国有企业要进一步完善现代企业管理制度就要改革国有企业的治理结构,进一步强化市场在各种资源配置中的作用。因为国有企业行政性的治理结构和强势的"内部人控制"机制,导致非公有资本在进入国有企业时心存担忧。假如相关企业已经完成了股份制改革,首先就要从董事会的变革开始,使董事会具有更广泛的社会代表性。以此为基础,对高级别管理人员的选聘,要更多地依靠市场,尽量减少直接的行政干预。在政府层面上,应及时清理有关政策法规,对凡不利于保护各类市场主体的合法权益、不利于各类市场主体平等竞争、不利于调动产权主体积极性的规定,都应该及时修改或者废止,并向社会公布清理结果。要邀请法律专家参与制定出台涉及私有财产及其运用的政策规章。政府和有关部门做出可能会影响当地各类市场主体产权的决策事项时,决策机关必须举行听证。

第三章

十九大精神引领下的
国有企业改革新潮流与新动向

第一节　以供给侧结构性改革为主线

一、供给侧结构性改革的提出

1. 供给侧结构性改革的社会背景

从国际背景来看,2008 年世界性经济危机以来,世界各地主要国家经济增长乏力,很多西方国家根据传统经验,依然采取从需求侧对经济进行调控的方法。但是在全球经济一体化的背景下,面对全球经济低迷的形势,需求侧改革已经逐渐乏力。从当时国际经济形势的角度进行分析,全球经济低迷是导致需求侧改革效果不佳的主要原因,同时导致结构性改革发展滞后。这也是为什么 2008 年国际金融危机爆发之后,西方各国和其他经济主体在采取宽松经济政策、大量发行货币之后,经济发展依然困难。在全球性的金融危机下,各个国家和经济体要迅速从经济低迷的大环境中脱离出来,传统上行之有效的经验与策略已经很难取得实效。对此,根据国际经济发展形势,必须创新改革方式,找到经济发展的突破点,即从结构性改革入手,将注意力集中在供给侧改革上,这也是我国进行供给侧结构性改革的重要背景。

在以往的经济发展中,发展中国家和欠发达国家是生产国,发达国家是消费市场。但是随着世界其他国家经济的发展,尤其是以中国为代表的发展中国家经济的崛起,世界范围内人力资源成本、原料成本等都出现新的趋势,国际生产分工开始加快。为适应这一新的经济趋势,世界各个国家都加快了经济转型调整。例如,在传统国际生产链分工中,我国的位置是制造与生产基地,是生产中最重要的一环,世界上30% 的工业产值都是由我国创造的。但是在全球性的经济危机中,西方发达国家的消费力已经难以为继,我国依靠人力资源成本优势继续坚持发展外向型经济,在国际市场上已经不再占有优势,这就要求中国必须加强高端产品的制造,从以往注重生产品质过渡到注重品牌建设、形象建设,因此,供给侧改革也就显得尤为重要。

从国内背景来看,我国进入经济新常态以来,国内经济形势严峻,增长速度放缓,供给与需求之间的矛盾突出。从我国的发展实践来看,改革开放后,为了快速实现经济体制的转变,我国对需求管理高度重视,通过一系列政策引导,例如"三来一补"等,增加并扩大海外需求。同时,在基础设施建设和人力资源、土地利用方面,政府予以最大限度的政策优惠,引进了西方国家的资本和相关技术,在实现我国经济转型的同时,推动了我国经济的迅速发展。可以说,我国经济之所以能够飞速发展,与我国政府重视需求侧改革是分不开的。但是,在取得成绩的同时,需求侧管理也已经越来越不能适应当前的经济发展形势,尤其是2008年以来,随着国际金融危机爆发,我国的经济也受到了极大的影响,经济增速开始变缓,经济发展正式进入新常态。所谓经济发展的"新常态",主要是指中国经济发展的条件和环境等因素发生了许多重大的变化,在持续30多年两位数的经济增长高速度之后,经济增速变慢,同时,面临的挑战日益增加,这就要求我国在新的经济发展形势下,进一步增强对国内的关注,从国内供给侧调动经济发展动力,促进我国经济进一步发展。

随着2015年经济进入新常态,政府也采取了一系列积极措施,例如降准降息等,但是从经济的发展来看,这些措施对于经济下行虽然有着显著的遏制作用,但是对于进一步促进经济发展,却收效甚微。同时,中国经济进入了"三期叠加"状态,即经济增长速度的换档期、结构调整的痛苦期和刺激政策的消化期三期叠加。从三期叠加的原因分析,中国经济之所以产生如此变化,主要源于我国的供给端以前以中低端产能为主,而当前民众的需求,却已经发生了变化,开始从中低端向高端发展,这种变化和现实的不足,最终导致了供需的不平衡,使得经济发展受阻。

2. 供给侧结构性改革的提出

2015年11月,国家主席习近平在亚太经合组织领导人峰会上提出"供给侧改革"理念。供给侧与需求侧相对应,需求侧以投资、消费和出口为主要内容,供给侧以劳动力、土地、资本及创新为主要内容。供给侧的组成要素是经济增长的重要条件,是对劳动力、土地、资本及创新的改革,配合需求侧的发展,能有效提升经济的增长速度。2016 年 1 月 26 日,中央财经领导小组召开第十二次会议,在会议中,习近平总书记强调,供给侧结构性改革的目标是提高社会生产力水平,落实以人民为中心的发展思想。供给侧结构性改革是利用改革的办法调节要素分配,扩大有效供给,提升全要素的生产率,满足人民群众需求,促进经济的健康持续发展。供给侧结构性改革以增量改革促进存量调整,优化产权结构,促进政府调控与民间活力相互作用;优化投资结构,实现资源整合,优化资源配置;优化产业结构,提升产业质量;优化分配结构,实现公平分配,通过消费拉动生产力增长;优化流通结构,节省交易成本,提升经济总量;优化消费结构,促进消费品不断升级,提升人民生活品质。供给侧结构性改革的实质是在扩大需求的基础上,去产能、去库存、去杠杆、补短板、降成本,在生产领域加强优质供给,扩大有效供给,提高供给结构的灵活性和适应性,促进全要素生产率的提升。在目前我国国民经济发展过程中,供给约束、抑制、结构老化等问题是当前经济的主要矛盾,提升国民经济增长动力,开启国民经济增长周期,需重点把握这一矛盾。中央财经领导小组加强对供给侧结构性改革的重视,要求国有企业降低融资成本,政府加强减税力度、取消行政管制、放宽供给约束等。积极解除对五大财富资源的供给抑制,提升供给效率,激励新供给、新创造的产生。

3. 供给侧结构性改革的内涵

单纯依靠需求侧的调整已经远远不能满足新常态下中国经济的需要,这既是研究供给侧改革的现实背景,也是理论认知的逻辑起点。根据供给侧结构性改革的内在逻辑和我国的国情,可以将供给侧改革的主要内容解读为"供给侧＋结构性＋改革"的公式。供给侧的核心是生产函数,而生产函数又决定着生产边界的可能性。相对于需求侧而言,供给侧主要是指生产方面,供给侧改革即从供给要素入手,依托于土地、资本、劳动力、创新四要素的资源流通配置来提升要素供给质量和供给效率,最大限度地解放生产力。所以供给侧的相关政策就要以市场为导向,引导要素有效配置,以激发创新活力为核心,提高经济长期增长的潜力和质量。以前我国经济的高速增长主要是靠要素投入,特别是廉价要素投入,包括劳动力、土地、资本、自然资源等。但步入经济新常态之后,就不能忽略了制度要素对于生产端的抑制和束缚,制度不变革,体制不转变,供给就无法充分释放活力,所以将制度纳入供给要素也是供给侧改革的题中应有之义。"制度先行",四要素"齐头并进",才是对供给侧改革最精准的解读。结构性要区别于人类学上的结构主义概念,它指出了我国经济发展遇到的症结是结构性的失衡而非总量失衡,明确了我国经济的改革是结构性的、有条件的,而非全盘的、不加限制的,从而指明了我国供给侧改革的发力点。即将经济发展重点聚焦于我国产业结构的转型升级和所有制结构的优化调整,通过产业结构的完善来转变我国的经济发展方式,通过所有制结构的调整来激发经济发展的活力,保持我国经济增长的持续性。改革是通过对旧事物、旧制度、旧关系从局部或者根本上进行调整和改变,来为社会的发展提供动力。这就决定了我国的供给侧改革并不是单纯的供给侧管理。用"改革"代替"管理"意在强调用结构性改革的办法来从供给端发力,应对"三期叠加"带来的综合挑战。所以供给侧结构性改革是矫正要素配置扭曲、全面提高供给质量和全要素生产率、推进结构调整的根本方法。

综上,供给侧结构性改革,就是要通过对生产要素的重新配比,实现政府放权,同时通过税收等一系列优惠政策,激发企业的积极性,从而促进我国经济发展。与此同时,还要注重改变我国的生产环节,大力倡导创新科技,提高我国的供给侧水平,增强我国在国际竞争中的实力。

4. 供给侧结构性改革的根本目的

供给侧结构性改革最根本的目的在于解放和发展生产力。习近平总书记在供给侧结构性改革会议上曾强调:"供给侧结构性改革,重点是解放和发展社会生产力……我们讲的供给侧结构性改革,既强调供给又关注需求,既突出发展社会生产力又注重完善生产关系。"生产力的发展是推动社会进步、国民经济持续发展的主要动力,生产力的提升会直接带动社会经济发展水平的不断进步,也会对社会政治形态产生影响。但是与之相对的,我国目前经济形势中存在生产力不足、生产力水平较低的问题。因此,促进国民经济转型发展就需要我国继续坚持解放和发展生产力,通过解放和发展生产力,为经济转型发展注入新的活力,进而有效推动国民经济的可持续健康发展。

从我国的经济实践来看,在过往的经济发展中,我国高度重视需求侧的管理,通过一系列的政策引导与投资,相关领域的经济实现了快速发展,企业也得到了快速发展。但是这种经济发展模式存在严重的不足,如对政府调控与引导政策过于依赖,导致国民经济的产业结构不合理、产业分布不均匀,过于集中于某一领域或者行业。虽然短时间内看不出问题,但是当经济进一步发展时,这种产业结构模式就会严重制约国家经济的健康发展,企业大而不强,严重缺乏竞争力。例如,2015 年我国国民生产总值达到 67.7 万亿元,而在快速增长的经济总量中,大部分依然来自老旧的行业与企业,经济发展模式与高效生产模式存在很大的差距,导致经济总量的发展和后续增长缺乏力量,如果不进行有效改革,那么经济增长将会陷入停滞状态。面对这一情况,国家及时出台政策来引导经济发展,从传统关注需求侧的模式中走出来,转而进行供给侧改革,促进企业的转型与生产模式的升级发展,有效打破面临的经济僵局,为经济的发展培育新的生产力。

在十八届五中全会中,对于未来经济发展,政府提出了创新、协调、绿色、开放、共享五个发展理念。其中,创新可谓是一个国家进步的灵魂,对于我国经济的转型升级发展有着重要的价值。但现实情况是,我国经济发展的支柱性产业依旧是建筑工程、化工、银行等行业,这些行业缺乏内在的创新动力,长远来看对社会整体发展与进步存在一定消极影响,而且在发展中消耗了大量的社会与自然资源,如果不进行有效的转变,不仅会严重制约经济的发展,甚至会成为经济转型发展的阻碍。在当前的国际经济发展中,互联网技术、人工智能技术等创新技术飞速发展,第四次产业革命到来。如果我国企业在发展中依然墨守成规,不重视创新,就会日益落后,甚至无法参与国际竞争,那么中国的产业发展也只能在低端制造业徘徊。在以往的经济发展实践中,为实现国民经济的快速增长,摆脱贫困落后的面貌,我国在改革开放时采取了让一部分人先富起来,先富带动后富的政策,先行发展区域经济。例如,东南沿海地区凭借先天的优势获得快速发展,实现先富,而中西部地区由于资源不协调、环境恶劣等问题,发展相对缓慢。即使同一地区,由于城乡发展差异,也存在城乡不协调的问题。这些现象已经严重影响到国家经济的协调发展,而随着新技术的应用,东西部经济发展差异日益扩大。对此,在未来的经济建设工作中,我们必须高度重视地方城乡、区域之间经济协调发展的问题。绿色是我国经济持续发展的保障。在以往"先污染后治理"的粗放式发展模式中,许多地方经济的快速发展都是以牺牲自然环境为代价的,虽然经济发展了,但是人们赖以生存的环境受到了严重的破坏。自然环境越来越恶劣,淡水资源越来越匮乏,在经济发展之后投入自然恢复与环境保护中的资源也越来越多。在有了以往先污染后治理的经验后,在未来经济发展的过程中,必须重视经济发展与环境保护的同步进行,切实落实习近平总书记"绿水青山就是金山银山"的号召,通过产业创新等形式,发展绿色环保产业。所谓开放,即丰富对外开放内涵,提高对外开放水平,协同推进战略互信、经贸合作、人文交流,努力形成深度融合的互利合作格局。最后是共享发展。社会主义经济建设的目标是实现社会共同富裕,这是社会主义社会与资本主义社会最本质的区别。如此在实际进行经济建设的过程当中,就需要通过共享,实现全体人民的共同富裕。在发展过程中,需要政府在公共服务和公共产品方面,不断以群众需求为导向,为群众提供更丰富的产品种类以及更高质量的产品,切实优化民生,确保人民的切身利益得到保障。

这五大发展理念的提出与落实,与供给侧结构性改革的实施息息相关。只有从供给端入手,才能够发展创新、协调、绿色、开放、共享的经济生态,真正实现生产力结构调整的目标,从根本上解放和发展生产力,保障我国经济的持续、健康发展。

5.供给侧结构性改革的目标

供给侧结构性改革的目标是增强经济增长动力。随着改革开放的不断深入,改革开放初期我国依靠资源和廉价劳动力投入获取的经济发展优势正在逐渐丧失,而与之相对应,环境污染等问题却愈发突出。这就需要我们在新的经济环境和形势下,迅速改变经济发展模式,通过供给侧改革,为经济增长寻找新的动力。

在我国经济快速发展的过程中,我国参与国际分工的程度日益加深，与国际经济的联系也愈发深入，这就导致国际经济形势的变化会对我国经济形势产生深远的影响。2008年，由美国次贷危机引起的国际金融危机迅速对我国的经济产生了影响，导致我国的投资、出口等发展受阻，而西方国家在面对经济危机的过程中，开始采取用实体经济带动经济发展的方式，如德国的工业4.0等。

面对这次危机，我国在国有企业改革中主要从需求端入手进行应对，但是需求端调整的实际实施效果并没有达到预期。对此，在后续经济改革政策制定的过程中，政府在吸取国外经验的基础上，将经济改革的重心从需求端转向供给侧，借助供给侧改革模式，促进经济可持续增长。从传统经济学中看，能够促进经济不断实现增长的要素有土地、资本、劳动力等，这些也是供给侧改革的主要内容。同时，我国以往市场经济改革实践经验进一步证明，在当前的经济形势下，需求侧改革已经遇到瓶颈，延续需求侧改革策略已经难以收获更好的效果；反而，供给侧改革长期以来没有受到重视，在经济体制改革中，供给侧的改革依然处于起步阶段。因此，结合世界经济形势从供给侧改革入手，能够有效激发供给侧改革潜力，为我国经济发展寻求新的增长点和发展动力，为经济进一步发展提供方向。

二、供给侧结构性改革对国有企业改革的价值

供给侧改革适应我国经济新常态的发展要求，明确向社会释放出我国宏观经济政策转向的信号。将供给侧当作我国目前经济改革发展主抓手的同时，政府也需要给予市场充分的尊重，肯定社会经济发展过程中，市场自由调节、引导自由竞争的重要作用。经济改革中要减少对市场的干预，借助对生产要素的重组，促进我国产业结构的优化，促进生产力的发展。从这个角度看，我国经济供给侧结构性改革的本质，是促进我国经济实现"从虚向实"的重要转变，通过减少企业经营过程中的社会成本，实现对社会各项资源的优化配置，最终为国有企业改革建设良好的市场环境，为国有企业改革的深化奠定坚实基础。因此经济的供给侧结构性改革对国企改革有着重要价值，主要包括以下几个

方面。

1.降低国有企业改革成本

在国企改革过程中,有许多企业经营难以为继,连年亏损。由于社会发展需要,这部分企业一直处于经营状态,但却缺少企业活力与发展潜力,发展中只能依赖政府的资金扶持和外界贷款,才不至于倒闭或者破产。这类企业虽然"活着",但不能通过市场活动来取得效益,正是改革的重点。也正由于这类企业的存在,我国公平市场竞争体系的建设存在一些阻碍与不和谐声音,不但导致自由竞争形同虚设,而且增加社会成本和企业管理成本,也向市场释放了不良的信号,闲置了市场要素资源。

为什么这些企业效益不佳却能够长期存在呢?需要结合历史因素与企业发展因素进行分析。许多企业在经营过程中取得过较好的经济效益与社会效益,但是在改革开放后,缺少可持续发展意识与创新能力,面对激烈的竞争逐渐败退,持续生产导致亏损。为避免企业倒闭,工人失业,这些企业只能依赖政府的支持和银行信贷来维持,希冀未来市场好转,企业经营能够有所改善。当然导致这类企业出现的原因较多,这类企业在发展中由于受到整个市场环境影响和企业本身经营决策的失误,无法跟随市场的变化,制定出了一些不符合企业自身特点和市场需求的发展战略,那么必然会导致企业经营绩效的下降。例如企业面对激烈的市场竞争时,常常会根据客户需求对产品与服务进行调整,但是调整与优化没有跟上或者偏离了市场需求;又如在市场投资中,由于投资失败,企业出现亏损、资不抵债等情况。这类企业的出现与存在,在对地方经济稳定的增长产生消极影响的同时,也严重制约着地方产业的升级发展。但针对这类企业的处理工作,面临着多方面的困难与阻碍。每年都会有失去发展活力的企业在政府扶持下生存,没有取得经营效益却浪费着社会资源和国家资源。针对这种现象,一是政府会将更多的资源与政策用于引导经营绩效良好的企业发展,让经营不善的企业自动退出市场;二是借助社会资本对这类企业进行收购、投资,减少企业倒闭产生的消极影响,确保企业倒闭后人员能够得到妥善安置。但在调查中可以发现,针对这类企业的处置还存在一些困难。

首先,这类企业改革中最困难的问题是破产启动。因为法律意识不足,以及存在企业会起死回生的侥幸心理,这些经营不善的国有企业在面临经营困难时,其领导者往往思考如何去维持企业生存,不会主动走正常程序申请破产,甚至可能冒着被法律制裁的危险选择逃避。企业领导产生这一心理的原因与地方政府也有很大的关系,地方政府负责国企管理的人员认为在自己管辖的范围内出现国有企业倒闭与破产会对自身造成不良影响,甚至会影响政府、地方的形象。所以无论是企业,还是地方政府的管理者,都从心理上希望对濒临破产的企业进行保护,进而在客观上抵制了破产。

其次,协调破产难。经营绩效不好的企业往往存在了很长时间,很多长达几十年,经营过程中积累了大量的资源,也存在许多员工与其他利益相关者。如果直接破产会涉及很多方面的问题,包括利益协调、土地厂房、员工安置等,必须先对各种利益相关者之间的冲突进行协调,才能确保破产的顺利进行。面对这一问题,许多地方政府予以配合并成立了专门的工作小组进行对接、处理,但是在实际工作中,由于缺乏对破产企业情况的了解与分析,在实际协调中也缺乏有针对性的制度与法律规范,工作小组工作效率十分低,未必能对推进破产产生积极的作用。

最后是这类企业破产审理过程难。在我国现行金融执法体系中,存在着税收立法和《企业破产法(试行)》之间不协调的问题。尤其是针对国有企业破产进行审理,如果按照《企业破产法(试行)》的规定进行处理,那么税收的债权应该是在破产财产清算的时候最优先办理的。但是实际操作中,由于国有部门和税务机关需要对破产企业所欠缴的电费、税务等进行清缴,降低企业破产财产的实际清偿率,这使得法院在对资产进行重整重组和破产审理的时候困难重重。

有关专家指出,要发挥出市场在生产资源优化配置过程中的决定性作用,就需要在政府引导下对这部分企业资源进行盘活,促进企业转型发展。其中的关键即在于对企业存量资产的盘活,要实现这一目标,需要与司法机关进行合作,探讨用多种措施相结合的方式来解决"僵尸企业"的问题。因此首先要优化市场环境,让所有企业对优胜劣汰、企业破产兼并重组有深入的、科学的认识,从而推动企业转型升级,为治理行业产能过剩、解决供需矛盾等问题奠定基础。同时,将优胜劣汰作为宽容市场竞争、推动企业创新发展的重要动力。对此,政府要建成一套完整的企业重组方案和相配套的服务体系,尤其是要从现行税费政策、工商登记政策、濒临破产企业融资政策、银行信贷政策等方面进行变革,制定加快处置破产清算退出市场企业资产的制度,就司法程序中对有挽救价值的危困企业的帮扶进行协同研究调整,并具有针对性地出台相关政策予以指导。

当然濒临倒闭的国有企业有着各自的情况:有些是资金紧缺、负债过高;有些是存在经营管理方面的问题;有些是产品技术落后,难以应对市场变化……在实际治理过程中,就需要政府管理者根据濒临破产企业的差异性与个性化特点,分析问题出现的原因,逐个进行解决。按照企业主体、市场引导、政府推动的原则来把握,与此同时,把处理这些问题和地方相关产业的发展升级紧密结合起来,将企业改革带来的风险降到最低,借助市场优胜劣汰的规律促进地方经济的良性、可持续发展。对于管理模式落后的企业,则需要从产能等方面来判定企业是否适合退出,与此同时还要对这些退出的企业做好相关的政策安排,运用产业转移、资产收购等手段来执行。在政府政策支持与资金方案的保障下,确保企业下岗职工能够得到安慰与补偿,并建立破产企业资产清盘转移和补偿机制。政府要有效解决这一问题不仅需要在改革中给予资金和政策配套支持,同时也必须严格按照相关兼并、重组制度进行。例如,可以在相应政策的引导下,利用好各地方国有资本预算的投资,通过托管、资产置换、破产等市场化的行为对濒临破产的国有企业进行整合,使经营不善、负债较重的国有企业有序退出,一步步地消化国有企业中的"困难户",实现对社会资源的调节,进而促进其他国有企业健康发展。

2.促进国有企业提质增效

供给侧改革能够不断完善我国的市场化经营机制,从根本上改善我国的供给质量。改善供给质量,最核心的途径还是要促进国有企业提质增效。所以通过供给侧改革带动国有企业改革,核心就是要构建市场化的现代企业治理制度,具体来说即是要从规划、管理、企业创新三个层面进行改善。

在规划层面,在改革过程中必须结合国有企业的实际情况进行。

一方面积极配合国家企业改革制度,响应关于国企改革的号召,在政府引导下坚定不移地去产能、降库存,提升企业发展质量;同时也要对落后产能进行淘汰,避免盲目上马新项目。通过这种方式弥补企业发展中的短板,在不断提升企业生产工艺水平的基础上,借助科学的管理方式来降低企业经营成本。另一方面,对于高新技术产品、优势产业以及绿色产业,企业要给予足够的重视,确保这些优势产业政策得到贯彻,促进新型产业的发展,促进国有企业发展提质增效,努力打造和提升国有企业核心竞争力。

在管理层面,则需要国有企业积极引入现代企业管理制度,优化和完善人力资源管理体系。一方面,在国有企业管理中要不断简化管理流程、精简管理部门,提升企业管理质量与效率;另一方面,则需要不断强化职能,对企业发展实施监督,实现管理全覆盖。另外,国有企业参与国际竞争,在国际更加自由、开放的市场环境中与国际性大企业同台竞争,也能够帮助企业学习先进管理经验,利用行业标杆对标管理方法,对企业经营绩效进行评估,不断促进企业向好发展。如在人力资源管理中,要实现考核与激励机制并存,实施薪酬绩效化。通过有效的激励与奖惩机制最大限度地激发员工工作的能动性与创新性。在企业文化建设中则需要创建团结、平等、和谐、积极的企业文化。

在企业创新层面,则要积极引入现代信息技术,让生产技术、产品创新融入每个员工的内心,借助科学有效的管理体系、培训体系来提升员工的创新能力。同时在企业内部营造鼓励创新、有序竞争的良好氛围,更多地承担起技术创新和应用研究的责任。创新过程中需要关注市场发展动向,不断以市场发展为导向,引导企业进行创新发展,以更好地适应市场变化,进而达到使国有企业发展提质增效的目的。

3. 提升国有企业活力

国有企业改革是供给侧结构性改革的攻坚战和重要目标。在改革过程中要尽量避免将"去国有化"作为改革的目标,这是一种错误的认知。国企改革的目的在于提升企业活力与核心竞争力,通过市场化改革与产权机制改革解除约束国有企业健康发展的"枷锁",让国有企业在发展中掌握充分的主动权与自主权,不断通过自我调节来适应社会发展要求,最终提升竞争力与发展活力。在突破国有企业发展改革的瓶颈之后,国有企业在市场竞争中的核心竞争力将会得到进一步提升,在国民经济中的主体地位将会得到进一步巩固。

政府对于国有企业改革与市场经济的调控效果,最终取决于国有企业的适应能力与发展能力。因此在未来的国有企业改革中,政府必须引导企业以市场化为导向进行改革,提升国有企业的活力。在具体的改革中,可以从以下两个方面进行。一是在国有企业中全面推进混合所有制改革。吸引更多的社会资本、外国资本等非公有制资本参与国企改革,进而有效实现国企的产权改革,提升混合所有制改革在国企中的作用。二是针对一些重点行业进行改革,政府不能过度干预,可以借助供给侧改革来减少政府干预,确保国企改革中企业的主体地位,有效发挥市场在资源配置、调节中的决定性作用。对此,政府需要优化政府职能,进一步简政放权,将企业改革与发展的工作交还给企业。减少国企改革中政府对企业的行政约束,提升国企改革中国有企业自身的主导性作用。除此之外,还要进一步开放要素市场,通过供给侧结构性改革逐步深入打破生产要素流动的制度瓶颈,增加劳动力、资金、土地等生产资源要素供给,促进资源的优化配置,最大限度地激发国有企业的活力和竞争力。

4. 推动国有企业混合所有制改革

国有企业混合所有制改革是我国现阶段国有企业改革的重点。但是我国大部分上市国有企业的母公司都实行国有独资,混合所有制仅仅停留在子公司层面。由于母公司没有落实混合所有制改革,没有推进市场化管理,使用旧体制管理新体制,因此我国的国有企业混改进程缓慢,改革效果大打折扣。以往国有企业依靠自身的垄断优势和行政保护,获取市场份额,赚取高额利润,但是随着我国市场经济的不断发展和市场机制的逐步完善,国有企业落后的经营理念和管理体制与市场化生产产生了深刻的矛盾,这也是国有企业大量亏损的原因。因此,引入以民营企业为代表的社会力量,实行混合管理是国有企业走出当前困境、突破经济新常态的重要举措。供给侧改革将有利于国有企业吸取民营企业在经营管理、风险抵御、资产结构上的优点,探索经营新模式与管理新机制,极大地激发国有企业管理制度改革积极性。供给侧改革客观要求国有企业实行混合制改革,而且这将会掀起国有企业上市的又一个浪潮，有助于国有企业利用上市的机遇吸引合作伙伴，注入民间资本，增强市场竞争力和活力。

三、我国供给侧结构性改革的不足

1.制度供给严重滞后

我国社会主义市场经济的形成与发展和经济体制改革的持续推进都是在政府的主导下进行的，社会与市场等外部力量的参与和监督相对缺乏。因此，当改革涉及政府自身的利益、触及既得利益者的利益时，改革的速度和力度总是不可避免地要受到一定程度的影响，从而延缓制度改革创新的进程，阻滞制度供给的有效提高。

政府是最主要的制度供给主体，但政府并非始终是最有力的提供者和支持者。作为国家和社会的治理者，政府自身也是市场领域的重要主体之一，有着"经济人"的基本属性和特征，在不断地追求自身效用的最大化。政府为经济运行制定规则、界定产权和提供公共服务，其目的既有政治方面的，也有经济方面的。一方面，政府通过产权界定形成市场竞争与合作的基本规则，实现自身社会治理者收益的最大化；另一方面，政府提供服务、界定产权和制定经济社会运行规则，能够降低交易成本、提高社会产出水平，实现政府自身税收的最大化。通常情况下，政府这两方面的目标基本上是一致的，但也有相互冲突和矛盾的时候。例如，在制度改革初期，政府会积极进行制度改革、努力推进制度创新以改善社会经济发展状况，但是当制度改革创新与政府的政治目标不一致时，或者制度改革创新影响了制度供给者的利益时，政府推进制度改革创新的步伐将会减缓，甚至出现停滞和倒退。这也正是当前我国全面深化改革的攻坚阶段，制度改革创新进展缓慢、制度供给严重滞后的重要原因之一。

制度的改革创新是对原有利益格局的触动，会受到既得利益者的阻止，制度供给因此会滞后于制度需求。作为一次全面深化改革的重大实践，供给侧结构性改革必然会触动旧的利益格局，而触动利益往往比触及灵魂还要困难，甚至将面临许多巨大的潜在风险。在改革的初始阶段,由于改革具有非常明显的"普惠"特征,诸多领域的不同社会群体将普遍受益,因而全社会比较容易达成改革共识,改革的深层次问题往往也不会立刻凸显出来,改革的阻力较小,且容易取得成功。然而,当新一轮的改革越过"帕累托改进"阶段后,改革起始阶段所绕过的问题和改革过程中所累积的矛盾不仅不会消失,反而会成为严重阻碍改革继续深入的"拦路虎"。在该形势下,制度的改革创新必然伴随着利益的冲突与矛盾,特别是当制度改革创新触及既得利益者的利益时,他们的阻碍将在很大程度上使原有落后的制度继续存在,将制度改革创新引向歧途或使之难以深入下去,从而导致低效率制度供给过剩而有效的制度供给却始终严重不足。

2. 制度创新需求不足

供给侧结构性改革背景下的制度创新需要改变原有的利益格局,对既得利益者利益的触动往往是一个充满多重阻力和无数风险的艰难过程,这些阻力和风险的大小将会直接影响政府这一制度创新主体的创新热情和动力。

外部环境和制度需求差异是影响制度创新的外部因素。一方面,国内外供给侧结构性改革制度创新实践表明,外部压力和困难往往是制度改革创新最直接的推动力量。例如,20 世纪 70 年代末中国农村经济体制改革创新的直接动因就是计划经济体制所导致的日益严重的社会生存危机。然而,随着经济的可持续发展和人们生活水平的不断提高,生存危机逐渐消失,制度进一步改革创新的外部压力也在日渐消退,制度创新的动力相对不足。另一方面,从制度需求差异的角度来看,在推进供给侧结构性改革的过程中,制度收益的不确定性、制度需求主体的多样性、制度创新机会成本的差异性等因素都会造成制度需求呈现出巨大的差别。以淘汰落后产能为例,淘汰落后产能、提高工业生产技术水平所具有的长远意义和作用都是非常显著的,但受长期以来以 GDP 增长率为目标的考核机制和错误的政绩观等因素的影响,政府官员很难承受任期内 GDP 增长速度放缓甚至下降,而且科技创新投入所带来的成效也很难在短期内显现,淘汰落后产能和加大科技投入几乎不可能对政府官员自身带来明显的益处。因此,尽管中央一再强调并要求加快推进并严格落实去产能经济工作,但出于自身利益的考虑,地方政府可能很难保持与中央一致的步调,这就不可避免地导致双方在制度需求方面呈现出反差或冲突,进而导致制度创新的需求和力度难以有效提高。

制度的公共物品属性是影响制度创新需求的内部因素。作为一种重要的公共物品,制度的排他性、非竞争性和不可分割性等特征决定了经济活动中的行为主体在制度创新过程中,往往会采取"搭便车"的方式来使自己获益,这使得制度创新主体的创新收益远远低于制度创新实际所能产生的整体收益,致使制度创新主体缺乏充足的动力。同时,制度创新还需要支付相应的成本,面对诸多潜在的风险,尤其是承载着主要制度创新职责的政府官员,还必须面对一定程度的、潜在的政治风险。譬如,如若要对现存的政治规则进行调整或重构,就会不可避免地触动某些既得利益者的利益,显然政府及其官员会面临巨大风险和阻力,政府及其官员的制度创新热情与积极性势必大打折扣。在这样的情况下,制度创新主体从自身的成本、收益角度出发来进行选择,通常会导致"搭便车"、投机和拒绝支付制度创新成本等不良现象普遍出现,这就使得制度创新主体严重缺乏制度改革创新动力,甚至拒绝进行制度改革创新。

3. 供需错位的结构性矛盾

(1)供需长短期结构性矛盾

从 2014 年国内生产总值年均增长 12.8％,到 2016 年国内生产总值年均增长 6.7％,可见我国的国内生产总值增长速度显著下降,这意味着我国经济增长速度放缓,而且放缓的速度十分快。同时,这也说明以前为了实现短期经济效益而采取的刺激经济增长政策,已经不适用于当前我国的经济发展新环境。在以往的宏观经济政策中,我国注重的是需求侧的调控,这种调控方式适用于经济波动周期内,可以在短期内取得效果,但是从长远来看,这种调控手段不能持续对经济增长产生积极影响。尤其是经济进入新常态以来,我国不仅逐渐失去人口红利,而且增加了人口负债;同时,产能过剩、房地产泡沫等问题也相继爆发。这些问题的爆发,对于我国的经济调整提出了更高的要求,要求我国的调控方式必须从以往的短期调控转变为长期调控。而供给侧改革,则能够有效地解决这一问题,实现经济的宏观调控从短期向长期的转变。

（2）供需结构性错位

如今,随着经济发展和消费态势的改变,"90后"开始逐渐成为消费主力,这一代人对于消费的多元化、个性化,以及消费的品质化要求较高。另外,在物质需求得到有效满足的同时,"90后"也更加注重精神文化方面需求的满足。而从目前的供给情况来看:一方面,在一些传统的产业中,例如煤炭、钢铁等,存在严重的产能过剩;而另一方面,在一些高端产业和服务行业,则明显存在不足。这就导致了民众的需求无法得到满足。近几年来,海外代购市场兴起,甚至出现国内消费者到日本抢购马桶盖的现象,即是这一矛盾的突出表现。在市场供需结构性错位的形势下,国内供给的产品无法满足消费者的需求,消费者转而开始在海外寻求满足,这就使得国内经济进一步发展受阻,要想继续发展,就必须通过供给侧改革对供需结构性错位的现状进行改善。

（3）金融体制改革滞后

金融体制的改革,在我国一直都在持续进行,然而从改革进程来看,虽然金融体制改革取得了一系列的成就,但是金融体制自身滞后于市场需求的问题却依旧存在,金融市场的供需不均衡问题也依旧十分突出。目前,我国的金融市场中,银行占据主导地位,银行的资产和融资在整个金融市场中占有80%以上的份额。但是对于一些小微企业和个体经营者而言,要想获得银行的金融支持很难,这就产生了银行主导的金融体系和市场需求脱节的问题。由此导致的结果是,小微企业需要更多的资金,但是银行由于不良贷款的影响,惜贷现象增加,从而形成了一个恶性循环,导致了金融市场的不景气。

4.产能过剩

根据马克思供需平衡理论,如果市场上的产品供给和产品需求不能达到均衡,就会导致市场上的产品供给变成无效供给,从而导致生产过剩。根据2015年我国工信部披露的资料,共有12个行业被认定为产能过剩行业,由此可见我国产能过剩问题的突出和严峻。马克思在《资本论》第三卷中提出:"无论消费有多大限制,工业资本的再生产能力都是极其紧张的。"一旦由于回流延迟、市场商品过剩和价格下跌而出现停滞,工业资本就会出现盈余。我国的产能问题,便集中体现了这一点:一方面,我国的高端产能供给是不足的,这就导致民众的高端需求无法得到满足；另一方面，我国的低端产能又是过剩的。这两者的并存，使得我国的产能问题十分严重，要在去除低端产能的同时，增加高端产能的供给。

产能过剩，最终会导致企业承担更大的压力，由此引起恶性竞争等一系列问题。我国的产能过剩问题还具有区域性，类似黑龙江、吉林、辽宁、山西这样依赖重工产业和煤炭资源的区域，产能过剩的问题最为严重，由此也就限制了这些区域的经济发展。而这些区域产能过剩问题的出现，与我国的经济体制有很大的关系。因此，要想解决产能过剩的问题，就不能单纯从需求侧入手，而是要从供给侧和需求侧同步入手。

5.简政放权落实不到位

供给侧改革，实质上就是要进行经济体制改革。目前，中国经济发展存在许多长期和短期问题。对这些问题，不能将其单一归结为经济发展问题，而是要深入思考其产生的原因，将体制性的因素纳入考量范围。因此，简政放权在供给侧改革中就显得尤为重要。如果简政放权不到位，就会导致市场活力不足，政府主导的经济体制依旧没有变化，最终也就会导致供给侧改革的效果大打折扣。政府与市场存在关系界限不明确的问题，而简政放权要实现的目标，就是明确政府和市场的关系。供给侧改革的成败其实在很大程度上取决于政府是否能够真正做到简政放权。在我国，由于经济发展的需要，政府和市场的关系一直处于动态变化之中。改革开放之前，政府对经济实行全面管制，后来，历史经验证明，政府对经济管控太紧，不利于市场经济的发展。因此从十八届三中全会开始，政府开始放松管制，政府和市场的关系也出现了变化。之后，在市场经济中，政府更多发挥监督服务的职能，而市场则在资源配置中占据主导地位。这一关系的转变，对于促进我国经济的飞速发展的作用是十分明显的。这一点，从改革开放至今我国取得的一系列经济成果中就能看出来。但是在当前这个经济形势下，再次审视政府和市场的关系时，能够发现政府和市场之间的关系还有很大的改善空间，并没有完全达到一种理想状态。在我国目前的政府与市场关系中，政府普遍存在缺位、越位、管制过多等问题。这些问题的存在，对于供给侧改革的深入贯彻落实有很强的制约性，无法有效地促进供给侧结构性改革的深入落实。例如,在供给要素配置中,普遍存在要素配给制度落后、政府对要素配置干预过多等问题,这些问题的存在,对要素市场化配置产生了很大的制约。所谓要素,从供给端来看,主要包括劳动力、土地、技术、资本、制度等。这些供给端要素的合理化、市场化配置,是供给侧改革的核心任务。但是从实际的改革成效来看:一方面,目前并没有形成科学有效的要素配给制度;另一方面,政府在一些要素配置中依旧管制太多,限制了这些要素的市场化配置。

6.自主创新能力薄弱

在当今社会中,创新能力的高低,已经直接和经济发展挂钩,企业是否具备创新的意识、是否具备创新的能力、能否提供创新的服务,都会对企业的发展产生直接的影响,进而决定企业的生死。因此,我国政府对创新不断重视,各个企业对创新也高度重视,重视科研、重视科研人才的潮流逐渐兴起。但是,从我国的创新实践来看,我国国有企业的创新能力依旧有所欠缺,尤其是在一些核心技术领域,缺乏自主核心技术,只能依赖国外的技术引进。2018 年,美国和中国产生贸易摩擦,我们可以发现美国用来限制中国经济发展的措施,大多集中在计算机芯片等高端行业,而我国用来反击美国的措施,则集中在农业等基础行业。可见目前我国在信息技术领域、电子工程领域等高精尖的领域,依旧落后于西方发达国家。究其原因,就在于自主创新能力不足。我国经济发展中的产品服务等,大部分都是对西方发达国家的借鉴和模仿,缺乏自主的有效的创新,这对于我国的长远发展极其不利,不仅将导致我国经济发展受阻,而且会让我国在国际竞争中落于下风。

当前,限制我国自主创新能力增强的因素是复杂的,主要集中在以下几个方面。首先是创新文化并没有成型,创新需要动员的是全社会的力量,而并非国家的行政力量。因此,在创新的过程中,要号召全社会各个企业和各个主体共同参与,当前,这种全民参与创新的文化尚未完全普及。不过,我们可以看到民众对创新企业的支持和热爱。例如华为凭借自身的创新,在 5G 领域和折叠屏手机领域走在了国际前列,国内相当多的消费者以选择华为为荣,这充分证明了我国创新文化的发展和民众对创新的迫切需求。其次,我国的经济体制约束了创新能力的增强,我国的市场经济体制对于企业创新的重视不足,很多低端价值链上的企业可以通过政策寻租获得生存空间,由此就导致了创新动力的缺乏。因此,要想进一步增强创新能力,必须从制度入手,为创新创造良好的环境。

第二节　以发展混合所有制经济为突破口

我国混合所有制改革这一命题无论是从理论还是从改革实践上看都不是一个新的概念。混合所有制在我国已有 30 多年的发展历史。为全面深化改革,党的十八届三中全会通过了《中共中央关于全面深化改革若干重大问题的决定》,提出了我们要努力积极发展混合所有制,并强调混合所有制是社会主义基本经济制度的重要实现形式。党的十八届三中全会"重提"国有混合所有制改革并对其加以强化,为国有企业全面深化改革注入了新的动力。党的十二大最早提出坚持我国国营经济主导地位,发展多种经济形式,并支持合作经济的发展。鼓励按照有利于生产和自愿互利的原则,实行多种形式的经济联合。党的十二届三中全会通过的《中共中央关于经济体制改革的决定》,进一步明确指出,为调动一切积极因素,应在国家计划和政策的指导下,实行个人、集体、国家一起上的方针,坚持发展多种经营方式和多种经济形式。党的十三大、十四大都一再强调在多种所有制间开展经济合作和经济联合。

1993 年 11 月党的十四届三中全会指出,随着产权的重组和流动,财产混合所有的经济单位越来越多,会产生新的财产所有结构。党的十五大报告中,第一次明确提出了混合所有制的经济概念,并对其进行了表述。会议指出,公有制经济不仅包括集体经济和国有经济,还包括混合所有制中的国有成分和集体成分,强调公有制的实现形式可以而且必须多样化。这一表述不仅对公有制经济进行了重新定义,扩大了公有制经济的范围,更重要的是肯定了混合所有制经济这一新经济形态,破除了混合所有制经济发展的意识形态障碍,为混合所有制经济在我国的发展奠定了政治基础。

随着我国经济的飞速增长,各种所有制经济都得到了充分的发展,混合所有制及其产权结构理论也得到了发展。党的十五届四中全会初步划定了发展混合所有制的国有企业的方式和范围,指出国有大中型企业,尤其是优势企业宜发展混合所有制经济,主要通过企业互相参股、中外合资和规范上市等发展方式,最终改制为股份制企业。党的十六大更进一步将发展混合所有制的国有企业范围扩大,将其明确为除极少数必须由国家独资经营的企业外,其他所有国有企业都要通过积极推行股份制来实现混合所有制。党的十六届三中全会要求大力发展国有资本、集体资本和非公资本等参股的混合所有制经济。党的十七大要求以现代产权制度为基础,发展混合所有制经济。

党的十八大以来,新一届中央政府高度重视混合所有制经济的发展,积极促进公有制多种实现形式的发展。伴随着国有企业全面深化改革的展开落实,努力发展混合所有制已成为国有企业改革的重要发展方向和内容。党的十八届三中全会提出了《中共中央关于全面深化改革若干问题的决定》,允许更多国有经济和其他所有制经济积极发展混合所有制经济,鼓励发展非公有资本、国有资本、集体资本等相互融合、交叉持股的混合所有制经济。国有资本投资项目允许非国有资本参股,允许混合所有制经济实行企业员工持股等。2014 年的《政府工作报告》进一步提出,要加快发展混合所有制经济的步伐。这些都为国有企业混合所有制的改革与发展提供了新的应有的政策支撑,也就必然会掀起新一波国有企业混合所有制改革的高潮。

一、混合所有制概念

从不同的角度,对混合所有制有不同的解释。从社会角度来看,混合所有制是指多种社会所有制结构共存,有学者称之为社会的混合所有制,即公有制与非公有制共同存在。以公有制为主体,多种所有制经济共同发展是混合所有制在我国的主要形式。从企业角度来讲,公有制成分与非公有制成分联合形成的企业所有制形态是一种企业的混合所有制。在我国,股份制是其重要实现形式。

企业的所有制形式多种多样,混合所有制是其中很重要的一种。这种产权组织形式是由不同的所有权主体共同投融、相互结合而成的,是不同性质的所有权形式在同一市场主体中的融合。这些所有权主体包括公有(国有、集体所有)、私有(个体、民营)以及外资等。它是一种超越行业,超越公有制与私有制的局限,跨越地域甚至超出国界限制的新型所有制形式和企业组织形式。它实现了不同行业、不同所有制形式、不同地区甚至不同国家的不同所有者主体的结合。

企业混合所有制具有与社会化大生产、与市场经济相适应的优点。它可以包含众多的所有权主体,其所有权主体的财产也可以分布于以企业为形式的众多经济组织中。企业可以通过这种形式的合并和重组,形成新的企业。它具有灵活性与复杂性并存的特点。实际上,混合所有制就是一种财产共有关系。

二、混合所有制改革历程与现状

自 1980 年起,我国所有制结构逐渐由单一公有制发展为公有经济和私有经济并存。到 1984 年,全国有 55.2% 的国有小型商业服务业企业被政府改变所有权性质和经营方式。其中占比达到 79.26% 的国有企业转为由国家享有所有权,由集体来经营;9.84% 的国有企业由全民所有制的性质转变为集体所有制,这些国有企业采取分期付款的方式,将所有权有偿地转让给了集体组织;10.9% 的国有企业虽未转变所有制,但以租赁的形式实行个人经营。除了将国有企业改为集体企业或将国有企业和集体企业改制为民营企业外,国有企业股份制改造也得到一定的运用。这主要出现在北京、上海等一些经济相对发达、国有企业比较集中的大城市。比较典型的是北京天桥商场和上海飞乐总厂。北京天桥商场由国有企业改制为混合所有制的股份企业,商场占 50%,银行股、企业股和职工占股比例分别为 26%、20% 和 4%。上海飞乐总厂则采取更加超前的改革模式,即以向社会公开发行股票的方式进行股份制改造。

通过这么多年的努力改革,我国国有企业的经营方式市场化有了较大改进,但国有企业的制度和体制的市场化还远远没有得到落实。许多国有上市公司虽然已实现了混合所有,但国有股份一股独大,机制、体制与原来的国有企业并没有多少区别。这主要有以下几个原因。

第一,国有企业与民营企业等非国有企业参与方都对发展混合所有制经济心存顾虑。一方面,国有企业经营者存在不愿意"混"的问题。有的认为改制有风险,担心承担国有资产流失的责任而拖延改制;也有的因处于暂时发展的优势地位,拘于"肥水不流外人田"的小农意识而抵制改制。另一方面,民营企业对混合所有制改革顾虑重重。民营企业在政治地位、法律地位乃至市场地位上,相对于国有企业,大多较为弱势,对国有资本的混合发展存在很矛盾的心理:既想通过与国有资本发展混合所有制,进入被国有企业长期垄断和占据优势的领域或行业,获得更大的发展,又担心混合后无法保障自己的话语权和合法利益,更担心被套牢甚至血本无归。

第二,国有企业在混合所有制改革中存在一些借机逃避债务或低估国有资产的不法行为,国有资产存在着隐性和显性流失的问题。在国有企业混合所有制改制、重组过程中,一方面存在着国有企业借改制之机,逃避或悬空企业债务,导致国有资产流失的问题。如"空壳"赖债、出售逃债、分立避债等。据统计,每年因国有企业逃避债务,导致的直接经济损失达 1880 亿元,严重损害了国有企业债权人的合法权益。另一方面存在着国有资产包括无形资产被严重低估而导致大量国有资产流失的问题。另外,在国有企业改制过程中,由于法制和监管体制不健全、违规操作等原因,也出现了国有资产流失的现象。

国有企业的制度与体制不够健全是导致产权不明、职责不清、国有资产管理部门监管不力的主要原因,这导致了大量国有资产流失。如在改制、破产等过程中,国有资产包括无形资产常常被低估、被侵占,在混合所有制企业经营过程中还容易出现企业的非市场化经营行为、合资合作中经营管理权丧失、管理层或职工侵吞国有资产等行为。在国有企业混合所有制改革过程中,防止国有资产流失是必须高度重视的问题。国有企业股权定价严重偏离合理价格,无论是"贱卖"还是"贵卖"都是不恰当的;而国有企业在购买非公有企业股权时,"贵买"或"贱买"也是不恰当的。

第三,国有企业存在很严重的行政化倾向。在国有独资企业或独资公司中,仍然保持着不同的行政级别。国有企业的高层管理者一方面享受同级别公务员的政治待遇、荣誉,存在着往返党政机关的畅通的升迁机会,对自身有很高的升迁预期;另一方面又享受着远高于同级别的党政官员和公务员的薪酬待遇,既"当官"又"挣钱"。企业内部各职能管理部门及其下属企业也对照公务员设立相应的职位和级别,管理人员习惯于科长、处长之类的"官称"。企业是逐利的经济组织,这种浓厚的官本位氛围不利于企业的长远发展和效益的提高。依靠国有企业或公司的混合所有制改造,打破国有企业的行政级别,推动国有企业的去行政化,是必须解决的一个重要的问题。

第四,在国有资本占绝对或相对控股地位的混合所有制企业中,存在着如何建立规范透明的公司治理结构的问题。只有建立了规范透明的公司治理结构,才能保障所有投资者的合法权益,尤其是非公有资本投资者的利益及话语权。这也是吸引非公有资本积极参与混合经济发展的重要原因。在公有资本占绝对或相对优势的混合所有制企业中,非公有资本的实力通常相对较弱,单个非公有资本多是小股东。如果非公有资本话语权不足,参与企业的经营管理、保障资本利益的体制机制不健全,无疑会影响其积极性。

三、混合所有制改革新方向

在对我国国有企业混合所有制改革的现实状况、存在问题及困境进行分析的基础上,为进一步推进我国国有企业混合所有制改革,必须进一步划定市场主体之间双方混合及多方混合的边界,必须构建适合混合所有制企业发展的公司治理制度,必须解决如何更广泛地调动民众参与混合所有制改革的问题,对此,在新一轮改革中,应采取以下对策推动我国国有企业混合所有制改革。

1.树立国有与非国有资本一律平等、共同发展的观念在我国国有企业改革的过程中,首先必须树立各种类型的资本一律平等的观念,破除一切限制资本流动和相互融合的条条框框。既要打破或放开所谓的市场或行业、产业准入的门槛,又要使所有资本按照自愿互利的原则,自由地进入或退出,自主地进行融合。尤其是对于一些国有企业处于垄断地位的电信、能源等行业和产业,除对自然垄断环节行国有独资、全资或绝对控股外,要放开竞争性业务,大力引进非国有资本,充分发挥其机制灵活、市场适应性强等优点,便于与国际接轨,不断壮大国有资本,增强国有资本的竞争力,释放活力。

其次,要树立各种类型的资本共同发展的双赢观念,双方都要消除"谁控制谁""谁吃掉谁"的顾虑。资本的本性就是趋利,因此,只要建立了合理的趋利共赢机制,就能确保各自获得应有的合理利益,就不应顾虑谁控股、谁主导经营,一切行动都应当以有利于各类资本的保值增值为目标,采取灵活机动的方式方法。不管采取什么样的混合方式、混合比例和混合经营方式,只要是有利于各类资本的保值增值目标的实现,就应大胆地试行,大胆地创新。

2.大胆解放思想,推进国有企业的双向混合发展

从混合所有制企业发展的通道而言,理应是双方的混合而非单向的混合,即一方面使非公有资本参股国有企业,使国有企业发展成为混合所有制企业或股份公司,另一方面使公有资本参股非公有企业,使非公有企业发展成为同样的混合所有制企业或股份公司。但事实上,似乎非公有资本参股国有企业发展混合所有制企业或股份公司才是合乎潮流和理所应当的,而公有资本参股非公有企业,似乎成了新一轮的公私合营,消灭非公有资本的反潮流的倒退行为。这实际上成了公有和非公有资本发展的一大误区。因此,我们要解放思想,打消非公有企业担心被公有企业"吃掉"的顾虑,以一切有利于资本的保值增值为出发点,大胆引入公有资本,充分发挥公有资本的优势,壮大自己。公有资本在市场准入、政策支持、人才技术等方面具有非公有企业无可比拟的优势,非公有企业应巧妙地利用这些,突破一些市场门槛,提升竞争实力,获得更好的经营效益。

在发展混合所有制企业时,还有一个困扰企业的问题就是谁控股的问题。从企业发展所遵循的市场经济发展规律来看,只要有利于资

本的保值增值,谁都可以控股,谁控股由市场说了算,而不是由人为操控。即既有非公有制资本控股的混合所有制企业,也有公有制资本控股的混合所有制企业。就非公有制资本控股的混合所有制企业来说,有两种情况:一是公有制资本小于所有非公有制资本总额并控股;二是非公有制资本是单一大股东且股份总额大于公有制资本并控股。真正能发挥鲶鱼效应的混合所有制股权结构显然是第二种。

在非公有制资本控股的混合所有制企业中,国有出资人机构应该有所转变,从之前的管理企业变化为管理投入的资本。而我们怎样去实现这一转变,怎样去管理资本呢? 从根本上来说,国有出资机构不再是企业的直接掌控者,作为参股股东不应干预企业的考核指标的拟定及考核结果的评定、企业经营者的选聘、企业的工资总额的拟定及企业管理人员薪酬水平的确立、企业投资和重组并购的决策的制定、企业的退出方式,使企业真正成为自主经营、自我约束、自我发展的市场主体。

在完全竞争性领域里,混合所有制改革减少了国有资本的占股比例,留出了一定的空间给股份合作制资本、民营资本和外资资本,给这些资本增加了机会,并且通过这些资本的进入,员工生产与劳动有了更高的积极性,企业更有活力。以浙江省舟山港为例,在改制之前,舟山港仅仅是一个河埠码头。在 20 多年的不断改革中,舟山港的机械化水平不断提升,逐渐从河埠码头发展为国际一流大港,并直接在中国 A 股上市,总市值达到 500 亿元以上。从其他企业改革案例中也可以看出,许多企业在进行混合制改革之后,虽然国有资本持股比例下降,但是随着企业的快速发展,国有资本的价值却迅速上升,甚至翻了许多倍。如果没有混合所有制改革,没有股权结构的改革,会发生这种变化吗? 可见,混合所有制改革极大地促进企业发展质量的提升,带动国有资本更好地实现保值增值的目标。

当然,在国有企业改制为非公有资本参股的混合所有制企业之后,大股东不一定是国有资本,但国有资本必须占有核心地位不能撼动,且必须具有监督权。原先由于国有企业的所有权并不明确到人,尽管绝大部分的干部员工是认真负责的,秉持着为人民服务的态度在国有企业中工作,但却没有人对国有企业的运行结果、经营效益和产出承担最直接的责任。但改制后有责任的大股东或董事可以对企业进行控股或绝对性控股,与之对应地就是需要对企业的运行结果、经营效益背负起责任。股权结构调整后的责任分配制在许多企业实行过,效果很好。总之,国有企业改制能否成功的关键因素之一就是要有人承担最终责任。

西方资本主义国家说的"私有化",和我们所说的"混合所有""民营化""市场化"不能混为一谈,其间有着本质区别,但也有共同点。发展混合所有制经济,就是使大的国有企业市场化、中小国有企业民营化。这样既没有脱离实际,同时也符合我国社会主义初级阶段的国情,具有切实的操作性。以我国大型的国有企业中国建筑材料集团有限公司为例,其以混合所有制改革方式对中国水泥行业进行相关整合,证明了可以实现两个体制的劣势对冲、两种体制的优势互补。在国有企业混合所有制改革中,要明确其程序与方式,避免国有资产流失。无论是对原有的国有独资公司、国有企业还是其下属企业进行混合所有制改造,国有资产的监管部门和其他相关配合的部门都必须有一套完整清晰的程序,来确定其改革是科学的,是符合市场规律的。我们从上海、重庆等多地改革的做法来看,各地都对实行混合所有制改革对象的选择、国有与非国有资本的比例、改革程序与方式、各种所有制资本的权益保障等多个方面做了明确规定。安徽对实行混合所有制改革规定了"六个一批"的路径与方式,即股份制改造一批,整体上市发展一批,资本运作深化一批,员工持股转换一批,开放项目引进一批,参股民企投入一批。

3.推进国有混合所有制企业去行政化,建立科学的企业治理制度

国有企业混合所有制改革,要与市场接轨,使国有企业成为真正的市场经营主体,一是要取消所有国有企业的行政级别,实行企业职员制,使国有企业回归其企业身份。无论是国有独资公司还是大型、特大型国有控股公司,都应该实行市场化的聘任或罢免制度,取消高层管理人员相应的行政级别。当然,对于进入政府任职的主要高层管理人员,在提拔任用时,可以参照公务员管理办法进行考核、选拔,并根据企业自身特殊性做出特别安排。在国有企业高层人员的安排上,不应由政府选派,而应是企业选聘、政府任命,不要有照顾性的红利。要运用好职业经理人市场,遵循企业的经营管理规律,选聘高层管理人员。二是要改变国有企业经营管理中的行政化做派和作风。

企业高层管理人员要做到一切以企业利益为重,要在商言商,不要"在商言官"。

在企业去行政化的基础上,要积极探索适应混合所有制经济发展的科学的企业治理结构。这一治理结构必须运转协调、制衡有效、保障有力,并形成相应的经营管理体制机制。对于还没有上市的混合所有制企业,要比照上市公司,建立并完善保障中小股东合法权益和话语权的公司管理制度。比如,关联交易中股东的决策回避制度,上市公司与控股股东实行"五独立"(业务、机构、人员、资产、财务的独立)。控股股东不得干预上市公司对资产的经营管理,不得占用和支配上市公司资产,不得干预公司的会计与财务活动。上下级关系不存在于上市公司及其职能部门和控股股东及其职能部门之间,控股股东要制定、完善独立董事制度、专门委员会制度等,避免同业竞争。非上市的混合所有制企业也应该根据实际情况对以上公司治理制度有所参照运用。其治理制度不仅要保障非国有资本控股的混合所有制企业中国有小股东的合法权益,更要保障国有控股的混合所有制企业中非国有中小股东的利益。

4.调动一切积极因素,推动民众更广泛地参与混合所有制改革

国有企业发展混合所有制经济,除了要提高民营、外资等非公有资本的积极性,还要调动民众更广泛地参与混合所有制改革的积极性,尤其是民众资金、技术、人才的积极性。中国人民银行发布的数据显示,到 2013 年 8 月,我国居民储蓄突破 43 万亿元,其中活期存款超过 16 万亿元。如此庞大的民众资金,如果引导得当的话,完全有可能被转化成生产经营性的资本金,在生产经营领域发挥作用,既能为社会创造更多的财富,又能使其在生产经营中保值增值,增加民众的经营性财产收入。因此,国有企业应通过股份制改造等方式,大胆地调动民众参与,大量吸收民众资金,发展混合所有制经济。同时,要进行管理创新,建立充分发动民众在资金、技术乃至体制创新等方面深度参与的体制机制,以充分发挥其积极性。

第三节　建立更加市场化的用人机制

据国务院发展研究中心的调查报告,我国国有企业的冗员占全体员工的规模已经达到 20%～30%,但实际情况或许更加糟糕。面对国际竞争环境的变化,新技术、新设备的大量涌现,企业生产效率已经得到极大提升,传统国有企业生产中单纯依靠人工的操作方式已经逐步向机械化、智能化的操作方式转变,企业对劳动力的需求大量减少,许多实际生产岗位上的人员被迫转入辅助性岗位,长此以往,必然导致国有企业闲置人员的增加与人才队伍结构的不合理。

一、国有企业用人机制现状

在新中国刚成立时,由于国内劳动生产力低下,国家和人民都积贫积弱,为迅速摆脱落后的困顿局面,结合当时国际政治环境,我国主要参考苏联的计划经济模式。在社会主义制度下,政府是"保姆",集所有职能于一身,国有企业也肩负着发展经济、提供就业岗位等社会职责。在这种情况下,国有企业本质上是政府的行政附属机构,企业的经营与生产也严格按照政府安排进行。就当时的国有企业来说,生产经营、人事管理、财务管理全部由政府包办,国有企业只是简单地照章办事,根据政府指令安排生产,许多国企建立的目标不单单是为社会提供公共服务与基础保障,同时也肩负着一些经济发展任务。除经营方面受到政府约束外,国有企业在改革、人事任命等方面也受政府管理。无论是以董事长为代表的决策层、以总经理为代表的经营层,还是党委、纪委等监督管理部门,职务与人员都由政府任命,其背后都代表着政府的意图,在这个时期,现代企业制度很难建立起来。

国有企业改革的最终目标是提升企业核心竞争力,使其更好地适应未来社会经济发展与市场环境。在影响企业核心竞争力的因素中,除了人力资源水平之外,还有技术与产品等内容。当前,国有企业需要面向市场选人、用人,推出注重长效的激励约束机制,进而培养一批有能力、有学识、有眼界的优秀企业家。国有企业的选人用人制度必须面向市场,遵循优胜劣汰原则,激发企业的活力与生命力。首先,要通过机制创新突破传统国有企业中的选人用人方式。对于国有企业中高层领导者的选择可以引入市场机制,从市场中引入专业的经理人。同时,要有针对性地建立考核机制,避免"终身制"。其次,对于管理层的任期要有严格的限制,不能因为有特殊的情况而突破既定的管理办法。最后,国有企业的管理层、领导者可以从企业人员中进行选拔,企业建立一套适合自身特点的人才培养、干部选拔任用、考核评价、激励约束的机制,让人才选用更加科学、合理。

1. 国有企业人力资源管理现状

国有企业的人力资源管理工作具体包括人力资源规划、内部岗位设置、干部管理等方面的基础工作。许多国有企业的人力资源管理部门散乱、毫无规划,但是,人力资源管理对于企业的发展和战略的实现往往起着决定性的作用。

首先,长期受到传统用人机制的影响,我国国有企业普遍缺乏人力资源管理意识,更没有建立与企业发展战略相适应的人力资源管理规划,不少国企的领导层认为人力资源管理即是人才招聘、福利待遇制定等工作,对其认知水平较低,甚至有许多地方性的国有企业尚未建立人力资源管理部门。人力资源管理工作停留在人事管理阶段,没有从企业发展战略的高度对人力资源进行管理与规划。而且许多人力资源管理机构只是简单做好人才招聘等工作,没有将工作融入企业运行、战略执行等层面,这在一定程度上也是导致国有企业战略目标、经营效率等指标偏低的原因之一。

其次,国有企业运行中组织效率不高,经营绩效偏低,导致这一问题的根本性原因即是国有企业在内部组织架构、岗位职能、上下信息沟通、内部决策等方面存在不足。从走访情况看,大部分国有企业基层员工认为企业不存在人浮于事的现象,但是却存在部门人力资源利用不合理甚至人力资源受限的问题。这说明国有企业在岗位设计上存在不合理之处,岗位职责不明确。

最后,从实际情况看,国有企业在运营与管理中十分重视构建和谐的关系,重视采用人性化的管理方式为企业发展助力。例如,近年来国有企业在职工管理、工会工作、企业文化建设等方面都重视对普通员工的照顾,各个企业管理团队人员的年龄结构也逐步呈现年轻化趋势,尤其是在国企中层管理人员的选择上,"80后"年轻干部数量占比迅速提升。年轻一代的管理人员在领导风格上比较注重在"关心人"和"关心工作"之间取得平衡,善于倾听下属的意见并给予积极的反馈,这一人力资源管理趋势为国有企业的内部管理注入了新的动力。

2.国有企业人力资源管理中存在的问题

(1)人力资源利用不科学,结构性缺员严重

社会主义市场经济的本质是通过市场自由调节来实现社会资源的优化配置,进而达到各项资源利用最优化的目的。但是从实际情况看,目前我国部分国有企业资产结构僵化、资产运行效率低下甚至存在闲置现象,难以有效发挥国有资产的作用。由于闲置的企业资产不断增加,企业中冗余的劳动力也日益增加,它们互为因果,形成了恶性循环。

不少国有企业在人员冗余的情况下仍雇用了相当数量的临时工,久而久之,正式员工更趋于选择轻松的、高层的工作,基础性岗位劳动力短缺。无奈之下,企业只得通过大量雇用临时员工解决基层岗位缺员问题,使用临时工的情况更甚。如此,聘用临时工人也就成为国有企业保障生产正常开展的必要手段。这种一边养着富余职工,一边又有大量计划外用工的情况,导致许多国有企业都存在一批动口不动手的"贵族"职工,人浮于事,严重影响国有企业的健康、高效发展。目前,国有企业已经认识到这一现象对企业发展所造成的影响,并尝试削减外聘员工,为国有企业"减员增效",在减少计划外用工的同时安排企业冗余人员,进而降低企业人工成本,减少额外用工费用支出,向提高运行效率迈出坚实的一步。

(2)人员构成不合理

目前国有企业人员结构不合理、配置不科学的问题较为突出,其具体表现在以下几个方面。首先是在岗位设置上,存在严重的因人设岗现象。其次,许多岗位之间劳动分配不合理,岗位劳动强度差异较大。例如,许多一线岗位设立较少,因此岗位劳动强度大,而部分岗位工作

过于轻松。再次,国有企业人力资源结构比例不科学。例如,在一些国有企业中,管理人员多、一线操作工人少的现象较为严重。又如,在一些国有企业中,普通员工过多,综合性高素质人才较少。再如,现有各个岗位的人员配置不平衡,生产一线工人队伍长期处于人手紧缺的状态,劳务派遣人员和新聘任员工成为一线工人的主力军,但是由于劳务派遣人员综合素养不足,新聘任员工又存在工作经验不足的问题,企业的实际生产和发展大受影响。最后,从国有企业人力资源的知识结构层面看,随着我国高等教育的普及,国有企业在招聘新员工时也强调员工的学历,因此越来越多的高学历者进入国有企业,但其缺点是实务经验不足。

目前,我国国有企业的人力资源管理思想普遍陈旧,人力资源管理还处于人事管理阶段,工作重心在于工资分配方案的制定,人员调配、晋升、培训等方面,而没有将企业人力资源管理与企业的战略实现进行统一。这影响着固有的企业人力资源配置的科学性,无法充分发挥出人的才能与潜力,阻碍企业发展目标的实现;而且国有企业管理部门多、管理人员多,职能交叉,整体运行效率不高,如果不能对现存劳动力资源进行优化配置,那么国企改革中"减员增效"就难以落到实处。若以上情况未加改善,国有企业改革也难以收获实效。

(3)人力资源投资不足

在国有企业改革发展中对人力资源进行投资,是提升企业核心竞争力的关键步骤,毕竟未来社会企业的竞争已经从产品、服务等单线竞争转变为全方位的竞争,且归根结底是人力资源的竞争。但是从国有企业管理的实际情况看,许多人力资源管理部门在传统人事管理意识的影响下,对人力资本投资较少,过于重视眼前的利益,忽视人力资源培育给企业发展带来的长远效益。部分国有企业虽然对人力资源投资给予重视,但是在实际操作过程中,由于培训机制不健全或者培训内容浮于表面,对员工发展帮助不大,企业人力资源投入效益不佳。有时即便组织了对员工的培训,为了不影响生产任务的完成,部分管理者还会千方百计地阻止下属参加培训。另外,从培训的组织来看,国有企业的表现也不尽如人意。例如,一般培训采用会议的方式,内容枯燥,培训方式僵化,培训后对培训结果的考核不够明确。这种毫无意义的培训或者不切实际的培训,不仅未能对人力资源的发展起助推作用,而且长时间培训会加剧员工的工作压力,使员工对培训产生厌倦情绪,进而影响培训效果。

(4)选人用人机制不透明

选人用人是人力资源管理的重要内容,相对于民营企业,国有企业在选拔人才中往往存在一些不合理现象,对于人才的选拔不能公开公平公正地进行,这不仅影响人才的质量,甚至会直接影响企业经营团队的士气。目前,国有企业虽然大部分都已完成了改制,在企业管理中也引入了现代的制度,但也有部分企业在改革过程中依然对人力资源管理不够重视,一些人才选拔陋习依然存在,这些企业不仅没有面向市场选择人才,而且没有落实好用人公开透明的原则,加之企业内部人际关系复杂、人员众多,存在许多利益团体、小圈子等,这些小团体通常会通过排挤其他人来实现自己的利益。凡此种种,都会导致企业陷入人力困境。在职务升迁、评定职称等方面,没有公开、公平、公正地进行,而是处处讲资历、排辈分,这对后进的优秀人才是一种变相的排挤。在绩效考核过程中,没有可量化、统一明确、具有说服性的考核标准,许多员工的绩效考核成绩主要取决于各个部门领导对员工个人的看法或者员工与领导的关系,这种不公平的绩效考核方式严重挫伤了员工的工作积极性,导致绩效考核差的员工心存怨气,进而消极工作。另外,国有企业在选人用人机制方面存在的不足,也会导致许多优秀的人员对企业心存芥蒂,经过几年内心挣扎后,这些优秀的人才不得不选择跳槽,选择去更有前途的企业中谋取职位。

二、国有企业人力资源管理制度建设现状

随着国企改革的不断深入,许多国有企业在人力资源管理方面也在不断创新,建立了新的人力资源管理制度、选拔制度等。以某国有企业为例。在企业实现主业资产整体上市,所属企业实施公司化改造、建立规范的法人治理结构的条件下,该企业确立并完善了由党组统一管理干部资源的机制,明确了党组不仅管理集团公司和股份公司总部各

部门以及直属企业,而且还承担起针对企业领导班子后备人选的管理工作,建立了扁平化、短链条的领导人员分层管理模式,掌握了比较丰富的干部资源。

第一,制定领导人员公开招聘和内部竞争上岗实施办法。其一,积极扩大选人用人视野,拓宽选人用人渠道,努力搭建公平竞争平台,实现好中选优、优中选强。其二,不断创新领导人员任后管理机制。公司对内部提拔的管理者,实行一年考察期制度;对以公开招聘方式选拔的领导人员,实行一年试用期制度。建立年度考核评价与任期考核评价相结合的多维度领导人员综合考评制度,根据企业战略发展需要,动态调整考核指标,将考核结果作为领导人员培养和奖惩的重要依据,充分发挥考核评价的导向作用。其三,不断创新领导人员交流机制。为加强领导人员队伍建设,建立领导人员交流机制,实现跨单位、跨地区交流的常态化。

第二,选人用人工作的规范化。企业在选人用人工作中,坚持按制度办事,按程序操作,严格执行人选酝酿、两次上会、组织考察、集体决定、依法任免等选任程序。其一是执行人选酝酿。在企业董事会、经理层提出岗位需求和岗位任职要求的基础上,党组工作部提出多名人选进行前期酝酿,确保拟推荐的人选符合岗位要求。其二是坚持两次上会。为选准人、用好人,坚持拟考察人选必须上党组会议通过"集体酝酿",方可进入考察程序。考察组完成对拟考察人选的考察后,必须再次上会,全面汇报考察情况和人选的德才综合表现,由党组会议做出是否任用的决定或建议。其三是坚持组织考察。由组织部门会同纪检部门组成考察组,通过民主推荐、个别谈话、查阅资料、任前公示等工作,全面了解拟考察对象的德才表现和工作实绩,对于意见有分歧的实行深入考察和延伸考察,严把"考察关"。其四是坚持集体决策。在选人用人工作中,始终坚持集体领导,充分发挥集体智慧,对党组管理的领导人员任免事项,均召开党组会议集体研究决策。在党组会议研究时,明确规定必须在党组成员多数同意、党政主要领导意见一致以及纪检组长没有不同意见的情况下,才能通过任用建议。会议上出现分歧时,不应由主要负责人简单拍板,而应在充分各抒己见后,采取无记名投票表决的方式,按照少数服从多数、个人服从集体的民主决策原则,当场统计并现场公布投票结果。其五是坚持依法推荐。改变过去党组直接任免行政管理职务的做法，严格按照《公司法》和公司章程确定推荐人选。在国有独资公司，由党组向董事会推荐经营管理人员人选；在国有控股和参股公司，则由党组向股东会或董事会推荐人选，由股东会或董事会最终决定。在人选的推荐过程中，党组应充分尊重股东会或董事会的意见，对于股东会或董事会有不同意见的，予以高度重视，及时研究，分析原因，进一步与股东会和董事会进行沟通协商，若的确不合适，则另行推荐人选。这种合法、科学、严密的程序设计，既符合现代公司治理的要求，又使党组掌握了对领导人员管理的主动权，在选人用人工作中发挥了主导作用。

第三，维护选人用人工作的严肃性，加强对选人用人工作的监督，是提高选人用人工作质量的重要保证。应建立领导人员选拔任用全程纪实制度，把加强监督贯穿选人用人工作的全过程，做到"五个强化"，营造风清气正的选人用人环境。其一是强化对提名酝酿环节的监督。在鼓励多渠道提名的同时，明确规定没有经过充分沟通酝酿的不提名，党政主要领导意见不一致的不提名，纪检组长有不同意见的不提名，分管领导有不同意见的不提名，有效防止"个人说了算"。其二是强化对考察环节的监督。为保证考察质量，坚持没有经过民主推荐的不能确定为考察对象，没有经过党组会议集体酝酿的不进入考察程序，纪检部门无法参加的不开展考察工作。其三是强化对任用环节的监督。明确规定在民主推荐得票率达不到要求、考察过程中发现有举报信息未经调查核实、没有经过任前公示三种情况下不进入任用程序。其四是强化群众监督。结合企业实际，畅通电话举报、信访举报和网络举报等监督渠道，广泛听取职工群众的意见和建议。出台企业选拔任用中层领导人员"一报告两评议"实施办法，由职工群众对选人用人工作以及新选拔的领导人员进行民主评议，切实把职工群众的监督权落到实处。其五是强化纪检监督。在选人用人工作中，坚持纪检部门全程参与，发挥职能作用，有效保证选任效果。人选酝酿环节，充分听取纪检组长的意见；组织考察环节，纪检部门派人全程参加，并由人选所在企业纪检部门提供廉洁自律情况评价；任前公示环节，由纪检部门牵头查实举报信息并做出结论（若有）；任前谈话环节，由纪检部门进行廉政谈话;公开招聘环节,由纪检部门组成监督小组参与招聘全过程并担任面试官。

三、国有企业人力资源管理存在的优劣势

1.存在的优势

首先,随着国企改革的不断深入,目前国有企业管理层都十分重视人力资源管理与人才选拔工作。许多企业相继建立专门的人力资源管理部门,无论是人力资源管理者的专业素养还是选拔机制方面都得到很大提升,这对有效提升人力资源管理质量、促进国有企业发展战略目标的实现具有重要价值,且这些进步是能够明显感知的。

其次,在人力资源招聘与薪酬体系构建中,国有企业凭借雄厚的经济实力和优厚的待遇在人才吸引方面具有极大的优势。

最后,国有企业在文化建设中,始终将人员管理放在第一位,在人力资源管理中也牢固树立人性化管理方式,企业员工对企业人力资源管理的满意度较高,加之薪酬待遇等方面的优势,国有企业员工的凝聚力较强,这为国有企业发展奠定了良好的基础。

2.存在的劣势

首先,各国有企业的人力资源管理部门未能参与到公司战略的制定过程中,人力资源管理从业人员缺乏大局意识,注重于做好日常事务性工作,而对事关公司长远发展的工作花得精力较少,如人才储备意识不强,缺乏对员工的职业生涯指导,等等。其次,在公司内部未建立起有效的激励机制。考核机制和竞争机制不完善,导致内部激励不健全,激励的形式较单一,未形成系统的激励方案。再次,大多数企业的绩效考核还停留于形式,实际效用不大。绩效管理是由计划绩效、监控绩效、评价绩效和反馈绩效四个环节共同组成的一个闭合循环,在这四个环节中,大多数国有企业目前主要做了评价绩效这一环节,直接主管缺乏对员工的绩效指导,考核结果也没有反馈给员工,使得考核效果大打折扣。复次,薪酬制度上,仍不同程度地存在平均主义、"吃大锅饭"现象,职工薪酬主要与职位、学历、工龄等挂钩,然而关乎企业最重要的个

人业绩却与工资联系不紧密,缺乏量化的员工绩效考核体系。同时又存在薪酬分配"一高一低"的不公平现象,即在岗位上,一般员工薪酬高于城镇在岗职工平均工资,而技术岗位、中层管理岗位、关键岗位人员的薪酬却低于市场价格。最后,对内部人力资源未充分开发。人员配置不够优化,部分岗位存在人浮于事的现象,员工的工作处于非饱和的状态,部分员工的工作潜能未得到有效激发,影响了员工对个人职业发展的满意度。

几十年来,政府主管部门在国有企业高管的选任过程中,始终坚持使用党政领导干部的选择方法和准则,从没有对国有企业高管制定单独的选任制度和方法。随着国有企业改革的不断深化,国有企业高管逐步形成一个新的群体,他们不同于一般的企业员工,和党政干部也存在着巨大差异。这主要体现在基本素质、实践能力、领导能力和创新能力等各个方面。随着现代企业制度的逐步建立,国有企业需要的是能够带领企业在市场上捕捉商机的高管,能用最低的成本使利润最大化的高管,对股东负责、能够使股东利益最大化的高管。为此,必须打破党政干部管理的"干部"与"工人"之间的界限,从身份管理转变为岗位管理。针对不同的岗位,选任高管的标准和方法也应该有所区别。要重点考虑那些既懂经营又会管理、擅长资本运作、有经济头脑的高级人才,以及那些能够识别、规避风险,同时还能承担风险的高级人才。因此,需要探索国有企业高管选任的方法和程序,逐步建立一种适合市场经济发展规律、具备国有企业特色、有别于党政领导干部选拔的高管选任机制。

职业化、市场化的选才方式是国有企业高管选任的必然选择。从经济规律角度分析,发达的市场经济体制不仅仅指向发达的商品市场和资本市场,也包括发达的人才市场,尤其是发达的职业经理人市场。发达的职业经理人市场要求按照企业发展战略和市场取向,拓宽选人视野。作为市场经济一分子的国有企业,其高管的选任也应该走职业化、市场化的道路,吸引国际国内一流人才到企业任职。从经营者自身角度分析,如果继续实行和党政干部选拔一样的国有企业高管选任机制,则国有企业高管人员随时都有可能调到其他国有企业或者政府部门任职。如此,国有企业高管中有多少会安心经营管理现在所在的企业呢？从市场经济原则角度分析,市场经济的原则是优胜劣汰,市场的重要规律是适者生存。企业经营管理的选任人也必须遵从这种原则和规律,通过市场检验来体现其个人价值。而在当前的体制下,如果国有企业经营不善,国有企业的高管们一般可以按照他们的行政职级调任别的岗位,根本不需要承担经营风险。

3.关于人力资源管理部门助推企业运营管理的相关建议

(1)调整自身定位,积极向战略性人力资源管理部门转变。目前国有企业的大多数人力资源管理部门尚处于从人事管理转向人力资源管理的阶段。人力资源管理部门对自身的定位不高,主要满足于做好日常事务性工作,没有将人力资源管理放在公司发展的全局中去考虑。各公司随着改革发展的推进,对人力资源管理也提出了更高的要求。战略性人力资源管理的重要特征就是以投资的观点来看待人力资源。因此,作为国有企业的人力资源管理部门,要根据企业的战略来制定、实施相应的人力资源管理战略。比如,对于实施差异化战略的企业,在人力资源管理中可以强调创新和弹性,实行松散的工作计划等。这也对目前各国有企业的战略管理提出了新的要求,因为如果没有明确的战略目标,那人力资源管理战略也就无从谈起了。

(2)优化岗位配置,做好内部现有人力资源的开发。企业内部存在的人浮于事的现象是阻碍组织效率提升的关键因素,也是影响团队整体士气的不良因素。各国有企业内部都不同程度地存在上述现象。产生这一现象,虽然有历史遗留原因,但更多的还是企业现行管理的问题。作为人力资源管理部门,要把优化各岗位的人员配置作为重要工作去抓。一是通过编制岗位说明书,明确工作职责。据统计,目前各国有企业内部岗位说明书的覆盖率还不足50%,有些岗位即使编制了,也是属于应付型的,人力资源管理部门不能有效了解各岗位的工作量。二是加强对现有人员的培训开发。通过组织不同层次的技能培训,在部分岗位推行轮岗,多方位提高员工的工作技能。三是对企业内部现有的岗位编制做一次梳理,取消可有可无的人员编制。四是对于有招聘需求的岗位,优先从内部的人力资源中予以选拔。

(3)建立有市场竞争力的薪酬制度。薪酬机制是吸引人才、发挥人才能动性的有效手段,如果国企的薪酬分配机制缺少竞争力,那么就很难在人才竞争中取得优势。从实际情况看,我国国有企业员工薪酬水平尚可,一般岗位的工资水平已经超过城镇职工平均工资,而且在一些管理岗位、技术岗位,其薪酬也高于普通企业。但是在一些关键性技术岗位,国有企业职工薪酬水平与其他类型企业还存在一定的差距,在人力资源市场中缺乏竞争力。因此国有企业在未来发展中要想吸引更多的高素质人才,就必须建立起一套有竞争力的薪酬机制和激励机制,突破传统薪酬机制对员工的约束。对于某些稀缺性的关键岗位人员,则必须按照市场化的标准进行招聘,甚至可以使其突破经营层管理人员的薪酬。

第四节　实施股权激励,提升经营效率

相关数据显示,2008 年 1 月至 2013 年 12 月间,我国公布了 499 家实施股权激励计划草案的上市公司。其中,激励对象中涉及高管的超过方案总数的 95%。毫无疑问,上市公司实施股权激励计划的主要对象是高级管理人员。实施高管股权激励计划,可以降低道德风险和激励成本,减少机会主义倾向和信息不对称等问题,这些都有利于企业绩效的提高。作为国家创新战略的重要践行者,国有企业发展势头日益迅猛,在国内外市场的影响力不断提高,同时,制约国有企业发展的制度因素也逐渐显现:企业快速发展而经营者相应的利益提高不明显。尤其是近年来外企、民企的股权激励广泛普及,国内高管的薪酬因企业所有制的不同出现巨大分化,国有企业高端人才流失现象加剧,已经影响到国有企业的持续经营与发展,对国有企业高管实施股权激励成为我国改革攻坚战中的重要"装备"。十八届三中全会后,在非垄断领域实施国有企业改制已经是大势所趋,我国掀起了国有企业深化改革的新浪潮。在国有企业改制过程中,如何兼顾所有者与经营者双方的利益、如何激发经营者与员工的积极性、如何保障企业的可持续性发展等成为目前亟待解决的问题。

一、股权激励对国有企业改革的价值

国有企业改革历经 30 多年,已经取得相当显著的成效,但是在产权问题上一直没有突破。以发展混合所有制为标志的新一轮国有企业改革正在全面推进,改革的根本目的是解决国有企业的发展动力问题,国有企业改革面临的创新课题就是如何从根本上解决企业持续经营和长久发展的问题。

1. 实施股权激励能够促进企业创新

科技是第一生产力,综合国力的竞争就是创新的竞争。习近平主席曾说:"谁牵住了科技创新这个'牛鼻子',谁走好了科技创新这步先手棋,谁就能占领先机、赢得优势。"科技是企业持续发展之基,创新是市场制胜之道,实现我国经济持续健康发展,必须依靠科技创新。因此,各类企业要树立科技创新的思想,提高创新投入水平,不断提高科技进步对经济增长的贡献度。据统计,2012 年,美国等西方发达国家的科技创新对 GDP 的贡献率超过 80%,而我国的这一比例还不到这个数字的一半。按照国际惯例,创新性国家的一个非常重要的指标就是科技创新对 GDP 的贡献率必须超过 70%。基于此,我国政府高度重视科技创新,出台了一系列政策,大大提升了创新效率。2020 年,我国科学技术创新投资达到 GDP 的 2.5%,科技进步对经济增长的贡献率达到 60%。目前,科学技术创新投入比例较高的企业主要是一些央企及山东、江苏等经济强省的地方性国有企业。2013 年,山东工业企业当年的研发经费投入突破 1000 亿元,共有 169 家企业实施 4113 项省级及以上技术创新项目,其中,新兴产业项目超过 2500 项,达到国际先进水平的超过 1400 项。这得益于山东对科技创新的重视,山东不断引导企业提高科学技术创新投入,加大实施重大创新项目的力度,这一举措极大地提高了全省的核心竞争力和科技创新能力。江苏省的科技创新实力不断增强,处于全国领先地位,2014 年全年科学技术创新投入高达 1630 亿元,占地区生产总值的 2.5%,占国内生产总值的 0.3%。可见,我国东部经济强省的科技创新投入逐渐接近发达国家水平。不断提高的科学技术创新投入,为东部经济的快速发展奠定了坚实的基础。在国有企业此例较高但经济比较落后的中西部及老工业基地东北,依靠科技创新撬动经济转型发展已经被列入宏观发展战略。2015 年 7 月 17 日,习近平主席在东北某省考察时指出:国有企业是推进现代化、保障人民共同利益的重要力量,要坚持国有企业在国家发展中的重要地位不动摇,坚持把国有企业搞好、把国有企业做大做强做优不动摇。由此可见,国有企业未来的发展方向不仅仅是做大做强,还要做优。而科技创新和研发力度是保证国有企业高品质成长、荣登世界制高点的重要法宝。从以上分析可以看出:不断提高科学技术创新投入比例,实现创新发展,已经成为我国经济发展的宏伟战略规划。怎样保证通过科学技术创新投入实现创新发展,使企业高管与股东对风险的态度趋同?持股能对高管产生长远激励效用,高管持有适当股权能激发其从企业利益角度出发,重视科学技术创新投资,从而促进企业的创新发展。因此,必须对高管进行股权激励,以加强其对科学技术创新投入的重视程度。

2.实施股权激励有利于发挥国有企业高管的价值

一直以来,国有企业不断改善用人机制,一步步采用市场化选拔的方式选拔高管。2003 年,国资委联合中组部首次面向海内外招聘央企高管 7 人。此后,央企在全球进行招聘慢慢成为一种趋势,一些问题也随之显现:全球招聘演变成公开选拔干部,通过行政任命的政府官员依然是国有企业高管、董事会的主要构成,这暴露了国有企业选拔高管的行政性思维,选拔干部的模式与企业的市场化属性明显不符。若高管这种身份游离于官员和经理人之间,则高管可能倾向追求政治目标,由此滋生经济短期行为,不利于企业的正常经营管理,影响国有企业经营和资源优化配置的效率,妨碍市场作用的正常发挥。混合所有制改革的目的是增强国有企业改革中国有企业的竞争力和活力,建立和完善能够培养创新力和竞争力的现代企业治理体系,而国有企业高管在整个企业正常运作的过程中发挥的作用是全面性的,几乎影响企业的所有部门和员工,因此,在混合所有制改革中对高管价值进行重新确定成为重中之重,国企改革应致力于改变亦官亦商的国有企业高管任命制,重新明确商业高管价值。具体来说,首先,应取消国有企业或国有控股企业的行政级别待遇,使其真正融入市场经济,成为真正的市场企业。其次,国有企业要改进招聘机制,实行市场化选拔制度,打破国有企业高管终身制的现状。面向海内外公开选拔,一旦通过市场化选拔,被选拔者唯一的身份即是企业的高管人员,不套用、不享受任何行政级别和待遇。最后,应完善企业内部对管理者的考评机制,充分发挥激励机制和约束机制的作用。

被称为"限薪令"的《中央管理企业负责人薪酬制度改革方案》自2015年1月1日起开始施行。该方案的实施直接导致央企、国有金融企业高管的薪酬降低了30%,且薪酬上限不能超过60万元。截至2015年4月初,已有十余位央企高管离职,在随后的两个月内,多起高层人事变动事件在国有企业内部发生。"限薪令"的颁布有利有弊,它重申了国家对高管薪酬的统一标准,为规范国有企业高管薪酬收入提供了政策基础,但同时它也偏离了企业高管对自身作为企业家的薪酬预期。这种人为的管制,一方面制止了国有企业高管薪酬脱离企业绩效不断上涨的局面,另一方面也使激励机制濒临崩溃,高管人员激励不足、工作积极性下降、国有企业人才不断流失等问题不断出现,最终将导致国有企业业绩下滑。在当前大背景下,"限薪令"的颁布导致了高管"离职潮",而国有企业要避免"限薪令"所带来的问题,就要完善高管薪酬激励机制。国有企业高管的薪酬结构应该重点体现出市场导向,而不是以行政命令为准。因此,完善高管薪酬激励机制的关键在于拟定恰当的激励方案,在降低基本薪酬和绩效薪酬的基础上,实行高管股权激励计划。股权激励在西方发达国家得到广泛应用,被证实是一种十分有效的长期激励手段,不仅可以激励管理人员,为企业留住人才,而且还能缓解"限薪令"带来的弊端。截至2015年10月底,我国上市公司中推出股权激励计划的总共有七八家,涉及股票期权激励计划的超过1000家,其中推出两个或两个以上股票期权计划的上市公司达229家,在这些上市公司中,积极性最高的是创新型公司。以往管理人员往往更青睐以基本工资和年度奖金为主的传统薪酬制度,但股权激励打开了一扇新的窗口,能够提升管理人员的积极性,有利于减弱管理人员行为的短期化倾向,可以使管理人员站在公司角度考虑问题,在长期稳定发展的基础上努力提高公司的营业利润,从而实现公司价值的最大化。

二、国有企业股权激励的优化策略

股权激励是一种十分有效的长期激励的手段,它与资本市场、政策法规、公司治理结构等密切相关,目前我国有关股权激励的相关机制还不完善,这决定了股权激励在我国还有很长一段路要走。十八届三中全会之后,新一轮的国有企业改制热潮迎面而来,国有企业上市公司高管长期激励不足的问题再次成为各界关注的焦点。股权激励有利于企业的可持续发展,从长期看,能将管理者利益和企业利益紧密结合,提高高管自身的主观能动性和工作积极性。尤其是对技术创新要求较高的企业而言,股权激励机制是实现企业价值最大化、最有效、最持久的激励方式。而如何设计符合企业自身条件的高管股权激励制度成为当前迫切需要解决的问题。结合实际,本书希望可以为提高国有企业未来实行股权激励方案的积极性、提高股权激励实施效果,提供可借鉴的建议。

股权激励的微观基础是上市公司的治理结构,它也是企业生存和发展的基础环节和核心。在我国资本市场发展过程中,出现了各种矛盾和问题,终极原因是公司治理结构不规范。公司治理结构是一个庞大的体系,包括激励机制、约束机制及经营者选择机制等。因此必须实现投资多元化,避免国有资本一股独大的现象,同时重视高管的作用,对高管进行股权激励,使其具有股东身份,加强其主人翁意识。具体措施如下。

1. 建立多元化股权结构

要大力鼓励机构和非机构投资者积极参与公司治理,适度降低国有资本比例,鼓励与企业有紧密联系的供应商以及客户等采用互相持股的方法组建企业集团,运用这种方式完善公司治理结构,充分发挥其对企业技术创新的推动作用。同时,为了实现投资结构多元化的目标,必须大力发展多种所有制和多种投资理念的机构投资者,鼓励并引导机构投资者积极参与公司治理。为了充分发挥机构投资者对经营者决策的监督和影响作用,必须鼓励其从高级投资者向能动投资者转变。这顺应了我国新一轮国有企业改革的大趋势,因此,要积极发展机构投资者,鼓励投资机构多元化,适度降低股权集中度,同时鼓励控股股东转换身份,不断优化国有上市公司的股权结构,这是不断壮大机构投资者队伍和提高投资者实力的有效途径,从而使企业摆脱政府的影子,真正回归市场。

2.健全激励约束机制

首先,通过界定不同国有企业功能,实现经营者激励约束机制的差异化。全面深化国有企业改革的起点就是要对国有企业进行分类,对不同国有企业的功能进行定位。国有企业的功能不同,对其进行行政干预的程度也应该不同。公益类国有企业的主要目标就是保障民生、提高社会效益,因此对该类国有企业要严格管制;特定权益类国有企业的主要目标就是完成战略任务的同时,兼顾经济效益,因此政府要对其适当放手,进行市场化管理;对于以经济效益为导向的商业类国有企业,要完全采用市场化原则运营。

其次,完善高管薪酬体制,完善激励机制。在制定高管薪酬方案时要坚持三个原则:注重效率,将薪酬分配与业绩考核挂钩,提高长期激励的程度;分类管理,薪酬制度改革配套政策中应该涵盖企业的功能定位、经营规模和产权结构等因素,实现薪酬管理体系的差异化;身份确认,合理优化高管职位的行政任命和市场选拔结构,明确不同性质高管的职责,根据经营者的身份和选拔方式确定其薪酬水平。

最后,健全经营者监督体系,形成长效监察机制。国有资产管理部门在负责审核的同时,要完善跟踪调查监督机制,通过调查和财务审计对经营者的履职待遇和履职情况进行有效的内部监督。同时聘请独立的第三方审计人员核查以上监督结果,并将监督结果向社会公布,接受群众监督。

3.建立开放的高管市场

从发达国家的经验来看,职业经理人具有专业知识和高素质,对企业快速、健康、可持续的发展起着举足轻重的作用。作为缓解委托代理矛盾的重要手段,股权激励制度是一项关于收入分配的改革创新,是对企业高级管理人员进行长期激励的有效方式。如果公司相关激励机制不健全,不仅不符合市场经济的要求,难以激励高管人员的积极性,而且不能发挥高管对科学技术创新投入的促进作用。设计合理且有效的股权激励,不仅能起到长期激励的作用,还能提高企业的绩效。反之,若股权激励制度设计不合理,则会给企业带来毁灭性的灾难。有助于股权激励计划发挥最大效用的途径有很多,其中最为关键的途径是建立开放的高管市场,完善职业经理人体系。具体应做到以下几点。首先,培育专业化高管群体,在充分发挥职业经理人市场优胜劣汰作用的前提下,确保高级管理人员队伍的稳定性和数量的充足。同时要增强在职者的竞争意识,使其不断拓展自己的知识储备,提高自身能力。其次,加强对高管的竞争激励约束,同时,营造职业化、市场化的经理人环境,建立具有权威性的经理人员资质评价体系和科学的绩效测评体系,以便于客观、公正地评价经理人的管理能力,把企业高管人员逐步推向市场。

4. 选择多元化股权激励模式

根据国资委对国有控股上市公司股权激励的相关政策可以看出,我国国有上市公司的高管股权激励模式相对单一。高管股权激励的目的是对高级管理人员进行激励、充分调动其工作积极性,在提高其忠诚度的同时,又可以约束他们的行为,使他们不致以权谋私。股权激励制度的制定要考虑国有上市公司的规模、所处行业及成长阶段等因素,根据这些外在的因素动态调整和转换股权激励工具;还要灵活选择股权激励模式,可以适时适度创新,将多种模式结合起来使用,比如虚拟股票模式、现金股票模式等。首先,对于处于成长期或者扩张期的公司,适合选择股票期权,比如高新技术公司等要承担较高风险的公司。当公司处于成长期或扩张期,一方面,它们没有足额的现金支付高级管理人员高额的薪酬,另一方面,公司的发展和扩张需要大量资金,而股票期权除了能有效激励高管之外,还可以缓解公司的资金压力,既实现了激励作用,又节约了激励成本。其次,限制性股票期权和股票增值权是处于成熟期的公司比较好的选择。因为当公司处于成熟期时,公司发展比较稳定,而且现金流充裕,同时股价也比成长期稳定,无论是上涨还是下跌,幅度都有限。

5. 规范股权的行权条件

首先,将研发投资增设为行权条件。很多公司将行权条件和绩效指标绑定,以财务指标来反映公司绩效的好坏,相关财务指标包括净资产收益率(ROE)、息税折旧摊销前利润(EBITDA)以及主营业务收入增长率(MGR)等。但仅仅利用财务指标来评定绩效过于单一,而且会计指标很容易被内部人篡改,存在一定的风险,同时单一指标或单一类型的指标,易受股票市场波动影响,无法真实反映企业业绩。因此,还要考虑诸如研发效率等定量指标和客户满意度等定性指标。相关研究也表明,股权激励和公司研发投资之间存在密切关系,所以在考虑实施股权激励方案时,将研发投资作为行权条件之一。而且,国有企业应根据公司所处的行业特征、自身的特点和发展需要来选取和设计相应的指标。被激励对象会以权重的大小作为标准而不断调整自身行为。因此,国有企业需要下设薪酬委员会,根据公司所处经济环境和发展阶段不断对指标权重进行调整,以引导激励对象朝正确的方向努力,实现公司预定目标。

其次,将研发人员增设为行权对象。应将行权对象的范围扩大到研发人员,并相应提高研发人员的持股比例,加快推进对科学技术创新人员的股权激励计划,并逐步完善具体实务操作办法。高管持有企业股权对企业绩效有积极的作用,而这种作用是通过提高科学技术创新投入的中介效应来实现的。一般而言,激励机制的效果优于监督机制,这一方面是因为科学技术创新项目信息不对称程度相对较高,拥有极强的专业性和专属性,对其进行监督的难度比较大。而且,科学技术创新投资项目是知识密集型投资,科技骨干和研发人员是影响企业科学技术创新研发成果的关键要素,科学技术创新项目最大的风险就是优秀人才的流失,一旦科学技术创新人员离职,企业的损失是不可估量的,所以行权对象不应仅仅包括高管,也要将科学技术创新人员纳入其中。另一方面,相比监督机制,激励机制规避经理人的机会主义行为的效果更好。由于科学技术创新项目具有跨期性和风险性的特点,实施股票激励或股票期权激励等长期激励计划,将高管和研发人员的收益与企业的长期收益结合起来,其效果要优于固定薪酬的效果。在实践中,很多知名企业对高管人员和研发人员的股权激励高度重视,比如,中兴通讯高管在公司上市之前就已经实现了间接持股,早在2006年的董事会公告中,就已经正式公布"第一期股权激励计划",公司研发人员的股权比例达到了60%。

第五节　实施创新驱动发展战略

一、制度创新

1.制度创新经验总结

深化国有资产管理体制改革,是十六大、十七大报告提出的经济体制改革的一项重要任务。我国部分地区很早就进行了这方面的探索,涌现出以深圳、上海和武汉为代表的三种改革模式。在国外,也有一批被经济学界广泛关注的范例,如瑞典、韩国、新西兰等国家的国有资产管理。下面我们看一看中外国有资产管理模式的比较。

(1)深圳模式。随着深圳特区建设的开展,深圳逐步构建了国资委或国资办—国有资产经营公司—国有企业三个层次的国有资产管理运营模式。1996年,以三家市级国有资产经营公司的正式运作为标志,三个层次的管理模式基本建立。

(2)上海模式。1992年上海成立了国有资产管理委员会和国有资产管理办公室,标志着上海国资管理体制改革的实质性启动。上海通过国有资产授权经营,对塑造国有资产运营主体进行尝试,形成了国资委和国资办—投资运营公司—国有企业的三级管理机构。其国有资产管理运营的主要特点是打破了专业局的行业垄断,对国有资产进行了跨行业的整合与重组。

(3)武汉模式。武汉国资经营管理在国有资产管理委员会—国有资产营运机构—企业三级管理制度下实现了三项职能分开运行的机制:政府作为全社会管理者的职能、政府对国有企业的行政管理职能和国有资产的运营职能分别与作为国有资产所有者的职能、国有资产的运作职能、企业的具体生产经营职能分开。

(4)瑞典模式。在瑞典,国有企业所有权由议会拥有,议会授权政府管理。瑞典政府在工商部内部设立了一个专门行使所有者职能的国有企业局。瑞典有 55 家国有企业,国有企业局对 42 家国有企业行使所有权,金融、房地产、博彩类国有企业由财政部行使所有权,另有部分国有企业由卫生部、文化部等行使所有权。

(5)韩国模式。在韩国,财政经济部国库局持有国家在所有政府投资企业的股份,但是股东权利可以由财政经济部委托给某个行业部门如商业部、工业和能源部、建设和旅游部等去行使。韩国政府通过法律来保护国家的战略利益,赋予经营者较大的自主权,指定审计监察院为唯一的授权审计机构。

(6)新西兰模式。在新西兰,国有企业有两个"国家股东",即财政部和相关行业部,国有股权利由这两个部门分割行使,由它们共同负责监督和控制国有企业的经营和成果。同时,新西兰对国有企业实行外聘型监督和评估。

2. 国有企业的制度创新

制度创新的主体是政治企业家,他们既是真正意义上的企业家,也是对政治规则了如指掌的政治家。制度创新来自潜在的获利机会,获利机会的概念在这里可以被广义地理解为,比如新制度给企业营造更好的发展空间、更适宜的政府政策或者是单纯的财务利润。当一项制度产生了外部性利润,而在该制度下的企业不能内部化这一外部性利润时,政治企业家就将采取行动推动制度的创新。政治企业家对政治制度的变化非常敏感,熟悉政治程序和过程,善于捕捉政治领域中出现的获利机会,并愿意承担制度创新的成本和风险。国有企业在制度建设与制度创新方面,建立健全了基本涵盖国资监管各领域、各环节的规章制度与工作流程,包括重大事项报告、投融资审批、审计和经营业绩考核等制度,还试行了国有资本经营预算制度,促进国有资本的合理配置。同时,建立企业领导人员选拔任用与分级管理机制,为国有资产保值增值提供了坚强的组织保证。国有企业的体制、机制、制度即"三制"不是三个层次,而是三个维度和三位一体:体制以产权为主题,以治理结构为主要内容,解决的是企业的利益格局问题;机制以经营为主题,以激励机制、约束机制为主要内容,解决的是企业的动力和活力问题;制度以管理为主题,以人力资源管理为主要内容,解决的是企业的能力和效力问题。

国有企业激励机制的理念是很先进的,问题往往出在制度上——管理制度的设计缺少科学的方法和工具,有巨大的计划经济时代企业管理的制度惯性。企业管理包罗万象,职能管理包括财务、人力资源、公共关系等,业务管理包括市场、研发、制造、服务等,因此管理制度很庞杂。广义的制度分为两大类:一类是流程性、程序性、约束性的,如质量管理手册、经营服务手册、员工行为规范等;另一类是牵引性、导向性、改进性的,如绩效管理制度、薪酬制度、奖惩制度等。狭义的制度跟人有关,例如如何激发员工不断产生积极的行为,如何促使员工的行为持续导向企业的目标。建立制度的目的是通过形成一种良性激励机制,促使企业达成经营目标,从而实现相关利益群体的价值回报。仔细分析成功的国有企业,其成功的真正原因在于制度,海尔就是一个范例。海尔的体制并不领先,其发展靠的是制度。

国有企业的机制创新和制度创新在深化国有企业改革中发挥了不可替代的重要作用。一是成为深化国有企业改革的"尖兵"。如果把国有企业改革的过程形象地比作由"试水、热身、冲刺、登岸"等一系列动作组成的一气呵成的学游泳、过大河的话,那么机制创新、制度创新则在破解国企改革不同阶段的重大难题上,发挥着"尖兵"的突围和开路的作用。二是成为国有企业改革中的"基石"。国有企业每个阶段的改革,都是通过机制创新和制度创新的形式把改革的目标、要求和内容落到实处,其发挥着重要的"铺石垫路、拾级而上"的基石作用。三是成为深化国有企业改革的"助推器"。国有企业改革的不断深化,很大程度上取决于国有企业机制创新、制度创新的力度和深度,机制创新、制度创新贯穿于企业改革的全过程,已经发挥了并仍将继续发挥助推器的作用。

3. 国有企业资产管理制度创新

有效的国有资产监督体系,完善的国有资产监督机制,是国有资产保值增值这一基本目标能够实现的必要保障,也是防止国有资产流失的主要手段。在国有资产的多层次委托代理关系中,包括国有股权代表、国有资产授权经营公司及国有资产监督管理机构,它们对于真正的初始委托人——全体人民来说,缺乏关心国有资产的必要的动力和制度保障,由此存在潜在的委托代理风险。因此,在加强体制内监督的同时,必须建立和强化有效的体制外监控机制,以弥补由初始委托人"缺位"造成的体制内监控机制的不足。迄今为止,虽然国资委的成立使国有资产监管有了明确的法定主体,但完善的、良性运转的国有资产监督机制尚未真正建立起来,国有资产监督体系尚不完整。

另外,国有企业还须进一步建立健全风险管理体系,完善风险管理流程和工作机制,强化运营监控和预警,防止发生重大风险损失。一要强化企业财务风险防控。建立财务风险预警、监测、评价和应对体系。切实加强现金流量管理,确保资金链安全。强化成本管理,严格控制非生产性开支,有效降低成本费用。加强应收账款管理,及时回笼资金,切实避免出现呆坏账。二要强化投资监管。要建立健全内部投资管理制度,完善投资办法,严把投资方向,严守投资程序,严管投资项目,严控投资成本,严禁不符合国家产业政策的投资,严禁超过自身实力的过度投资。三要继续完善企业预算管理,提高国有资本经营效益。要以提高有效性为重点,深化预算管理,建立出资人预算与经营者预算相结合的预算体系,完善全面预算管理考评体系,进一步发挥国有资本经营预算对企业改革重组的引导支持作用,推动国有经济布局不断优化,提高国有资产收益。进一步完善工资总额预算管理,加强人工成本和企业负责人薪酬管理,规范职务消费,研究、探索、建立中长期激励机制。四要继续加强业绩考核,落实国有资产保值增值责任。要建立促进企业长远发展的业绩考核机制,健全企业负责人业绩考核、履职评价、公认度考察三位一体的综合考核评价办法,重点考核涉及企业长远、可持续发展的资产质量和债务风险指标,以切实可行的考核制度鼓励企业转方式、调结构,探索行业目标考核制,鼓励企业选择标杆企业进行目标考核,把考核结果与企业负责人任用结合起来,并强化经济责任审计,进一步提高企业管理的科学化、制度化、规范化水平。

二、技术创新

改革开放 40 多年来,中国经济长期高速增长,堪称世界经济史上的奇迹。企业作为载体在经济增长奇迹背后的作用不言而喻,有经济学家称企业就是社会主义市场经济发展的造血细胞。然而,随着经济发展内外环境与条件的改变,这种由要素和投资驱动的粗放性发展逐渐积聚了诸多问题,产能过剩、产品质量不高、核心技术缺乏和有效供给匮乏等问题成为阻碍经济健康发展的绊脚石。中国经济高速增长背后的这种"高固定资产投资—低技术与开发投资""模仿有余—创新不足"的粗放型模式,成为影响经济可持续发展的瓶颈。由于现行经济增长模式中,技术进步与创新能力所做的贡献较少,企业往往追求做大而不是做强。这种增长模式越来越受要素供给紧张、边际报酬递减和出口壁垒提高等因素的制约。特别是经济发展进入新常态以来,处在新时代的关键起点上,转变这种发展方式变得尤为迫切。国有企业改革中技术创新面临的问题如下所述。

1. 创新管理体制不健全

首先,技术管理体制陈旧。我国国有企业组织结构健全,管理水平相对较高,但是与发达国家相比,在技术创新管理方面仍然存在体制陈旧的弊端。以美国福特汽车公司为例,福特技术创新实施小组负责制,研发队伍中的每个人分工非常明确。对于技术文献的管理实施内部审核制,确保福特公司内部核心技术成果不外泄。福特技术人员发表的各种论文通常是关于福特公司已经产业化三年以上的技术,而且福特公司对企业内部技术资料的管理实施定期清理制度,对超过五年的技术文献资料要进行内部销毁。而我国国有企业在技术文献管理方面,没有建立专门的技术档案管理制度,企业内部尽管制定了相关的标准,但是技术文献仍然以技术人员个人管理为主,关键技术的图纸、文档经常被技术人员通过 U 盘等拷贝外泄,国有企业的技术人员发表的各种论文中通常涉及企业核心技术点。企业技术人员为了提高技术职务,希望通过各种核心期刊文章提升个人技术资历,而忽视了技术创新的整体利益。

其次,技术成果保护力度低。技术成果的保护主要通过专利保护、商标保护等手段,国有企业在重大技术创新研发中,尽管也进行了相应的专利申请,但是专利申请主要由技术部门负责,申请一项发明专利通常需要两三年时间,其间要进行多次修改,而申请一项实用新型专利通常半年内就能拿到专利证书。很多国有企业为了节省时间,只对技术成果进行实用新型专利申请,实用新型专利的保护范围相比发明专利更小,保护时效更短,当技术成果投入生产后,很容易被竞争对手模仿抄袭。很多国外企业更是抓住发明专利申请的空当,对国内技术成果抄袭利用,国内企业对发明专利申请的忽视造成大量技术损失。对三星手机和苹果手机的专利官司进行判罚的根本依据就是发明专利。欧美国家对发明专利非常重视,而国内企业急功近利的心态,浪费了大量技术成果。

最后,创新评价体制不健全。对技术创新进行管理,既需要定性管理,又需要定量管理。我国国有企业在技术管理方面总体而言抓大放小,对技术成果缺少科学完整的评价体系。国有企业技术创新立项主要通过企业和国家科技计划两种方式,很大比例的创新项目都是依靠国家科研经费的支撑,课题完成后的评价流程非常混乱。企业技术创新通常具有较强的针对性,主要是解决企业关键技术难题,对其成果的评价应该以经济效益为主要依据,而我国有企业对技术创新的评价则是以理论先进性和理论经济效益为依据,忽略了技术成果的实用性。当某项创新项目完成后就立刻开评审会,评审会只对样机评审,而没有对创新成果进行长期的跟踪评价。例如,某国产故障监控系统尽管能够节省大量人力物力,但是在具体实施过程中,需要进行计算机硬件配置,需要对监控稳定性、准确率进行大量的验证,如果没有一两年的实际运用,很难对该系统的实际经济效益做出评价。技术成果评价流程不固定,技术创新成果通过一场专家评审会就能被盖棺定论,而评审专家并未对经济效果、工艺效果、环保能源效果、社会价值等进行全面的评价分析。在技术成果评价方面,评价指标因素不健全。评价指标主要是指技术指标,而对于人员投入、设备更新、潜在风险等缺乏系统分析。

2.创新组织结构不科学

首先,创新团队核心地位不突出。国有企业组织结构健全是国有企业在我国各种所有制企业中的突出优势,然而如果对国有企业的组织结构进行细化分析,可以看到国有企业组织结构的功能性设计并不科学,特别是针对技术创新团队的组织结构。国有企业通常把技术创新任务下放到技术中心。根据国有企业规模和级别的不同，其技术中心的规模和级别也不同，大型国有企业的技术中心通常以国有工程研究院的形式存在，这些研究院通常是国家级技术中心。国有企业的技术中心在组织管理上由企业高层垂直管理，但是技术中心的人员则由企业人事部门管理，技术中心在业务方向、内部人员管理上实际实行了双重管理。企业技术中心没有为技术创新配置资源的主动权，技术攻关方向主要由企业高层汇集后提出，技术中心是技术创新执行机构，而不是技术创新决策机构，一些技术创新项目的综合经济效益的评价、潜在风险分析等，都是由企业管理部门进行，非专业化的技术决策体系导致技术中心的话语权不足，甚至在实际技术改造过程中发现了突出问题，也不能及时进行修正。

其次，技术创新与技术管理区分不明确。目前国内企业技术创新与技术管理的概念一直混淆不清，技术创新应该由技术人员实施，技术管理则应该由具有管理经验和技术背景的人员负责，而通常我国国有企业技术创新和技术管理全部由技术人员负责。国有企业技术工程研究院的技术工作通常分为两大部分：一部分是企业内部的常规技术更新，包括新产品的研发、新工艺的改造；另一部分是重大科技计划的实施，这些科技计划通常依托企业施行，但是计划内容主要是行业前沿内容，而未必是企业当前需要解决的技术难题。国有企业技术创新团队都由不同专业的技术人员组成，这些技术人员通常具有扎实的创新基本功，但是并不具备丰富的管理经验，国有企业在实际技术管理过程中，都将管理工作充分下放到技术中心，技术中心的专家通常又担任着技术行政职务，他们在精力分配中难以科学权衡，过多的管理工作必定影响其技术工作，而过多的技术工作又会导致管理混乱，这就造成当前国有企业技术中心管理水平低、管理手段落后的现状。

最后，技术分工与专业划分混乱。国有企业技术分工与专业划分的混乱主要体现在新员工的招聘和运用方面。国有企业薪酬待遇好、工作稳定，成为吸引大批员工的主要因素。国有企业员工招聘条件苛刻、流程严谨，年轻员工如果能进入国有企业工作既是荣耀也是实力象征，然而很多年轻人进入国有企业三五年后，离职率非常高，主要原因在于年轻员工进入企业后所从事的工作和他们本身积累的专业知识差别较大。国有企业对年轻员工有健全的招聘实习制度,通常根据部门用人需求计划进行定向招聘,新员工进入企业后首先被安排到基层实习锻炼,实习结束后被安排到用人部门,而用人部门对技术人员的管理和应用主要以使用为主,新员工进入岗位后会被安排做相应的技术工作,这些技术工作与其在校期间学到的知识有很大的差别,企业并没有对这些员工进行衔接培训,特别是技术研发中心,没有对新员工进行设计守则培训、设计技术要求培训,年轻员工不知道进入新岗位后需要具备哪些基础技能,不知道今后的发展前景如何,这导致年轻员工花费大量时间去磨合,而等其磨合期结束后,一旦发现自身能力、知识与岗位定位差别较大,这些年轻员工会因耐不住寂寞而跳槽,从而使企业招聘计划失败。

3.创新激励机制不灵活

首先,薪酬激励呆板。国有企业技术创新人员薪酬激励呆板的现象非常普遍,集中体现在技术带头人的薪酬非常高,一般能够享受高管待遇,而普通技术人员的工资非常低,通常与三年工龄的一线员工差不多。国有企业技术人员的薪酬增长,不是以科研工作量为依据,而是以技术职称和行政职务为依据。

其次,晋升激励保守。晋升激励包括技术职称晋升和行政职务晋升,国有企业晋升激励保守体现为高级技术职称晋升难,技术人员行政职务晋升机会少。技术职称对于技术人员而言,既关系到他们当前的工资待遇,也关系到他们今后的项目申请、退休后的工资待遇,技术职称的晋升虽然只与技术人员的技术工作相关,但是国有企业在技术成果分配以及年轻员工培养等方面,仍然非常保守,年轻员工得不到应有的技术奖励,更得不到适当的技术激励。当前国有企业在技术领域虽然有破格晋升规定,但是对于年轻员工而言,要获得这种机会首先要在参研项目中有优异的表现并积累大量的科研成果。工程师的职称通常以五年为界进行划分,从助理工程师到中级工程师需要五年时间,从中级工程师到副高级也需要五年时间,从副高级到正高级仍需要五年时间。企业技术职称评审条件相对严格:中级职称评审由企业在内部进行,基本所有技术人员都能顺利评上中级;而从中级到副高级,则需要大量的论文、专利、科研奖励,通常要求在所有参与评审的人员中排名前三位。但是企业内部的实际情况是,很多企业领导未必参与技术创新活动,技术创新成果的署名却基本都是领导的,年轻技术人员甚至没有机会获得相应的奖励,技术职称晋升难导致年轻员工薪酬提升难。而年轻员工走行政职务之路更是艰辛,一方面国有企业论资排辈现象仍然严重,另一方面国有企业的人脉关系网复杂,年轻员工很难走向领导岗位。晋升激励的保守,使大批有潜力的年轻人员被长期挤压,导致技术梯队老龄化现象严重,年轻技术人员得不到充分的施展机会。

最后,培训激励形式化。国有企业技术培训激励有多种形式,但是培训激励形式化现象比较严重。以技术培训为例,企业将技术培训的次数作为部门考核和个人考核的重要参考依据,导致企业技术培训缺乏计划性和针对性。山西某国有公司通过社会委托形式进行的各类培训,其内容就没有与企业技术应用现状结合。技术团队人员知识结构不同,如果对所有技术人员实施标准化的培训,往往导致年轻员工接受不了尖端技术培训,老员工对常规技术内容又较为懈怠,从而使技术培训流于形式。对于在职教育培训激励,国有企业内部同样存在着较大的认识偏差,普通技术人员在科研进行中意识到自身知识的不足,想通过在职教育进行完善,但是国有企业对参与在职教育的员工通常有严格要求,通常需要员工在企业工作五年以上,个别还要求员工在年度考核中有优秀成绩,这种硬指标与员工的实际情况往往有矛盾,从而使一些需要学习的员工得不到在职学习机会,而那些老员工获得这类学习机会后,仅仅将其当成一种职称晋升、工资提高、职务晋升的跳板。在职教育培训失去了真正的激励价值。

4.创新队伍建设不稳定

国有企业在创新队伍建设过程中,高度重视对年轻员工创新能力的培养,却忽略了企业内部高级技术人员——特别是一些既有丰富的经历,又有先进技术的中青年技术人员——的成长发展空间。国有企业通过帮扶的方式,让这些中青年骨干力量带领、培养年轻员工,尽管对年轻员工的成长非常有利,但是对中青年技术人员而言,他们自身却失去了很多更高层次创新的机会。国有企业技术团队组建之初,曾承担多项重大创新任务,但是随着创新团队的年龄老化,很多中青年技术人员得不到应有的提拔,得不到独立领导完成大型项目的机会,这造成部分中青年骨干技术人员流失,从而严重损伤了国有企业的技术创新能力。由于现行的国有资产管理体制是国家所有、分级管理的,国有企业受其特殊的地位影响,与私企、外企相比,企业的人才机制改革相对滞后,不能适应现代企业发展的需要。中国企业家调查系统调查资料显示,86%的国有企业、58.4%的集体企业、33.3%的"三资"企业的厂长经理是由上级主管部门任命的。企业的经营者在职业活动中,最关注上级主管部门评价者占 62.1%。国有企业的科技人员的待遇制度没有真正摆脱官本位特征,许多科技人员最强烈的追求就是行政职务的提升。在评定专业技术职称时,存在严重的论资排辈现象,国家严格规定的全国统一的专业技术职称制度根本无法适应企业面向市场的要求,而民营企业则可以抛开全国统一的专业技术职称制度,创造有利于人才脱颖而出、科研成果面向市场的环境。

三、文化创新

先进的企业文化是企业持续发展的精神支柱和动力源泉,是企业核心竞争力的重要组成部分。哈佛商学院的著名教授约翰·科特在《企业文化与经营业绩》一书中提出了一个重要论断:企业文化对企业长期经营业绩有着重大的作用,在下一个 10 年内,企业文化很可能成为决定企业兴衰的关键因素。在 20 世纪 90 年代以来的"新管理丛林"阶段,企业文化作为一种管理理论出现,是企业管理研究领域中的一个重要主题。谁拥有文化优势,谁就拥有竞争优势、效益优势和发展优势。企业文化学的奠基人劳伦斯·米勒说过,今后的世界 500 强企业将是采用新企业文化和新文化营销策略的公司。企业不可沉醉于过去的成功,必须不断地扬弃过去、超越自我、展望未来,建立新的企业价值观和企业文化体系。

要界定国有企业企业文化,除了要理解"文化"的含义,还必须对国有企业进行界定,对国有企业的特殊性加以分析。一般意义上的国有企业可被分为四类。一是由政府全额出资并明确其法人地位,由国家通过专门的法规和政策来规范,不受《公司法》规范的特殊法人企业。

这类国有企业被赋予强制性社会公共目标,没有经济性目标,其作用是直接提供公共服务。二是由政府全额出资,受《公司法》规范的国有独资公司。这类企业以社会公共目标为主要追求,经济目标居次。三是由政府出资控股,受《公司法》规范的国有控股公司。这类企业主要属于准自然垄断产业和国民经济发展的支柱产业,通过向国家财政上交股息和红利,间接提供公共服务,以经济目标支撑社会公共目标。四是政府以普通参股者身份参与,受《公司法》规范的国有参股公司,也称"国家参股公司"或"政府参股公司"。这类企业一般没有强制性社会公共目标,经济目标居主导地位。

严格来说,在社会主义市场经济条件下,为适应公共财政体制建立和发展的要求,国有企业应该被定位为:作为政府解决市场失灵问题的重要工具,以社会稳定和经济发展为主要目标,在公共产品提供等领域发挥宏观调控作用。因此现期我国国有企业是指"在关系国民经济命脉的涉及国家安全、自然垄断、重要公共产品与服务、支柱产业与高新技术产业等领域内存在,由国家投资并由国家最终控制的公司制企业"。即受《公司法》规范的,兼备公共目标与经济目标的国有独资公司和国有控股公司。

与非国有企业相比,我国国有企业有其自身特征。第一,国有企业有特殊的产权关系。国有企业产权属于全体人民,国家(代理人)代表人民(委托人)管理和经营国有企业的资产,并确保国有资产增值,维护人民的利益。第二,国有企业是国家直接干预经济的一种方式,是解决市场失灵问题的一种手段。国有企业可以超越单纯的商业利益目标,发展基础产业与战略性民族产业,为社会提供公共产品和公共服务。第三,国有企业以国家为背景,破产倒闭不像一般民营企业那么简单,通常具有比一般企业更强的稳定性,在市场中有较好的信誉。第四,国有企业与政府有密切的关系。国有企业的性质和历史使命决定其在进行制度创新和管理创新,建立现代企业制度过程中难以与政府完全分开,只能以明确政府与企业的权、责、利的方式实现政企分开。在市场经济条件下,国有企业既要作为市场竞争主体发挥其盈利的一般功能,也要作为保障正常经济秩序、改善宏观经济环境、提高经济运行质量、维护国家利益和社会稳定的一种手段,肩负起其服务社会的特殊使命。

从广义上讲,国有企业企业文化是指企业所创造的物质文化、制度文化和精神文化的总和。从狭义上看,国有企业企业文化就是国有企业在长期的经营和管理活动中确立、信奉并付诸实践的价值观、思维方式以及行为模式。在本质上,它不能等同于社会文化与企业思想政治工作。

1.国有企业文化的特点

受苏联传统企业管理模式、计划经济、中国传统文化三方面影响,我国国有企业文化呈现出以下特点。一是企业文化政治化。国有企业的双重属性决定了支配国有企业的运行机制的是两条规则:从产权、预算约束、经营管理、资产负债比例等方面来表现的明规则与"执政党—国家"和企业的"指令—服从"关系的潜规则。由于"政府或主管部门在资源要素的分配上掌握着货币经济中最为重要的货币资本供给,而企业组织的人事实权安排方面又遵照着'指令—服从'模式,使国有企业'半企业化',使企业经理阶层'半官员化',因此我国国有企业体制或多或少都带有行政文化的烙印"。二是国有企业的基本组织呈森严的金字塔式、科层化的等级排列结构。信息在组织内层级传递:上级命令指挥,下级负责执行与汇报。领导者的权力地位类似封建社会中的家长,因此,国有企业领导体制也带有家长制的特色。三是层级化与中国传统文化中对权力地位的尊崇,造成了行政管理作风的官僚主义,从而形成了国有企业内的"人治"色彩与官本位特点。四是国有企业中人际关系层面的基本假设还是沿袭中国传统文化的道德伦理关系。道德修养成为行为的最高准则,伦理和德治是主要管理手段,精神疏导先行于制度化管理。五是国有企业内注重人际关系网建设。过度重视与依赖人际关系的作用,从而弱化了企业规章制度的作用,使科学管理受阻。

2.国有企业文化存在的问题

第一,受社会转型与企业体制改革影响,国有企业集体主义的价值共同体已经解体,员工价值观与行为方式呈现多样化,文化与意识形态亦逐渐多元。而国有企业领导由于多为政府委派,他们的行为大多是一种行政行为而非市场行为,在文化导向上更多表现为宣扬和倡导与企业经营相脱节的各种理念与文化观,并依此做出经营管理决策,以求得个人发展。因此,国有企业虽标榜以"集体主义"为导向,以"职工为本",但在实际运作中却体现出典型的个人主义与官本位特征。国有企业所采取的这种"表里不一的双重或多重标准,由企业所有者或核心管理者个人建立的不为全体员工所认同并遵守的,与企业的实际经营管理工作行为不符或相背离的理念与行为方式",实际已构成一种企业伪文化。

第二,由于长期受财政补贴和国家政策支持,并且经营内容多属垄断性质,我国国有企业一直保有着粗放式的经营理念——依靠高投入获取高产出,不过多考虑效率问题,而国有企业特殊的市场地位也导致国有企业对市场压力体验不足,对环境政策反应不灵敏,形成了"重生产、轻开发和营销"的思维模式。企业与外部公众间的沟通意识、协调意识、合作意识、服务意识淡薄;在市场中的竞争意识、品牌意识、创新意识与危机意识均十分欠缺,产品与服务的市场竞争力不强。例如,广州铁路(集团)公司衡阳车务段虽然在 2004 年开展过"优质国有,用户满意"活动,但活动后的员工问卷调查中,仍有 47.1% 的人认为本单位对客户的了解程度"一般"或"差"。又如,被消费者称为"坐商""官商"的中国电信,长期以来其社会形象和公众形象均很差。2006 年在对中国电信集团公司、北京电信及 3 个省级电信公司进行的抽样调查结果显示,有 40% 左右的员工认为"服务交付过程不能令客户满意",有58% 的普通被调查者、22% 的集团公司中层领导认同公司服务标准与服务成本的观念模糊。

第三,国有企业管理方法的行政化和政治化使其在业务大发展阶段,主要依靠的是排他性市场资源,而非人力资源,从而导致国有企业管理者只注重完成任务目标而忽视职工个体价值,在员工录用、培训、晋升、工资分配机制、考核机制与员工人文关怀上均不重视。在对长庆油田、大庆油田等石油集团公司与牡丹江铁路局等铁路运输企业的内部员工访谈中发现,国有企业在人力资源管理中存在以下问题:沿用落后的用工制度,未对拟聘人员进行严格的知识能力与基本素质考核,"因人设岗"现象泛滥;人才选拔上主要靠"领导相马制";绩效管理被简化为绩效考核,考核标准笼统,考核过程流于形式与过场,对员工不能产生激励作用;对员工缺乏职业发展指导。2006 年对中国电信集团公司、北京电信及 3 个省级电信公司代表性抽样调查结果显示,有 60% 左右的人认为公司没能建立起有效的职业发展规划。由于国有企业在人员配备上并不按照因事择人、因材器使、用人所长、人事动态等原则来进行,对人力资源的开发明显不足,员工"混日子"心理较强,个人发展前景并不乐观。

第四,国有企业组织架构多按职能划分,上下管理层级设置过多,缺乏信息共享和正常沟通机制,导致企业内部信息流通不畅,影响正常决策。而管理层较为严重的机关作风、贵族意识与等级观念,也致使领导与员工间缺乏信任,企业员工创业激情消退,敬业精神、奉献精神锐减,严重影响了企业执行力。以中国电信为例,公司在很多方面依然沿用过去在邮电部的做法,机关作风严重,如:办事程序繁杂,工作效率比较低;官本位思想严重,过分地看重官和权,部门利益高于企业利益;有强烈的等级观念,论资排辈现象依然严重。

第五,制度不健全、执行不到位、管理不科学、流程不规范等诸多国有企业管理上的通病,具体体现在以下方面:国有企业中裙带关系盛行,无视制度、践踏制度现象严重;受强烈家长作风和终身雇佣价值观影响而在责任制度上呈现出明显的免责文化;部门重罚不重奖的考核导向,导致国有企业纠偏和修正系统功能的严重失调。

第四章

国有企业改革的经验与启示

第一节　国外先进国有企业的改革经验

从我国市场经济与国有企业改革"摸着石头过河"至今,国有企业已经初步建立现代企业制度。从国有企业开始改革到取得一定成效,这是一个十分漫长的过程,改革历程中还走了许多弯路。改革之路不可能一帆风顺,毕竟中国市场经济和国有企业改革并没有成熟的理论做指导,加之国内市场经济起步较晚、市场配套设施不健全、国内法律体系不完善等,导致改革过程中的一些波折。西方国家在几百年的资本市场中,在企业改革方面也积累了一些可供借鉴的经验,值得我们参考。因此本章主要在梳理国外发达国有企业改革经验的基础上,对国内国有企业改革的不足进行反思。

一、英国国有企业改革的经验与启示

英国的国有企业改革主要表现为所有制上的改革,也就是说用以股份制改造为主要内容的私有化改革刺激国有企业的积极性。这种改革,不是单纯的国有产权的转让与分配,而是有计划、有目的地实现国有企业根本所有制上的改革。英国国有企业这种根本性的改革,具有现实性的借鉴意义。当然在借鉴过程,我们要有选择地进行参考,并结合我国社会主义市场经济的实际情况,辩证地对英国国有企业改革的方法与实践进行借鉴。相比直接套用这些有益的经验,只有有目的、有选择地参考与借鉴,才能将这些经验真正应用到我国国企改革之中,促进国企改革的进步。

英国的国有企业私有化是英国前首相撒切尔夫人为"治疗"英国企业所开出的"药方",其中一个最关键的内容即是对国有企业进行股份制改造。在二战之后的几十年间,欧洲大陆的法国、德国的经济都很快得到恢复。与之相比,英国的经济恢复十分缓慢,国际地位更是一落千丈,英国近百年历史中首次出现衰退,英国国内群众将之形象地比喻为"英国病"。在经过研究之后,撒切尔政府认为要激发英国企业与市场经济的活力,需要从国有企业的股份制改造入手,降低国有资本在国有企业中的比重,以振兴衰落的英国经济。

英国国有企业的股份制改造主要基于以下目标:一是重新定义政府职能,通过减少政府对企业的干预,让企业拥有更多的经营自主权,政府只抓宏观调控;二是通过打破国有企业的垄断格局,给企业施压,促进其市场化改革;三是通过鼓励员工持股,提高员工工作的积极性、主动性;四是通过对国有企业进行股份制改造,鼓励企业借助上市、发行股票的方式进行融资,进而扩大企业发展资金的规模,降低企业负债率,确保国有企业在发展过程中具有良好的偿债能力;五是通过股权分散化的方式,引入更多的战略投资者,避免少数资本对国有企业的控制。

在这一过程中,政府一方面停止了对国有企业的财政补贴,另一方面转让了国有企业股份,因此英国政府也获得了一些资金收入,有效缓解了英国政府财政吃紧的问题。英国出售国有资产采取的是先易后难的原则,先竞争性部门和盈利企业,后垄断性部门和亏损企业。从1950年左右开始,英国石油公司、英国宇航公司等盈利较好的企业逐步完成股份制改造。而那些经营绩效不佳,存在亏损和破产风险的国有企业,则在经过一系列的调整之后,剥离非主营或者亏损业务,在这部分企业实现盈利后再进行股份制改造或者将其股份出售。在国有资本减持上,英国采用的是循序渐进的做法,即分批次、慢慢出售的方式。因为对于英国民间资本而言,许多国有企业规模都很庞大,资产很多,所以在股份出售过程中,很难一次性找到有实力的买家,只能缓慢出售,一步步改制。

在国有企业股份制改造过程中,英国政府也注意到一部分不法分子总是想从国有企业改革中获取私利。即借助国有资产股份制改造中的内幕交易、对国有资产进行低价评估等方式贱卖国有资产。在发现这一问题后,英国政府采取了一系列措施。一方面,在国有资产出售之前,国家会成立独立的立法委员会,制定相关的政策和法规,为私有化提供法律和制度保障;另一方面,为了避免国有企业资产评估过程出现人为操纵贱卖的现象,国有资产评估是由政府任命的各领域专业人士进行,并且审计部门还会在私有化前后进行审计,这就防止了国有资产的流失。英国的国有企业改革,走的是一条渐进式改革道路。其中的逻辑是:先出售竞争性领域和经营效益较好或未来发展潜力较大的企业,以提高潜在投资者和社会大众的信心,随后再改制垄断行业和效益差的企业。以此为参考,时下我国应坚持国有企业改革的目标取向,积极探索,大胆创新。在具体操作上坚持立法先行,规范有序,分步实施,先易后难,稳妥推进;同时在此基础上,正确处理政府、企业、市场三者之间的关系,真正使企业成为独立的市场主体。

市场经济在英国已有多年的历史,其民营资本强大,市场机制也很成熟。英国的国有经济在国民经济中占比不高,但总是出现在民营资本不可替代的领域,用以满足国家战略或公共服务等方面的需求。我国作为一个市场经济不发达的社会主义国家,在国有企业改革与社会转型过程中,所面临的改革难题与经济结构调整情况比英国所面对的更加复杂,问题也更加多元。因此在实际改革过程中,对国有企业的规模需要进行一定的"压缩":一方面,对于某些不涉及国家安全的一般领域,国有企业应该坚决退出,不去留恋短期的利润,当然在一些垄断性的行业,该破除的垄断也必须要破除;另一方面,必须借着国有企业改革的东风,对国内产业结构进行优化与调整,将国有资本更多投入到关系国计民生和国民经济命脉的重要领域、关键行业之中。

在国有资产监管方面,英国设立了股东执行委员会。这是一个介于政治和商业之间,用来平衡两者关系的机构。英国政府的雇员是股东执行委员会的主要来源,他们的独特之处在于他们完全是站在商业和经营的角度来代表英国政府行使权力;同时还设立了来自商界的独立董事,保证了决策的公正性和客观性。我们可以从中汲取的经验是:为了实现真正的政企分开、政资分开,应该构建较为完善的出资人制度,明确权利归属,落实责任到位。

二、日本国有企业改革的经验与启示

日本至明治维新之后,逐步从一个落后的封建国家转变为先进的资本主义国家。尤其是在二战之后,日本经济迅速发展,一度成为世界第二大经济体。纵观日本企业的发展历程,也有许多值得我们借鉴的地方。

1945 年至 1975 年的 30 年间,日本作为东西方对峙的"前线",其经济在美国扶持之下迅速发展,同时日本结合本国的情况建立了许多国有企业和多家特殊法人企业。20 世纪 80 年代以后,世界政治环境逐渐平稳,日本国内的经济和国有企业逐渐发展成熟。考虑到国内经济社会环境的变化,日本适时地对国有企业做出有针对性的调整和改革。例如,日本政府对中央级别的国有企业进行过两次大规模的调整与改革:第一次调整与改革发生在 20 世纪 80 年代中后期;第二次调整与改革发生在 21 世纪初期。通过两次国有大型企业的改革与调整,属于日本政府的大型国有企业数量迅速减少,特殊法人企业的数量也大幅减少。例如,日本邮政公社在 2003 年进行了改革,要在未来几年内逐步从政府经营转变为民营。

1. 实事求是地辩证考虑

日本市场经济环境产生变化,最终成为促使日本政府进行国企改革的重要动力。从日本国企 1980 年以来的改革经验看,日本著名"三公社"民营化改革的顺利进行,是日本政府面对人口老龄化、政府财政危机的必须之举。通过一系列改革,日本邮政公社的生产效率比改革之前提升了 20% 以上。

(1)日本国有企业改革成功的前提条件:对国有企业的发展条件和环境进行深入调查分析研究,找出导致国有企业发展缓慢的关键性问题,并给予具有针对性的措施,稳打稳扎地实现国有企业改革发展目标。例如,为了实现国有企业的成功改革与优化发展,1981 年,日本政府有针对性地召开了直属内阁总理大臣的第二次临时行政调查会。调查会在对日本政府所属国有企业进行深入、细致的调查后,将调查结果撰写成具有实质性的改革方略,真实反映国有企业经营恶化的原因,并在报告中提出民营化改造的设想。这些报告内容十分充实,而且提出的很多对策都建立在深入调查的基础上,具有较强的针对性、可行性,又具有一定的前瞻性。所以在报告做出后不久,日本政府就决定进行国有企业的民营化改革,有效解决国有企业在发展中出现的问题。

(2)日本国有企业成功改革的关键因素:有的放矢,向实不务虚。在执行待查任务时对于做什么、不该做什么、怎样去做等方面的工作做实做严,一丝不苟的精神和实事求是的工作方式使日本国有企业改革在很短时间内就能够做到有的放矢。日本政府在放权的同时也广泛征求各方意见和建议,认真考量所收集到的可行性报告,然后针对这些问题提出改革的策略。在明确改革目标的情况下,这些方案有效提高了改革成功的概率,同时推进了日本国有企业改革的脚步。

(3)日本国有企业改革成功的保证因素:在国有企业改革过程中,日本政府妥善做好企业员工的管理工作,保证在员工充分就业的情况下实现国有企业的私有化改革。国有企业改革的最终目标是激发企业活力,促进经济发展,同时为人民群众带去更多的效益。国有企业改革如果影响了劳动群体的生计问题,或者改革后人民群众得不到妥善的安置,那么这种改革也是失败的。国有企业改革更应该注重企业员工的工作问题,妥善安排好国有企业改革中的剩余劳动力是日本国有企业改革的最终目标得以顺利实现的基础性保障。从这个角度看,日本政府在国有企业改革中的行为还是很可取的。例如,在国有企业改革之后,日本政府会对改革导致下岗的工人提供一切免费培训的机会,保障下岗工人也能够拥有一技之长,实现再就业。对于不愿意转行和不愿意提前退休的部分员工,日本政府也为他们的再就业和推荐就业尽心尽力,有力地解决国企改革后劳动力转移带来的问题,为日本国有企业改革的顺利进行奠定坚实的基础。

2.日本在改革中并没有放弃国有企业对战略产业的主导地位

在国有企业改革过程中,日本政府将国有企业从 2001 年 6 月的上百家减少至 2007 年 7 月 1 日的 38 家。减少的企业包括一些在国民经济中占有重要地位的企业,但是日本对这些企业进行民营化改造并不意味着放弃其在经济发展中的主导位置。经过一系列的改革,这些企业的生命力更顽强、竞争力更强,企业反而借助改革进一步巩固了在某些经济领域中的主导地位。由此可见,日本政府在切实保证国家安全的情况下实现了对国有企业的科学性改革,没有盲目改革。

3.国有企业在改革发展中可以实现多种形式的发展

日本并不是完全依靠政府出资实现国有企业改革的,而是通过混资形式实现国有企业的多样化发展。例如,针对日本电信等国有企业,政府将持有的股票全部出售给民间资本,日本电信企业实施混合制发展模式。在董事会等机构的带领下,日本电信的生产积极性得到很大的释放。另外,某些国有企业在改革中直接转变为纯粹的民营企业。日本通过在国有企业改革中放权让利,实现了企业的创新发展。

三、新加坡国有企业改革的经验与启示

新加坡成立之初,产业基础薄弱,甚至连国民的饮水、电力等基础性需求都无法满足。为了实现经济的快速发展,新加坡政府成立了很多国有企业,这些投入很快收到了成效,帮助新加坡完成了产业的原始积累。随着整个国家的产业逐步成熟,最初设立的国有企业也日渐强大,在许多领域中都具有一定影响力和竞争力。针对这种变化,新加坡政府开始逐步减持政府在这些企业中所持有的股份,转而将目光更多地投向需要国有资本推动的一些新兴而重要的产业领域。

新加坡政府所进行的国有企业改革与产业结构调整,大多是建立在对国家发展需求、发展方向的判断上。在国有资本大量集中的行业,当该行业对国家经济发展的作用相对不足时,当这些领域的市场机制已经足够完善且相关法律规范与政策体系已经成熟时,这些领域的国有企业就会进行股权多元化改造,新加坡政府资本就会逐渐退出。之后,新加坡政府再次将出售股权后回笼的资本投入到更为关键的领域和新兴产业之中,通过这种不断发展、调整再发展的方式,逐渐实现国家的发展战略目标。

新加坡政府在推进国有企业股权改革的过程中,积极实施混合所有制经营,积极引入民间资本、外国资本等非国有资本,进而提升国有

企业的竞争力。国有企业的股权多元化,意味着各种资本的优势可以在同一家企业中集中整合,发挥协同效应。在吸引外资方面,股权多元化实现了良性循环。一方面,企业实现股权多元化之后,其自身经济实力、竞争实力都得到强化;另一方面,混合所有制企业在新加坡大量出现与发展后,有效优化了新加坡国内的经济投资环境——在国际市场树立开放、和谐的国家形象,对于新加坡经济发展、吸引外资起到良好的示范作用。而新加坡国有企业在股权多元化改造后,核心竞争力之所以能够有效的提升,在很大程度上是因为进行股权结构多元化的改革之后,国有企业治理机制得到建设和完善,这对于弥补国有企业在这方面的先天不足有着莫大的裨益。实际情况是,新加坡的国有企业在股权多元化的过程中,逐步引入了国际化的治理规范,这在一定程度上解释了为什么新加坡国有企业会有今天的改革和发展成就。

淡马锡公司作为新加坡财政部全资拥有的国有企业,其在管理体制上的创新和取得的成就是举世瞩目的。淡马锡的管理模式,被很多研究者称为"放羊式"管理。意思是说,虽然淡马锡是全资的国有企业,但公司却拥有较大的自主经营权,很少受到政府的干预。政府在放权和监管之间找到了很好的平衡。淡马锡董事会成员和首席执行官的任免,都要经过政府同意;同时,董事会需要定期向政府报告企业状况。但是淡马锡拥有很好的董事会制度,能够保证企业经营上必要的自主权不被政府干涉。如果说淡马锡模式的精髓在于管理体制,那么更进一步讲,管理体制的精髓则在董事会制度。在股东董事、执行董事和独立董事三种董事中,独立董事在淡马锡董事会中最多。这样安排的好处很明显:一方面,可以减少股东董事对董事会的过多参与,排除政府的不当干预;另一方面,执行董事太多,不利于将决策和执行有效分开。充分的政企分开,所有权与经营权之间明确的边界划分,是淡马锡模式存在的根本。中国国有企业改革之难就难在这里。对国有企业来说,所有权与经营权合理的边界划分应该是:政府对企业的所有权,可以被理解为分红收益权、转让权和监督权;企业经营者的经营权,应该是企业经营活动的决策权;董事会则在两者之间起接洽、协调作用。

综上,新加坡国有企业的改革背景同我国以及西方各国都不太一样。大多数国有企业在改革前都面临着经营不善、亏损、绩效低下、产品缺乏竞争力等问题，而新加坡在私有化项目开始时，它的国有企业业绩较好，大部分是盈利的。在这种情况下进行的私有化改革，不同其他国家的被动改革，是一项基于经济发展长远战略的改革。

四、德国国有企业改革的经验与启示

德国的国有企业改革，是依靠专门设立的托管局来开展的。托管局的成立背景，是东西德统一以后，国家面临着改造东德国有企业的历史性问题。托管局成立之后，通过发行债券的方式在国内乃至国际的资本市场上筹集资金，等待改造的国有企业被注入资金后，会在企业的机制体制上实施"手术"（托管局通过股份制改造等，使企业脱困盈利，并具有较强的竞争力），这就是"托管式改造"的大致步骤。托管局最终的目的是使企业能够在经营方面独立于政府，获得自主权。总结德国的国有企业改革经验可以发现，以资本为改革抓手，以政企分开为改革核心，以提高效率为目的，是其改革得以成功的关键。德国托管局的设立，同我国提出的建立投资经营平台的想法是一致的。参照德国经验，我们首先需要成立投资经营公司，然后以一系列的政策和金融服务吸引民营资本进入，依靠股份制实现国有企业改造。

电信和邮政行业是德国实施国有企业改革中最有代表性、最成功的领域。这些领域的国有企业与政府脱钩后，转制成为股份公司，开始私有化改造。转制后的企业，效率大大提高。德国电信脱离国有企业身份后，在本土的电话和其他领域占据了很大的市场份额，以至于政府从公平竞争的考虑出发，专门成立调查机构，对德国电信调查并施压。政府过多的约束引来企业的不满，直接导致了调查机构被多次告上法庭。但这些调查对德国民众是很有利的，约束措施使得德国电话业务的收费标准被严格限制，每个人都从中得到了实惠。

在股份制改造中，德国的国有企业改革并没有在所有制上借题发挥，也没有将民营股份的占比作为判断改革成败的标准。我们应该从中受到启发，更多地去考虑改革的实际需求，而不是为混合而混合，为改革而改革，毕竟单纯的某种混合所有制结构、国有控股还是私有控股,都不是我们改革的目的。我们要做的,是根据社会经济发展的需要,根据宏观政策的中长期目标,以及市场经济环境条件的变化,来调整国有资本的结构布局和规模大小。

第二节 国外供给侧结构性改革的经验与启示

20 世纪 80 年代末 90 年代初,许多西方资本主义国家的经济发展都不同程度地出现了需求刺激疲软、发展动力不足的状况,在经济严重"滞胀"的情况下,以英、日、德等国为典型代表的西方国家纷纷采取了供给侧结构性改革的措施,以摆脱经济发展困境。

一、以减税为核心的美国供给侧结构性改革

20 世纪七八十年代,美国经济"滞胀"日趋严重,1980 年时国民经济通胀率甚至高达 13.5%,而 GDP 实际增长率却是－0.3%。面对这一情况,里根总统在 1981 年上台后,很快出台了抛弃凯恩斯主义,转而以供给学派经济理论作为主要改革依据的"经济复兴计划",即"里根经济学"。根据这一理论,里根政府先后颁布了许多提高经济供给质量和供给效率的新政策,主要包括以下几个方面。一是通过大规模地减税,包括企业所得税和个人所得税,减轻企业负担,激发市场消费活力。例如:在企业所得税减免过程中,主要通过缩短企业固定资产折旧年限的方式,变相降低企业负担;而对于个人所得税,则是直接减少 5%,又在随后的两年进一步消减 10%,美国群众的个人所得税在 3 年间下降了15%,税负有效减少。二是政府大力减少支出,节约政府开支,减少财政赤字。通过一系列的开源节流措施,里根政府在 1982 年减少政府开支达 350 亿美元;在 1983 年与 1984 年又分别减少 440 亿和 514 亿美元。这些政府开支中所节省的资金都被投入社会保险、劳动者福利等

方面,有效促进了社会的稳定。三是放松政府对企业的管制,减少国家对企业的干预。1981年3月,里根政府成立了以副总统布什为主任的特别小组,专门负责撤销对企业的有关规章条例或放宽对企业的管制。四是严格控制货币供应量的增长,推行稳定的货币政策以抑制通货膨胀。里根政府要求联邦储备委员会实施与减税和缩减政府开支相一致的紧缩性货币政策,使货币的年供给增长率维持在4%至8%之间。

上述一系列新举措很快收到了良好的效果,迅速将美国经济从低谷中带出来,使其从1983年开始实现了连续增长。1984年,美国GDP增长率高达6.9%,这是美国20世纪50年代以来经济增长的最高纪录。与此同时,美国国内的通货膨胀率则从1980年的13.5%下降至4.3%,国内劳动者失业率从1982年年底的10.7%下降到1984年年底的7.1%,GDP占世界的比重也由1980年的23%上升到1986年的25.2%。

二、以私有化为主要内容的英国供给侧结构性改革

20世纪80年代以来,由于受世界经济危机的严重影响,英国经济发展也陷入了"滞胀"的泥沼之中:经济增长停滞,甚至出现了负增长;价格指数居高不下,一路飙升;通货膨胀极度严重,1980年5月一度高达21.9%。在这样的背景下,被誉为"铁娘子"的撒切尔夫人带领英国政府采取了以私有化为主要内容的一系列经济政策,来摆脱危机、重振国家经济。主要包括以下措施。

第一,国有企业私有化。二战结束之后,英国国有企业的数量逐渐增多,国有企业成为英国恢复国民经济的支柱性力量。但是随着时间的推移,这些国有企业也逐渐出现一些效率低下、人员冗余以及巨额亏损的问题。1979年撒切尔夫人上台后随即推行国有企业私有化政策,英国石油、航天航空、煤炭、钢铁、电信、港口、供电、供水等诸多领域的许多国有企业先后以出让股权或整体出售的方式进行了私有化改革,私有化的浪潮席卷整个英国。这一措施使得英国国有企业的经济效率得到了极大提升,国家经济也因此得到了长足发展,直到20世纪80年

代,英国经济增长率始终在欧美国家中位于前列。

第二,控制货币供应量,抑制通货膨胀。为抑制严重的通货膨胀,撒切尔夫人政府制定了以控制公共部门借款和货币增长速度为核心的"中期金融"战略,使货币的供应量和增长幅度控制在一定的范围内,进而降低通货膨胀。

第三,削减福利开支。为了有效控制英国制造业的劳动力成本,撒切尔夫人以铁腕手段压制了行业工会的发展,并先后制定了若干限制工会权力的立法,同时开放市场、降低税率以激发市场活力和创造新的有效供给。尽管撒切尔夫人主导下的英国政府的改革也受到了一定程度的攻击,但不可否认的是,当时的英国政府不仅切实有效地控制住了国内严重的通货膨胀,而且通过有效的国有企业改革策略,激发了国有企业活力,带动了国民经济增长,最终使国民经济在经历了短暂的改革阵痛后逐渐复苏并恢复增长,为英国 20 世纪 80 年代"撒切尔增长奇迹"的出现奠定了坚实的基础。

三、以结构调整为重点的德国供给侧结构性改革

20 世纪 80 年代初,德国经济也面临着严重的危机:数目庞大的社会保障开支导致财政赤字逐年上升,债务规模的年均增长速度高达 10%;在国内劳动力密集型产业对外转移、国内劳动力成本不断上升等因素的交互影响下,资本、技术严重外流,失业率也一度高达 12%;国内产业结构失衡、产能严重过剩且利用率低下,出口竞争力因此被严重削弱,对外贸易连年出现逆差;通货膨胀严重,经济增长乏力甚至衰退,1993 年 GDP 增长率跌至 −1%……面对如此严峻的局面,德国政府采取了理性的供给侧管理办法,以调整和优化产业结构为重点推进国家经济改革。主要包括以下措施。

第一,调整和优化产业结构。为促进产业结构的优化升级,德国政府逐步减少对市场的干预,以稳步渐进的方式有序推进国有企业的私有化改革:对产能过剩的部门和行业严格控制财政补贴,进行战略性产能压缩和生产规模调整,合理保留部分具有核心竞争力的产业,并提高

科研经费投入比例,对新兴产业进行战略性的资金扶持与技术创新引导。

第二,加强人力资本投资。一是推行理论学习在高校、实践培训在企业的二元制职业教育政策,保证学生毕业即可上岗,鼓励企业对学校进行投资和捐赠,并予以减免和抵扣税收的奖励。二是增强劳动力市场的灵活性,放松对用人单位解雇员工的限制,允许企业实行灵活的工作制度。三是削减过多的社会福利,促使失业者加强对自身人力资本的投资、积极就业,如施德罗政府推出的"哈茨计划"改革,使大约27%的失业者不再享受失业救济,约48%的失业者福利被削减。

第三,减轻企业税务负担。1986年德国政府开始进行税收制度改革,对大部分中小制造企业免征营业税,固定资产折旧率从10%提高到20%,同时政府设立专项基金资助中小企业进行技术开发。

第四,控制货币供给。德国联邦银行将2%作为通货膨胀的警戒线,政府通过持续稳健的货币政策来抑制通货膨胀,并根据《德意志联邦银行法》制定相应的货币政策。

通过实施一系列有针对性的改革措施,德国经济从1994年起开始复苏,过剩的产能得到有效化解,对外贸易趋于平衡,劳动生产率显著提高,其中产业结构优化升级所带来的技术创新不仅成为德国制造业长盛不衰的动力,也从根本上增强了德国中小企业的国际竞争力。

四、国外供给侧结构性改革的启示

国内外供给侧结构性改革的历史经验在诸多方面都极具借鉴价值,尤其是在改革所需要遵循的基本原则和路径措施方面,我们应当合理借鉴并吸取其中的经验教训来为当今中国的供给侧结构性改革服务。一方面,从中国自身的供给侧改革经验看,始于1978年的改革开放实质上是一次深刻的供给侧结构性改革,它不仅解决了人民的温饱问题,而且伴随人民收入的增加,我国群众已经逐步走向富裕,迈入小康。中国经济连续多年的高速增长,创造了许多震惊世界的"中国奇迹",这些都是以制度创新的方式促进制度的有效供给所带来的产物,对目前国有企业改革和国内产业结构调整具有重要的价值。另一方面,在对欧美发达国家所进行的供给侧结构性改革进行分析之后可以发现,由于不同国家所面临的问题不同、国情不同,它们在国内市场改革、企业改革中所采取的方式也不同,但是在政府改革税收制度、构建良好市场经济环境以及减少政府干预等方面却存在很明显的共性,其中许多的改革措施、经验与我国目前进行的改革也有很多重合之处,所以我们在改革中也必须借鉴这些国家改革的优势之处,以弥补我国经济改革中的不足。

1.必须明确供给侧结构性改革的目标是发展

一直以来,发展始终是中国的根本性问题,供给侧结构性改革的目标也毫无疑问是发展,而且是以市场为主导、以创新驱动力为核心的高效、持续、快速的发展,是从供给端出发通过产业的结构性调整和优化来更好地满足和拉动需求,实现更高水平的供需平衡的发展。供给侧结构性改革强调的是加强对供给端的有效管理以提高供给质量,但这并不意味着轻视或放弃对需求侧的管理,而是要与需求侧改革协同推进,实现供需平衡。例如,德国为解决产能过剩的问题,并不是简单地去产能,而是通过以适度贬值货币来促进出口增长的方式实现对过剩产能的消化。但与德国不同的是,从中国目前的出口状况来看,继续保持高速增长显然是不现实的,而且随着全球贸易分工精细化程度的不断加深和国际贸易环境的深刻变化,依赖货币贬值拉动出口的外贸策略已经难以显现出明显的作用。因此,中国应当通过积极的国际合作创造新的外贸需求,如当前正在稳步推进的"一带一路"倡议。

2.深刻认识制度创新对经济改革发展的作用,统筹推进制度创新

从通过对原有制度进行改革创新来促进经济发展和效率提高的角度来看,中国农村经济改革之所以能够取得成功,是因为从根本上解决了当时制约农村经济发展和效率提高的两个主要问题,即传统的集体经济制度和市场制度。这充分表明,当改革以触及实质性问题与制度创新的方式展开时,受原有体制束缚的生产力将会被迅速解放,生产效率也将随之得到显著的提高和改善。同时,我们也应当清醒地认识到,制度创新对经济改革发展的作用只有通过不同具体制度间的相互配合

才能最大限度地发挥。中国农村经济体制改革的成功正是在农村集体经济制度的创新和农村经济市场化制度的创新这两个方面的相互配合与相互促进下顺利实现的。国有企业改革所建立的现代企业制度中的产权制度虽然具有较高的经济效率,但是要使这一制度充分发挥其制度效用,还需要有其他方面的具体制度与之相配合,这是因为经济活动是一个整体过程。因此,推进经济体制改革不仅要注重制度创新,而且还要注重对制度创新的统筹规划和协同配合等问题,要进行全局性规划,不能"头痛医头,脚痛医脚"。

3.经济改革发展过程中的制度创新必须具有稳定性和延续性

一方面,改革过程中形成的新制度或机制体制必须具有一定的稳定性,人们要理性地面对和容忍改革所带来的阵痛,因为制度红利或政策红利的释放需要一定的时间,很难立竿见影,不能因为短期的挫败而朝令夕改。例如,"里根新政"直到实施后的第四年才开始产生正面的改革效果,此前甚至一度增加了财政赤字,但改革最终带来了长期的繁荣。当前中国供给侧结构性改革将采取的包括减税减负、市场化改革、政府简政放权等措施,常常难以避免地伴随着短期的财政赤字和行业重组,因此要有充分的准备和坚定不移的决心。另一方面,中国农村经济体制改革的成功实践充分证明,农村集体经济制度创新和市场化制度创新是符合中国农村实际的,其对改革所产生的促进作用也是非常显著的。但如何针对新的情况,进一步通过制度创新来实现效益和效率的提高,这就需要我们进一步深化制度改革创新,使效益和效率的提高始终依赖制度因素的推动。因为当一种制度创新所能推动生产力发展的能量被基本释放出来以后,它对发展经济和提高效率的促进作用就会减弱。

4.要充分相信市场的力量,发挥市场在资源配置中的决定性作用

从本质上看,供给侧结构性改革需要处理好政府与市场的关系,使市场在资源配置中起决定性的作用,同时更好地发挥政府的作用。在经济领域,政府应当将自身角色定位为市场规则的建立者、市场秩序的维护者、市场公平的守护者和市场活力的激发者,为企业和市场提供相对稳定的预期,激发企业的积极性与创造性,而不是参与甚至主导市场竞争。

从国内外供给侧结构性改革的实践状况来看,过度的政府干预和财政补贴不仅有可能使国民经济发展出现严重的结构性问题,甚至很可能会进一步加剧产能过剩、资源挤出和经济波动,而利用税收、人力资本投资等"间接"手段,却反而能够弥补市场的不足,帮助企业降低成本、减轻负担,促进企业发展能力的提升和有效供给的增加。在供给侧结构性改革中,扮演主角的绝对不应该是政府和官员,而是企业和企业家,政府应加大简政放权的力度,减少对市场的干预,这不仅能够为企业创造公平、公正和开放的市场竞争环境,而且还能激活企业家精神,提升企业的创造力。

五、外资企业创新机制的经验与启示

1. 创新制度完善

外资企业在国内投资建厂,主要通过资本扩张实现生产本土化,主要依靠管理手段进行生产扩张,核心技术主要依靠总部,在异地投资过程中的技术创新主要是局部创新。例如,大众汽车在改革开放后进入中国,经过几十年的发展,大众在中国的研发中心仍然不具备整车设计能力,国内主要是基于某一车型的技术进行创新,大众朗逸和宝来两个车型的底盘设计主要基于桑塔纳,发动机则是采用大众的现有成套技术,国内技术改造主要是针对车身和外形。尽管大众在中国的技术创新并未涉及整车,但是大众技术创新制度的完善,仍然使中国的汽车设计水平有了较大提高,这也得益于大众技术创新制度的优越性。大众对于图纸管理、材料设计、焊接、工装、采购体系都有严格的技术规范文件,从而使大众在中国几十年的发展中,始终生产优质产品、提供优质服务。

2. 创新流程完整

外资企业在实施技术创新的过程中,高度重视创新流程管理。外资企业深知在中国投资所要面临的问题,尽管在中国招聘了大量技术人员,但是这些技术人员的设计理念、工作思路与外企企业文化及技术管理制度适配度不高,所以外资企业必须通过完整的创新流程规范引导企业的创新活动。德国以工作的严谨性闻名世界,德国在华企业进行技术创新时,其图纸格式、标注要求、技术要求等都采用德国本土标准,国内员工进入德国企业后首先要学习德国技术文件,保证企业通用技术语言的一致性。国内外资分部要发起技术创新项目首先要向外资总部报批,要起草大量的技术创新方案书,经总部批准后再进行具体创新。外企会对图纸、材料、工艺进行流程化的审查,于技术创新项目结束后对样机进行严格的实验测试。对于参与技术创新的每个技术人员,都有严格的责任追查制度,一旦出现问题将进行相应的处罚。虽然外企创新流程多、创新管理严格,但是责任明确的制度无疑更加有利于提升创新团队的整体业务能力。

3. 成果保护力度较大

外企对创新成果的保护力度相比国内企业而言要大很多,这与外企健全的企业管理制度和技术管理制度有关。外企在精细化管理模式下,对企业生产要素的控制能力非常强,国内企业通常只重视图纸、样机、技术人员、材料等,而外企对生产要素中的软件因素更加关注。例如:美国通用汽车公司通过制定企业生产标准控制着旗下上千家配套企业,保障了企业在行业内的领先优势;三星集团则通过大量的国际专利技术,保证其智能手机在国际市场上的份额。外企技术创新成果的保护主要通过专利、商标、标准等方式进行,外资既重视本土的专利申请,又重视国际专利申请,一旦发现有侵权问题,外企就会果断采取法律措施,同时通过媒体造势宣传,一方面震慑侵权者,另一方面增强自身的市场影响力。外企将技术成果提炼成行业标准,提升其在行业内的话语权。例如,在电信行业发展初期,美国、欧洲国家牢牢控制着 2G 通信协议标准,牵制着大量发展中国家。

4. 政策推动产业技术创新

当今大多数国家对技术创新的支持力度都相当大,下面以日本为例来介绍政府政策如何推动技术创新。日本政府一向以使用灵活有力的产业政策干预经济发展著称,其使用大量特定的技术创新政策鼓励、刺激产业技术的发展,其中主要是经济资助政策和组织协调政策。日本的经济资助政策包括财政补贴、税收优惠和贷款优惠三大政策。财政补贴政策是政府直接对技术创新项目进行补贴,补助对象是政府和大学的研究机构、企业重大技术创新项目。企业进行技术研究、应用研究的经费或研究开发所必需的设备费和运转费，其中的一半由政府以补助金的方式提供。税收优惠政策是政府对有关产业技术研究与开发活动减免税收，如早在 20 世纪 80 年代中期，日本政府就分别制定了《促进基础技术开发税制》和《加强中小企业技术基础税制》。贷款优惠政策是政府通过政策性银行，以低于商业银行的利率向企业技术研究活动提供贷款。组织协调政策的实施方式包括委托式、联合式和重点资助式。委托式是指政府委托有关科研机构或企业进行科研开发，其费用由政府拨付。联合式是指政府支持企业就有关重大技术研究与开发项目建立联合开发组织，政府为联合开发组织提供优惠政策和保障服务，并在必要时进行联合开发组织中企业间的协调。重点资助式是指由政府出面，组织有关研究机构和相关企业共同进行重大项目的科研开发，政府提供一定的经费资助，其所涉及的项目大多为与国民经济支柱产业相关的项目或主导产业中的关键技术项目。

第三节　我国先进地区国有企业的改革经验

随着市场经济的不断发展，东南沿海地区在我国国企改革、民营经济发展方面取得了很好的效果。尤其是上海、广东、浙江等省市的地方国有企业改革顺利推进，这些经济发展快、民间资本活跃的地区也成为我国国有企业改革的代表性地区，为其他地区的地方国有企业改革提供了丰富的经验。

一、上海市国有企业发展经验

上海市地理位置优越，市场要素齐全，资源丰沛，上海市国有企业改革始终走在全国的前列，以管资本为重点，管好国有资本布局结构，推动企业国有资产监管迈上新台阶。

一是优化产业布局。上海市出台《关于进一步推动本市国资布局结构优化调整的实施意见》，实现 75％的国资集中在战略性新兴产业等重点领域。

二是升级空间布局。出台《关于进一步加快培育上海国有跨国公司的实施意见》，大力推动国际产能合作，发挥国有资本服务"一带一路"倡议的作用。

三是构筑资本运作平台。推进建设市场化运作的国有资本流动平台，并将此作为实现以管资本为主要要求的重要渠道。以国际集团、国盛集团两家企业为主搭建了国资流动平台，该平台既是部分国有股权的持股主体、国资运营的执行主体，又是部分一般性竞争领域国资退出的主要通道。先后出台《国有资本运营平台投资决策委员会工作规则》等一系列制度规范，建立了规范的决策机制和操作流程，为国有资本有序流动提供了保障。以市场化、专业化、国际化为目标，推动平台公司成为深化国有企业改革的重要载体。

四是最大限度发挥国有资本的作用。上海市国资委出台了《关于推进本市国有企业积极发展混合所有制经济的若干意见（试行）》，目的是推进国有资本的有机融合。2014 年以来，我国 A 股市场中有 63 家上海企业进行融资或注资 3557.94 亿元；在债券市场上，有 60 余家上海企业集团新发行各类债券 24673.91 亿元。多元化的资本在证券市场上融合，为上海国有企业改革提供了充足的资金，资本市场对国有企业改革的引领作用也在逐渐增强。

二、广东省国有企业发展经验

广东省是以制造业和第三产业为主要发展方向的经济强省，走在中国经济改革开放的前列，连续十几年经济总量领先于中国大多数省份，具有完备的食品、纺织、机械、家用电器、汽车、医药、建材、冶金工业体系。广东省推动国有企业改革的要义在于"一企一策"，针对每个企业的特点和发展阶段制定方针，特别是混改，绝不一"混"了之。针对国有企业自身短板，不断加强国有企业科技创新、管理创新和商业模式创新,通过坚持创新发展,促进国有经济提质增效。坚持有进有退、聚焦主业,加快国有资本布局结构优化,重点整合集团下属二、三级企业。紧密结合供给侧结构性改革,按照优化存量、引导增量、主动减量的思路,坚持优胜劣汰,积极优化国有资本布局结构,增强国有经济整体功能和效率。坚持以市场为导向、以企业为主体,通过实施多项创新举措,不断健全现代企业制度。采取市场化手段破题混合所有制改革,搭建国有资产运营平台,通过资产平台来进行投资运营和股权运作,完善多层次资本市场,鼓励企业上市,发展直接融资。坚持营造企业发展的公平环境,积极促进国有资本、集体资本、非公有资本等交叉持股、相互融合,通过坚持平等竞合,务实稳妥地推进混合所有制改革。

三、浙江省国有企业改革经验

浙江省的经济规模在我国暂列第四位,是国内经济强省。市场环境开放,省内涌现出一批优秀的企业。在国有企业改革过程中,浙江省有 6 个国企改革案例入选国资委发布的《地方国企改革 100 例》。

浙江省可谓是我国民营经济发展的先行示范区,民营经济发达,与国企融合程度高,在地方国企混合所有制改革中一直走在全国前列。从实际情况看,浙江省地方国企具有三个特点。一是在改革过程中出现高混合比例,国有企业股权十分多元。二是浙江省国有资产证券化水平较低。三是国有企业的盈利能力不佳。导致这些情况出现的原因是多样的。但是由于浙江省市场环境良好,民营经济十分发达。在上一轮的国企改革中,浙江省即走在国企改革的前列,确定了"宜强则强、宜留则留、宜退则退"的地方国企改革原则,对地方国企的投资主体进行大力的改造,有效促进国有企业混合所有制经济的发展。

从政府政策层面来看,在经过一些市场调研之后,浙江省初步完成国企混合所有制改革的顶层设计,为国企改革的顺利进行奠定了良好的政策环境。例如,2014 年《中共浙江省委浙江省人民政府关于进一步深化国有企业改革的意见》印发,为国有企业混合所有制改革奠定了政策基础。2016 年浙江省在整合原有国企改革文件、政策的基础上，又相继发布了《关于明确省属企业功能定位实施分类监管的意见》《关于推进省属企业职业经理人制度建设的试行意见》等数个有关国企改革的配套政策。通过一系列的政策与措施，浙江省形成了"1＋N"地方国企改革制度框架，建立了完善的国企改革体系。改革核心围绕资产证券化率提升、产业整合、混合所有制改革等多个方面展开。随后 2017 年的浙江省国企改革进入加速阶段，例如被列入国务院国资委《地方国企改革 100 例》中的浙江省物产中大集团改革，即是对成员公司进行全面的混合所有制改革。引入非公有制资本，有效激发了企业内各类资本的能动性、主动性与创造性，激发了各类促进企业发展的要素。在实施混合所有制改革之后，物产中大集团几大股东的持股比例分别为：省国资运营公司持股 33.81％、省交通投资集团持股 20.72％、员工持股 7％、战略投资者持股 6.63％、公众持股 31.84％。随后物产中大集团在我国 A 股上市，通过上市融资又为企业发展带来雄厚的资金，最终实现国有资产的保值增值。相关数据统计显示，2019 年，物产中大集团实现营业收入 3589 亿元，同比增长 19.45％；利润总额 27.3 亿元，同比增长 14.04％；2020 年更是以 519 亿美元的收入进入世界 500 强企业，位列第二百一十名。

引入战略投资者，是浙江省优化国企股权结构、改善经营管理和促进国企向战略性新兴产业转型发展的重要途径。一方面，国企利用战略投资者在资本、技术、管理和创投项目培育方面的经验来提质增效，实现从传统行业向新兴产业的转型和布局；另一方面，在国企中引入战略投资者，这些投资者长期大比例持股，追求的是企业发展所带来的战略效益，因此为了实现自身资产的增长，战略投资者也会积极参与到国企的管理与发展之中，促进企业管理水平的提升。另外，国有企业员工持股，有效激发了员工劳动生产的积极性，对于提升企业管理与运行效率有着重要意义。尤其是通过企业中间管理层持股，能够有效激励他们从个人成长、企业成长以及全局利益出发，去关注企业发展，进而实现个人长期利益和企业长远利益的最大化。

四、相关国家与地区国有企业改革的启示

国有经济的巩固与发展早已无法从企业数量上来衡量,因此,国有资产的规模只能通过国有资产的保值增值来衡量,必须要求国有企业和国有混合所有制企业在确定企业实现重组改革和解决员工就业问题的同时,企业经济效益不断稳步增长,从而实现国有资产的稳步增值。我国一直坚持"建立中央政府和地方政府分别代表国家履行出资人职责,享有所有者权益,权利、义务和责任相统一,管资产和管人、管事相结合的国有资产管理体制"。国有企业在改革中要实现根本所有权问题和管理权问题的解决,实现国有资产的严格监督管理,就要对国有企业改革的时间和空间进行深层定位,使国有企业在改革发展过程中更加贴近改革的实际。

五、建立健全相关的法律法规,完善我国国有资产管理制度

社会主义市场经济本质上是法治经济。发挥市场在资源配置中的决定性作用及政府的宏观调控作用,必须以保护产权、维护契约、统一市场、平等交换、公平竞争、有效监管为基本导向,完善社会主义市场经济法律制度。健全以公平为核心原则的产权保护制度,加强对各种所有制经济组织和自然人财产权的保护,清理有违公平的法律法规条款。国家保护企业法人依法自主经营、自负盈亏,企业有权拒绝任何组织和个人无法律依据的要求。不健全的法律规定会导致国有企业在改革过程中资产流失严重,巨贪巨腐现象层出不穷,由此引发一系列社会问题。只有建立健全相关的法律法规,才能规避不必要的社会问题,为我国经济的繁荣做出更大贡献。

六、加强对国有资产的监督管理力度

国有企业改革过程中,不可避免地会对国有资产进行融合与重组,在融合和重组过程中,必须加强财务管理方面和资产管理方面的监管力度,强化管理能力,尽量避免国有资产的无形流失,保护好我国国有资产。在探索我国国有企业混合资产发展的过程中,要分清国有资产与私人资产,杜绝相关企业改革负责人自卖自买现象,更应该杜绝暗箱操作现象。上市公司产权和股权转移方面,应严格实行审计制度,实现强有力的财务和资产转移管理,一旦发现相关负责人以权谋私,必须严格依据相关法律规定进行查处,绝对不能姑息。通过建立包括资金监督、预算管理、利润分配等相关的财务管理制度降低财务风险。通过部门或上下级之间的相互干预和制约来最大限度地减少各种因素引起的风险,以防可能给国有企业资产带来的一切损失,为国有企业改革扫清路障,促进国有企业改革健康快速稳步发展。

1.实现我国国有企业法制化改革,规范市场运作体系

借鉴国际国有企业改革成功经验,我国国有企业应根据实际发展情况,以法律方式实现国有企业从根本制度上的改革。法不容情,运用法律手段消除国有企业领导阶层传统思维中的关系思想,落实企业的人力资源、财务资源、市场资源等方面的法制化管理。这种改革,是从企业内部制度方面实现的根本性改革,以法律程序来约束企业的发展,运用法律手段来规范企业领导者的日常工作行为,领导者虽然在工作中处于重要地位,但是不能出现权重压人的工作局面,因此需要限制企业内部管理阶层的权力行为。

现阶段,我国法律体系不健全、相关法律体系的建立工作存在严重滞后的问题,导致国有企业改革中产生了一系列亟须解决的问题。国资委在 2004 年对 21 个省市的国有企业改革进行监督性调查,发现有很多改革不自觉和改革不彻底的国有企业,这些不合乎要求的改革主要表现在:不少国有企业管理层在实施收购的过程中存在自卖自买、暗箱操作的现象;一些企业以产权和实物作为投资的信用贷款抵押,以促

使收购风险和经营风险被直接转嫁到金融机构和所收购的企业上；有的国有企业巧立名目，损害投资者和企业内部员工的合法权益，导致社会不安定因素频频产生。与此同时，国有企业在产权转让过程中也存在不少问题：有的国有企业的产权转让是秘密进行的，公开程度低，且市场交易率非常低，更有甚者，根本不进行公开的市场交易；有的国有企业财务管理执行不严格，财务漏账、死账问题层出不穷，审计力度和审计监督管理能力不强，从而出现了一人腐败、一群人跟着腐败的社会性问题。

上述这一系列不正当现象导致国有资产严重流失，国有企业生产发展不适应现代社会市场经济对企业的具体要求。在激烈的经济全球化竞争中，我国国有企业处于劣势地位，甚至有可能被市场竞争者淘汰出局。我国加入世界贸易组织以后，国有企业在竞争中处于更加劣势的地位。有些资源开发型和战略型国有企业，在发展和竞争中仍依靠国家的直接性财政补贴，而倒贴性的发展行为不利于国有企业的健康积极发展。国有企业改革几十年中，改革进程缓慢，改革步伐让人担忧。这种担忧，不仅仅是对企业发展单方面的担忧，而且是对管理制度和所有制方式方面的多方面的担忧。

2.政企分开，建立现代国有企业管理制度

国有企业建立的主要作用是促进我国经济的发展，完善我国经济所有制制度，有效解决就业问题，改善我国国民生活条件，缩短我国城乡差距，强化社会经济发展机能。国有企业改革应该致力于上述问题的解决，为我国经济的长期繁荣发展贡献力量。从国有企业发展的实际来看，国有企业改革首先要减去国有企业的政策性负担，这是国有企业改革中首先要解决的主要问题，否则国有企业无法从根本上实现整体性的改革。其次需要解决的问题是实现国有企业所有权和经营权的分离，也就是说，政企两方面应该分开管理，产权明晰，不能以政治思路来解决国有企业的经济问题，企业在经济方面应该独立起来，积极地发展。

就国际国有企业改革状况而言，当前其发展的主要趋势表现在政府独资的国有企业数量日益减少，官民混资形式的国有企业日益增多。这种改革形式有利于监督和管理国有企业，优化国有企业内部管理阶层,强化企业发展机制。这种官民混资共同发展的新型改革模式得到迅速发展,不仅能够发挥国有经济应有的职能,强化国有企业在市场经济发展中的控制能力,而且能够实现多元经济的迅速形成与不断发展,实现国有经济经营机制的快速转变,不至于出现我国这样几十年来国有企业改革缓慢前行的发展局面。

我国应借鉴国际经验,实现国有企业改革的快速发展,其中应包括两个方面的内容:一是实现国有企业的竞争性和公司化改革;二是将国有企业作为国家宏观调控手段来实现改革。这两个方面缺一不可,都是我国经济体制下国有企业改革的重要内容。如果能够实现这两方面内容的相互调节与共同发展,必然能够促进国内外市场经济发展的一致性的实现。

3. 对国有企业实行股份制改造

无论是中方还是西方,国有企业在发展中存在的问题普遍表现为政府的干预、僵化的管理体制、严重的官僚主义、经营效益低下等。我国国有企业经历了一个漫长的改革历程,改革力度不强。借鉴国际上成功的国有企业改革经验,结合我国具体国情,我国国有企业改革应该从根本上实现股份制改造,主要措施为:保证基础产业、国家安全等领域的国有企业的主导地位,同时保证国家支柱产业中国有企业的主导地位,以便有效地防止国外企业对我国国有企业的渗透,进而保证我国国防、经济、社会治安等方面的安全;在改革中,也要吸取如俄罗斯石油公司等改革失败的惨痛教训,对于竞争激烈且不存在安全隐患的国有企业,可以实现官民混资和私有化、股份制的试点改革,如果成功实现,可以不断扩展推广,形成迅速发展的改革新态势。

已成功实现改革发展的国有企业,应不断优化自身产业结构,加强企业内部环境管理,注重创新技术和科学人才方面的培养,实行绩效考核制度,实现企业内部员工的优胜劣汰,用绩效激励的方式推动员工敢于创新、努力创新,建立一种全新的独具现代化气息的先进企业文化,促进自身不断优化发展。

独立经营的国有企业虽然在经营过程中不能离开国家政策的监督与管理,但是可以建立自己的经营模式,自负盈亏,实现独立自由的经营管理,不受政府的强制干预,增强市场竞争实力。在具体实施中,建立完全自由的国有企业新模式,进行试点改革,成功后逐步推广,实现国有企业全领域的科学性改革;沿用市场经济淘汰机制,有效合并没有经济竞争实力的中小型国有企业,促进大中型国有企业的整体调整与改革;取消一些国有企业的政治化管理制度,改善国有企业的内部管理环境,为企业发展指明方向。

4.完善社会主义市场经济体制,创建有利于发展的外部环境

通过借鉴国际国有企业改革成功经验,我们不难看出,要实现国有企业的成功改革,必须建立健全市场竞争机制,为国有企业打造与民营企业一样的竞争环境,以促进国有企业的不断改革,增强国有企业自身的竞争实力。在没有任何压力和凶险的环境下生存的企业,必然没有足够的抗风险能力,长此以往,必然导致这类一直在保护下生存的企业毫无抵抗能力,从而在竞争的潮流中被淘汰。

在国有企业改革的历史潮流中,世界各国主要应用的方法包括:改善国有企业的竞争环境,引导国有企业在竞争洪流中不断增强自己的竞争实力,分割原有的垄断企业,对国有企业实行商业化改良,等等。如此,积累了不少成功的案例和经验。我国电信行业的成功改革就说明这类改革方式是成功的,应该不断推广拓展到其他行业中去。当然,借鉴经验实现改革发展的同时也要辩证地对待一些改革中存在的问题,辩证地调整好改革方向,实现我国国有企业的科学化、持续化发展。

5.妥善处理好国有企业改革中的社会性问题

在国有企业改革中,如何实现"大规模私有化"的软着陆,关系到我们国家的社会矛盾问题。就我国实行国有企业改革几十年的进程来看,我国国有企业改革发展不尽如人意,而且问题的严重性越来越凸显。

首先,国有企业在私有化过程中管理方式和处理方法有失偏颇,导致失业人数不断增加,引发了一系列影响社会安定的问题。在新企业建立或优化发展的过程中,企业往往裁减原有员工以增强企业的内部竞争实力,这就会给社会造成就业压力,引发社会问题。

其次,国有企业私有化后会导致社会福利方式的改变,导致一些企业员工利益受损。一些提供基础设施和服务的国有企业在私有化以前一般以较为低廉的价格向广大社会工作者提供产品和服务,这类国有

企业私有化发展后,改变了原有的福利性质,使群众利益方面受到冲击,从而引发了一些难以解决的公众性问题。

最后,一些国有企业在改革过程中出现了政企层面相互勾结、部分企业领导者私自吞并国家公共财产的问题,从而给国家及人民群众的财产造成极大的危害。有鉴于此,我国在进行国有企业改革时,必须兼顾可能出现的社会性问题,实现合理的、科学的国有企业改革。就国外国有企业改革进程来看,不少国家政府都非常注重国有企业改革后的善后处理工作。做好国有企业改革发展的善后处理工作,有助于推进国有企业的健康发展,使国有企业改革不至于偏离实际轨道,而且有助于引导国有企业从核心发展观念和核心竞争方式入手,日臻成熟地实现其核心竞争力的提升。因此,实现改革前,应该优先考虑可能出现的社会问题,提前准备好善后处理方案,安排好应对的解决措施。例如,国有企业启动改革后,优先安排好员工的就业问题,在竞争机制相对成熟后,实现优胜劣汰,以不断优化企业内部管理,增强企业员工竞争意识,提高企业员工的从业素质,进而全方位地推进国有企业改革。

第五章

新时代国有企业深化改革的新路径

第一节　国有企业体制与机制改革

一、借助国有企业重组优化产业结构

1.优化国有企业产业结构

十八届三中全会以后,全面深化改革成为时代的主题。经济体制改革是全面深化改革的关键领域,国有企业改革又是经济体制改革的重要环节,因此积极发展混合所有制经济,是我国深化国有企业改革的重要途径之一,也是深化国有企业改革的基本方向。发展混合所有制经济,不仅有利于我国国有经济布局的整体调整,还有利于推动国有企业向真正关系国家安全和国民经济命脉的关键行业和重要领域发展。

首先,要改变地区垄断经济行为,促进各区域国有企业和民营企业共同发展,消除区域贸易壁垒,强化区域经济的合作与资源优势的互补,促进各区域共同发展。消除区域之间的贸易界限,要根据企业之间的相互需求和内在关联,从地域和空间方面实现国有企业之间的跨越式重组,从学习、研究、生产、实践等多个环节链条式实现新目标,在这些环节互相协作发展,实现产学研的有机组合与循环发展。在商品结构方面,加快培养一批具有自主知识产权和核心竞争实力的优势知名品牌企业,同时,还应该不断强化企业内部的财务管理和审计监督管理,不断净化品牌企业的发展环境。

其次,融合不同层次的资本,激活国有企业的发展新途径,多方促进以产权为发展纽带的大型国有企业集团化,是增强国有企业国内国际竞争实力的关键。鼓励国有企业和国有企业及民营企业之间,根据产业和资本的关联性进行股权置换和交叉持股。国有企业特别是部分央企,通过与民营企业置换股权、交叉持股,实现人力资源、财务和管理方面的联合发展,互通有无,从而增强自身的竞争实力。另外,国有企业自身建设与重组是企业改革的关键,应从企业内部核心问题入手,建立核心发展机构,强化内部核心竞争实力。推动开放性市场化重组整合,重点引进央企、大型民企、国内外其他优势企业参与重组,国有资本投资项目鼓励非公有资本参股,国有企业也可与民营企业合资合作。借鉴我国世界著名品牌企业如海尔、长化等的企业管理、人才培养和企业文化建设等各方面,树立企业自身的良好形象,提高企业自身的信誉度,为企业发展奠定强有力的基础。国有企业改革应在产权方面实现优化调整,优化控股权和管理方式,使国有企业各部门相互管理、相互监督,从而强化竞争力度,达到强强联合和强弱联合,不断培育出实力雄厚、竞争能力强大的新型国有企业。

2.实现国有经济格局的战略调整

十八届三中全会以后,发展混合所有制经济成为国有企业的主要发展方向,国有企业的产权结构向着多元化方向发展。随着证券化、股权化的进一步推进,国有企业产权也会出现频繁流转的现象,国有企业的风险投资、股权投资等情况也会逐渐增多。随着国有企业跨区域投资的增加,涉及国有企业产权的问题也随之增多。从历史上看,产权的性质和市场需求的变化决定了产权交易的方式需要不断发生变化,产权随着商品交易的不断发展而变化,产权跟商品一样具有流动性和可交易性,其流动性和可交易性决定了产权有可能被掌握在能够使其发挥最大效用的法人或自然人手中。在现阶段,随着社会主义市场经济的不断完善和繁荣发展,国有企业产权在时间、空间和所处行业的变化导致交易格局不断扩大,因此对交易场所的需求也变得越来越强烈。然而,我国国有企业产权交易市场并不完善,当下还存在不少暗箱操作的不良现象,有待进一步规范和完善。在产权交易场所建设方面,建设方和承建方在经营过程中可能存在严重违规现象,导致自卖自买现象严重,权钱交易活动层出不穷,从而引发腐败和恶性竞争。这样一方面不仅损害了国家的经济利益,导致国有资产流失严重,另一方面还不利于国有经济的健康改革发展,给国有经济的发展埋下了无穷的隐患。总之,应该着眼于未来的国有经济发展格局,建设产权交易场所,以国家强有力的行政手段和法律手段来规范产权交易,强调质量优先和制度规范,只有这样,才能实现国有企业在产权交易方面健康发展,才能遏制国有资产的无形流失,才能从根本上杜绝腐败问题的产生,才能为国有企业的改革铺平发展道路。

二、政策引导,实现多元化发展

随着经济体制的不断演进,当前,政府的角色主要是服务者,具体而言是在宏观经济调控、市场环境维护、社会公共管理等市场缺失的方面提供服务。对政府而言,必须明确好政府和市场的职责,规范行政部门和企业的关系,将所有权和经营权分开,才能有效推进国有企业改革。就我国国有企业而言,可以从三方面着手。一是要推动政企脱钩及资产整合,加快对这些部门的政企分设,完善体制机制,使其能够适应目前市场经济的发展要求。二是要分类推进各政府行政部门所属企业政企分开、事企分开,理顺国有企业出资人关系。三是要分步推进国企人员聘任与行政指派脱钩。21世纪后,地方政府为发展地方经济,设立了不少开发区,这种管委会模式的开发区,承担了区域社会管理和公共服务职能,既管了其他的企业又有自己的开发主体。为此,地方政府必须根据市场经济规律,规范政府部门与企业的关系,以此明确政府和市场的职能。

国家的宏观调控,对企业的发展特别是国有企业的改革与发展具有十分重要的推动作用。产权制度改革并没有改变国有资产的所有者,只是改变了所有权的实现形式。因此,针对改革前国有资产管理经营中出现的"干好了得不到相应的好处,干坏了不负责任"的不合理发展状况,应该进行改革重组。产权所有者在经济发展活动中不担风险,同时也没有积极的激励政策,导致产权所有者无心经营,很大程度上安于现状,不努力进取,不积极探索发展途径,自然给国有企业的发展带来极大的不利因素,从而导致经营效益低下,竞争实力薄弱。要实现国有企业产权制度的科学化改革,必须从以下几个方面着手。

1. 政府宏观调控职能与国有资产管理职能分开

职能分开即政企分开。分开这两种职能,可以使企业经营者和管理阶层享有与政府共同管理企业的平等权利,在市场竞争方面得到公平、公正的待遇,从自身发展出发,不断增强市场竞争实力。国有企业在平等的管理环境和竞争环境中不断强化自身的综合能力,刺激国有企业管理者励精图治,不断升级企业竞争实力,在激烈的市场竞争中争得生存发展的一席之地。

2.对国有资产实行有效的监督和评价

建立权威的国有资产管理机构,对国有资产运营能做出最终的、负责的有效评价,并监督国有资产的运营状况。现阶段政府所设立的国有资产管理局虽然在形式上具备监督管理的职能,但从某种意义上来说形同虚设,真正做到监督管理的寥寥无几。因此,就现阶段国有企业发展状况而言,应强烈要求国有资产管理局实现制度化和法律化监督管理,层层监督审核,严格按照法律准绳办事,为国家经济的建设做出应有的贡献,从而进一步杜绝国有资产因权钱交易和腐败行为而流失。

3.培养国有企业经营者的责任心,增强其社会责任感

权利和责任同在,效益越高,需要承担的责任也就越大,两者在国有企业经济发展过程中缺一不可。对国有企业经营者而言,企业的发展是经营者生命长度和人生价值的延续,经营者的责任感直接关乎企业发展的长远大计。国有企业改革后放权让权和转变经营模式给予企业经营者更多施展管理才华的自由空间,在经营者素质能力建设方面,要求不断培养更高境界的企业责任者——他们在实现自身素质能力提升的同时,也在不断提升国有企业整体管理层的素质,建立强有力的、具有竞争核心实力的企业管理团队,强化企业竞争核心精神,丰富企业文化,推动企业多样化发展。

4.以质取胜

现阶段,市场竞争无外乎是产品质量和营销能力两方面的竞争,要实现国有资产不断稳定增值,在强大的世界市场竞争机制中,就必须拥有竞争的制胜法宝。只有国强,我国国际地位才能不断提升,才能在各种凶险的世界市场竞争中保境安民,实现走和平发展和强国崛起之路。要实现强国的发展目标,就必须审时度势地发展经济,优化国有企业经济发展方式,从"世界工厂"转变成"世界高质量产品生产和销售市场",努力开发本国核心竞争技术,下大功夫、下大力气建设各种产品研发机构,实施科研强国、知识兴国的发展战略。同时,在产品销路方面,破除

世界贸易壁垒,在世界品牌行列中不断以质取胜,实现由"中国制造"到"中国创造"的改变。

三、以制度改革推动技术创新

首先,薪酬制度创新。国有企业薪酬制度设计相对于国内其他企业来说更加合理,但是国有企业要彻底激活技术创新人员的工作积极性和创造性,必须进一步完善薪酬制度。其一要平衡创新团队的薪酬落差。专家和普通技术人员的薪酬落差通常在十几倍,首席专家甚至还持有企业股份,享受企业特殊津贴,而普通技术人员只享受普通工资待遇。尽管技术水平的高低决定了工资的多少,但是较大的薪酬落差必定会使普通技术人员产生敌视情绪,不同技术人员之间存在薪酬落差会导致他们在工作中互相推脱。在解决方法上,可以实行基本工资和项目奖金相结合的模式:基本工资方面,普通员工和专家按照工龄、技术职务进行薪酬划分;项目奖金方面,则按照实际分工的工作量进行划分。这样年轻技术人员的薪酬就不受封顶限制,表现优异、工作努力的普通技术人员同样可以获取高工资。首席专家的薪酬不纳入项目奖金,按照企业高级管理人员的标准实行年薪制。其二要增强创新方案的奖励力度。普通员工虽然工作资历浅,但是对社会新技术、新事物的接受能力较强,他们的很多新思维通常被埋没。企业可以制定专项奖励基金,鼓励年轻技术人员大胆提出创新技术方案,对于被采纳的方案给予适当奖励。

其次,晋升制度创新。不想当将军的士兵不是好士兵。技术创新领域内同样存在晋升需求,而国有大型企业当前的晋升体系并未从企业人事管理制度中独立出来,这导致大批年轻员工被压制,甚至造成有一定技术水平的技术人员跳槽。国有大型企业晋升制度创新改革既是技术梯队建设的需要,也是国家人才发展战略的要求。要进行晋升制度改革,其一要对员工职业发展进行规划设计。每个员工的自身条件不同,从事的具体技术工作不同,技术创新活动需要的人才结构也不同,要想充分调动相关人员的积极性,必须对每个参与人员进行系列化的职业规划设计。可以对创新团队个体发展方向进行技术系列、行政系列的划分。技术系列的晋升条件要完全以企业自身现状为依据,不能以工作年限、科研经历为名目设置障碍,企业要按照岗位工作要求设置不同层次的岗位技术职务,如果年轻技术人员表现突出,可以从助理岗位直接调整成中级岗位,每个岗位之间的调整应以当前参与创新活动的贡献和表现为依据。其二要建立明确的奖罚制度,有晋升降职机制就要有奖罚制度,否则就失去公平的衡量标准。奖励要以奖金奖励为主,将奖励细化,增加奖励种类;而处罚亦要分类,要以明确的责任分工为依据。

最后,管理制度创新。国有大型企业必然要进行管理制度创新,管理制度创新应该从技术管理制度、人事管理制度和财务管理制度等方面改革。在技术管理制度方面,要完善技术创新流程管理,将技术创新方案调研、方案论证、可行性分析、技术经济分析、技术创新文献档案管理、技术创新成果管理等纳入流程管理体系,技术创新流程管理的核心是技术创新基本管理制度,在制度建设基础上努力开发智能流程监控系统,使技术创新流程管理实现自动化监管,所有参与人员都通过系统进行流程审批,这样既能监督创新流程进度,也能避免人为因素对技术创新内容的干涉。在人事管理制度方面,要实行技术创新人员弹性管理制度,对其工作时间无须进行呆板限制,创新团队成员如需进行培训学习,可为其保留人事档案,进行委托培养,而在非本企业的技术创新人员加入创新团队后,要为其解决工资、社保、家属安顿等后顾之忧。在财务管理制度方面,要充分考虑技术创新的特殊财务状况。技术创新项目主要依靠科研经费进行,科研经费的运用主要在于工资、原材料、调研费用、学习费用等方面,为调动科研人员的积极性,对于个人申请的科研经费,国有企业要对其进行配额奖励;对于公共科研项目,要为创新团队配备专业财务人员,或者在财务部门为其开设独立的科研账户,便于科研经费的科学化专业化管理。

第二节 完善法人治理结构

混合所有制改革表面上看是股权问题,其深层次的意义应是公司治理的转变,即通过股权多元化,建立规范、有效的董事会和经理人制度,从而使资本、人才、技术等资源有效发挥作用。从具体实现方式上看,应当从董事会、经理人和激励机制三方面建立完整的公司治理结构。

一、落实董事会权力

完善国有企业现代企业治理制度,是国有企业人力资源供给的关键一环。虽然国有企业改革的进程一直在稳步推进,但是国有企业领导者管理体制和现代企业治理制度建设却相对滞后,到目前为止,不少国有企业仍然沿袭着混改之前的国有企业管理体制,领导人由政府统一选派任命。但是随着国有企业混合所有制改革的深入,企业产权主体逐渐多元化,国有企业的市场主体地位也更加丰富,这也就决定了企业领导层的职能发生了很大的改变,国有企业领导层的管理体制也就势必要做出相应的改变,来适应人力资源的供给侧改革。

国有企业人力资源供给侧改革的重点是推进董事会的建设。必须树立董事会的权威,充分落实董事会的高级管理人员选聘权、考核权以及薪酬管理权,促使管理人员对董事会负责,对企业的效益负责。要建立权责对等、有效制衡的决策执行监督机制,规范董事长、总经理的行权行为,充分发挥党组织的政治核心作用、董事会的决策作用、监事会的监督作用、经理层的经营管理作用,规范公司治理结构。要切实维护董事会依法行使重大决策制定、选人用人、薪酬分配等的权力,不受任何机关、团体和个人的干预。加强董事会内部的制衡约束,国有独资、全资公司的董事会和监事会均应设立职工代表,董事会外部董事应占多数,落实一人一票表决制度,董事要对董事会决议承担责任。要完善对董事的考核考评机制,建立问责机制,规范董事行为,防范不正当经营行为。国资管理部门可以通过考核免除失职董事的职务,并向社会公示。国资管理部门作为积极的股东,监管方式应从事前审批向事中和事后监管转变。通过建立追责机制强化董事的责任,避免董事职务成为少数人的福利,防止董事会沦为"橡皮图章"。

目前,央企层面,新兴际华、中国建材、中国联通等企业已经完成集团层面的混合所有制改革,落实董事会选聘工作,下一步将进一步推广到上述公司的子公司。董事会权力的逐步落实,法人结构的逐渐完善,打破了原有的体制机制障碍,从而推动国有企业人力资源的供给侧改革。

二、打造职业经理人队伍

实现经理层的市场化选聘是完善国有企业现代企业治理的又一重要举措。建立市场化、职业化的经理人队伍,不仅能够有效满足国有企业的人力资源供给,也能带动企业经营效益提升。在打造经理人队伍的过程中,要改变过往由政府直接进行行政指派的情况,通过市场建立职业化的经理人队伍。一方面,可以拓宽职业经理人的选择渠道,建立市场化职业经理人选聘制度,通过多种方式积极引进;另一方面,打通经营管理者的身份转换通道,取消过去僵硬的行政考核制度,通过与职业经理人签订用人合同,明确双方的权利、责任和义务,全面建立契约关系。力争借助国有企业混改的"东风"培养一批、吸引一批、启用一批卓越的职业经理人。此外,仍然要按《公司法》的规定由董事会任用国有企业总经理,实现对经理人的双向选择。通过市场规范经理人的经营行为,让市场对经理人及其经营行为做出客观评价,实现对经理人的优胜劣汰。建立和完善经理人考核评价体系,建立全国性的职业经理人人才信息系统,促进职业经理人市场的建设和发展。

三、创新人才激励机制

薪酬激励是国有企业混改的动力机制,创新人才激励机制不仅能够有效提高员工的积极性,也能为人力资源的供给提供动力支持。其一,分配收入制度是由基本经济制度决定的,我国国有企业的薪酬分配制度必须与社会主义市场经济制度相对应。其二,企业要建立与劳动力市场相适应、与企业经济效益和劳动生产率相关联的薪酬机制。其三,作为企业的法定权利,企业内部收入分配机制既要符合企业的实际情况,又要体现国有企业的自身特点,兼顾公平与效率。

应针对企业员工,推进全员绩效考核,结合岗位特点建立不同的考核机制,合理评价不同岗位员工的贡献,切实做到奖惩分明,充分调动广大员工的积极性。针对国有企业领导人,要根据不同国有企业的功能性质实行与选任方式相匹配、与经营业绩相挂钩的差异化薪酬分配办法。针对市场化选聘的职业经理人,应实行与市场接轨的薪酬机制。分类考核,通过多种途径、采取多种方式探索企业的中长期激励机制。

另外,应利用国有企业混改这一契机,借鉴民营企业的先进经验,制定差异化人才激励机制。健全国有企业管理层人才中长期激励措施,推进员工持股试点。在规范股权激励的同时,也要保证入股方式的灵活性。例如,对创新型、技术型企业,可允许技术成果入股,扩大非货币入股的范围,吸引一批有特色、有活力的民营企业参与到国有企业混改中来,实现优势互补。在推进混合所有制企业员工持股的改革中,一定要确定持股的范围,切勿粗暴全员持股、平均持股。所有持股要向关键岗位的管理者、掌握核心技术的科技骨干倾斜,适当提高高管持股比例,设置员工持股份额限制,这样才能在保障对国有资本的控制力的同时有效发挥激励作用,真正做到在推行员工持股的过程中既能保证国有资产的保值增值,又能确保企业员工共享改革发展成果。作为垄断性国有企业混改的先行者,中国联通在其混改方案中纳入了股权激励计划,明确提及向核心员工授予 8.48 亿股限制性股票,价格为每股

3.79元。

第三节　深化内部改革

一、完善人才驱动的创新政策体系

创新驱动的根本在于人才驱动,因此,要想推动创新,就必须充实创新人才队伍,发挥人才的创造力和聪明才智。第一,研究制定精准完善的人才培养计划。目前在我国,高校是人才培养的主力军,但是必须认识到,高校目前普遍存在官僚主义等问题,因此,在人才培养方面,有必要对高校的培养模式进行改革,通过改革高校的人才培养模式,培养出更多的人才。如今高校在人才培养上,还存在注重理论培养、忽略实践培养的问题,因此要在今后的人才培养上,注重实践检验,将理论培养和实践培养结合起来。近期的一些学术不端事件集中暴露了高校在人才考核方面存在的问题,因此,高校要加强对人才的考核,严厉打击学术不端行为,确保人才的培养行之有效。此外,要注重平衡各地区人才。在我国西部等偏远地区,很多在外地求学的人才毕业后,都会选择留在当地,这就导致这些偏远地区的人才储备越来越少。针对这种区域人才的不均衡问题,政府应该积极作为,通过政策补贴等方式,吸引人才去往人才匮乏的地区,为当地的经济发展出谋划策。

第二,创新人才创业机制和激励机制。首先要建立新的创新创业机制,这一机制必须以企业为主体,以技术创新为宗旨。在美国这样的发达国家中,有80%的优秀创新人才分布在各个企业之中,而在我国,这一比例只有55%。这55%的比例中,大部分都集中在大型企业,中小型企业只占有19.4%的比例。这说明在企业的创新人才分布方面也存在不均衡现象。这就要求我们必须建立创新创业机制,并且必须以企业为主体。通过这一机制,鼓励广大的创新人才向企业流动,培育出行业的技术领军人物。此外,我国很多高校毕业生毕业后,都会选择进入事业单位、做公务员,在这一方面,要注重引导广大高校毕业生积极选择企业,不能为了求安稳而浪费了自己的创新才能。其次,要建立激励机制。要对积极创新并且有显著创新成果的予以一定的物质激励,以此激励创新。例如,在一些科技企业中,可以通过技术入股的方式,为技术人员提供股权激励,这样一来,可以有效调动科研人员的科研热情,也会加深科研人员与企业的感情,促使科研人员更加积极地从事科技创新。

第三,在经济发展中,要注重从文化、社会环境等多个维度倡导创新,在整个社会上形成一种创新的氛围,为创新制造良好的社会条件。优化创新人才的成长发展环境至关重要,只有良好的成长发展环境,才能够培育人才,也只有良好的成长发展环境,才能够吸引人才和发展人才。首先,加大创新资金的投入。要想推进人才聚集,吸引到更多的人才,稳定的资金投入必不可少。毕竟,对于个体而言,追求经济效益是其工作的主要动力之一,因此,要注重资金的投入,通过大量资金的投入,吸引更多的人才,进而促进创新发展。对于政府而言,针对一些具有科技创新性质的项目,要为之提供良好的融资渠道,帮助其充实资金;对于在科技创新方面做出突出贡献的人才,要给予相应的资金奖励,一方面可以奖励做出贡献的科技创新人才,另一方面也可以在社会上形成创新的良好风尚。其次,完善人才教育培训体系。从当前国内教育来看,高校教育存在和企业需求脱节的问题。因此,在人才教育培训体系方面,高校可以和企业加强联合,针对企业所需进行人才培养。一方面可以实现人才的针对性培养,培养出更多社会需要的人才;另一方面,也可以为高校学子就业提供更好的选择,实现高校和企业的双赢。对于企业而言,对已有的人才也应制定完善的教育培训体系,通过企业内部的培训,让人才更加贴合企业要求,更加适应市场需求。最后,树立创新创业典型,营造鼓励探索、包容失败的创新氛围。树立创新榜样,能够引起其他主体的效仿学习,进而推动整个社会的创新发展。例如,正是华为对创新的重视,使得华为在手机市场一直独领风骚,甚至在和美国的苹果手机的竞争中也不落下风。华为这种创新的典范,在整个社会上起到了榜样作用,也间接推动了其他手机企业的快速发展。在鼓励创新的同时,我们也应该注重包容创新失败,对于勇于创新的企业和个体,如果他们创新失败了,我们不应该冷嘲热讽,而是应该予以鼓励,这样才能够在社会上营造出注重创新、愿意创新的氛围。

二、强化技术创新要素

技术要素是促进经济发展的主要动力之一。技术要素的创新,会有效刺激需求,而需求的增加,又会反过来要求技术要素进一步创新,这样一来,就会形成一个良性的循环。从我国当前的经济实践来看,我国的企业在技术要素创新方面还存在诸多不足,这就导致技术要素欠缺,制约了我国经济的发展速度。

1.因地制宜,合理配置技术要素

由于我国地域宽广,并且各区域经济发展水平呈现出明显的差异化,因此在技术要素的配置上,也有一定的差异性,这正与马克思主义所倡导的具体问题具体分析契合。在我国国家大政方针的基础上,各个地区可以根据自己的发展现状,有针对性地对技术要素进行配置。此外,不同的企业之间也具有差异性,也可以根据各自不同的发展水平,进行技术要素的配置。

2.大力发展新兴产业

在我国经济进入新常态后,经济增速放缓,通过新兴产业实现我国经济的再次快速增长,是当下我国经济发展中面临的主要议题。在新兴产业的发展方面,我国应该充分认识到人工智能等新兴产业的发展趋势和发展前景,加强在新兴产业方面的布局和引导。美国作为全球技术的领先者,对人工智能技术予以高度重视,美国白宫科技政策办公室主导发布了《为人工智能的未来做好准备》《国家人工智能研究和发展战略计划》《人工智能、自动化与经济报告》三份报告。美国政府于2018 年 5 月成立了"人工智能特别委员会",从国家战略层面调动联邦和各地资源,进行人工智能研究。而在我国,人工智能技术也一直是政府高度重视的领域。2017 年 7 月 20 日,国务院发布《新一代人工智能发展规划》，提出到 2030 年，人工智能产业竞争力要达到世界领先水平。党的十九大报告中也着重强调"推动互联网、大数据、人工智能和实体经济深度融合"。中共中央政治局在 2018 年 10 月 31 日就人工智能发展现状和趋势举行第九次集体学习。这充分证明了我国对人工智能研究的重视。此外，在新能源汽车、新材料等领域，我国也在加强布局，寻找新的经济增长动力。

3.加大企业科技投入，增强创新动力

作为市场经济的主体，企业的创新能力会对整体经济的创新能力产生直接的影响，因此，企业要注重创新，才能够推动整体经济的创新发展。但是从我国目前的经济实践来看，由于我国国有企业在中低端领域占据主要位置，而在高端领域的发展则乏善可陈，与之相对应，我国国有企业对于创新的重要性存在认识不到位、落实不积极等问题。首先，企业要充分认识到创新对于企业发展的重要性。在当今社会，人们对产品和服务的要求越来越高，同时呈现出多元化的特质，在这种情况下，如果企业不积极主动进行创新，那么很容易在市场竞争中败下阵来，可以说，企业进行创新，其实就是在寻求自身的发展。其次，在创新的过程中，企业必须坚持品质至上的原则，不能只搞表面形式，而忘了创新的根本目的是提升产品的质量和服务的水平。只有坚持质量至上的创新，才能够支撑企业的发展；忽略了产品的创新，只是在形式上做改变，对于企业的发展只有坏处，没有好处。最后，在创新的过程中，企业也要注意对自身知识产权的保护。虽然我国目前对知识产权的保护越来越重视，但是一些政策的出台和具体执行，仍然具有一定的滞后性，这就要求企业在创新的同时，必须有产权保护的意识，对于自身的创新成果，要通过合法的渠道予以保护。

三、优化内部管理创新环境

第一，技术部门垂直管理。技术部门垂直管理并不是指由技术副总直接负责技术部门，而是由企业最高领导层管理技术部门。尽管企业高层缺乏专业的技术知识，但是通过垂直管理，技术部门可以更快将关键技术的创新思路反馈到高层,简化创新项目的审批流程,同时避免技术部门内部论资排辈。国有大型企业在垂直管理模式下,首先要对技术部门进行职能划分,可以按照创新项目进行创新小队划分。创新小队的配置模式固定,类似于企业组织结构的细化。技术部门的创新小队实行自愿组合方式,对每个小队的总人数不做明确限制,以加强小队内部成员之间的信任和默契程度。其次要按照技术部门的专业知识进行划分,划分出一种游离于创新小队之外的非官方组织机构。企业对技术部门的垂直管理,主要针对创新小队,创新小队可以直接将技术创新困难、新思路等上报企业高层,企业高层通过技术专家委员会审核后,对各创新建议进行快速回复。企业技术专家委员会必须处于中立地位,对技术专家委员会的考核不纳入技术部门,从而使其免受利益因素影响。

第二,技术岗位竞聘上岗。国有大型企业技术部门通常具有大量的技术人员,技术人员之间既有技术职务差别,也有行政职务差别,很多年轻有为的技术人员进入企业后,不断加强业务知识的学习,并在工作中表现突出,工作能力提升非常快。如果仅以资历和人脉进行岗位设置,难免会打压技术部门的积极性。所以技术岗位实行竞聘上岗非常有必要,竞聘上岗人员的条件可以分为两方面:一是该岗位的基础技术条件,二则是岗位的综合技术条件。基础技术条件的设置可以通过专业知识考核的方式进行,这样就能消除工龄因素的影响;综合技术条件则主要以项目仿真模拟方式进行,以考察技术人员的组织管理能力、技术协调能力、创新思维能力等,综合技术条件的考核可通过专家评审方式,由企业外聘专家实现公平测评。另外,建立灵活的技术团队模式,国有企业可以设置若干个技术创新团队领导岗位,面向企业内部公开竞聘,竞聘者得到聘用后,可以自行组建创新团队,这些团队在完成企业技术创新活动的基础上,还可以以团队的名义对外申请各类科研课题,从而增强创新团队的技术竞争力和影响力。

四、提升国有企业内部管理水平

1.不断加快国有企业公司股份制改革步伐

从大中型国有企业入手,通过市场现行机制,促使国有企业实现快速改革,在短时间内实现该类企业的强效发展。就现阶段我国商品经济市场而言,国内市场庞大程度不言而喻,人力资源、环境资源和经济资源等方面在几十年国有企业改革进程中已经日臻成熟,改革契机也日臻完善。

2.完善国有企业管理机制,强化企业经营能力

由于历史发展中遗留下来的问题尚未解决,再加上与我国国有企业改革相关的法律法规尚不健全,我国国有企业管理机制亟待完善。如果不能完善国有企业管理机制,那么企业在日常生产中会出现一盘散沙的状况,这无疑不利于企业的经营发展,将在无形中降低企业的综合竞争能力,使企业在激烈的现代化市场竞争中被淘汰出局。强化企业竞争实力,要求我们必须完善企业管理机制,一丝不苟地实现企业内部管理的强化。例如,强化国有企业的财务管理机制,建立专业的财务监督机构,由改革重组后的国有企业董事会直接管理。虽然这个监督机构级别不高,但是权力相对较大,这样才可能杜绝财务腐败现象发生。又如,在企业员工管理方面,可以借鉴成功的企业管理方式,创设符合自身企业发展的管理新模式,科学地实现企业内部管理。

3.注重以人为本,建立健全人才管理机制

人力资源的发展是企业发展中的重头戏,人是企业经济发展的主要动力,也是实现企业发展的首要条件。企业在发展中应该注重员工的实际生活状况,以人为本,实现人才资源的不断发展与长效建设。虽然人才的培养在短期内没有明显效果,但是通过长期培养,可以建立企业人才库,培养企业核心竞争力。在企业长期的研发与技术创新中,发明创造和知识产权的不断强化会不断提升企业的综合竞争实力,为企业的发展创造更有力的竞争条件。例如,通过长期的校企合作,由高校培养人才,由企业对人才培养提供足够的资金,这样,将高校培养出的

一批批技术人才输送给需要专业技术人才的企业,实现人才的战略性发展。

五、以社会主义价值观构建现代企业文化

1.新时期国有企业文化变革的内部动因

按照企业生命周期理论,我国国有企业在几十年的发展历程中,经过了初创期、成长期,现已步入高原平台期,亦称为高危期。2002年,联想集团总裁杨元庆公开宣称:联想患了"大企业病";2001年,倪润峰也坦言,长虹过早患了"大企业病"。"大企业病"之说最先起源于20世纪80年代的日本企业——终身雇佣制、排斥新生事物、封闭自大的制度文化,让日本企业的发展在20世纪90年代整整停滞了10年。随着我国大中型国有企业组织结构复杂化,管理部门增多,官僚风气滋生蔓延,企业创新能力、活力出现不足,销售费用直线上升,市场占有率却快速下降,业绩增长速度明显放慢,企业内部冲突激增,各种规章制度遭到破坏。这些国有企业内体制与文化上的弊病,随着企业家管理水平的提高以及经营观念的转变,随着国有企业人员的大规模流动以及企业资本重组,被一一暴露出来,国有企业的企业文化必然要走上变革的道路。

(1)企业家的成长。应该承认随着民营企业管理水平的提高,国有企业的领导者亦意识到优秀的、为员工所共同认可的企业文化对企业战略目标的实现具有强大的推动作用,是企业长期发展的保证。随着企业的发展和对管理认识的深化,国有企业的领导者也会审视企业内部的价值观,在尊重历史与传统的基础上,对原有模式提出质疑,探讨新的经营模式与方向,在一定条件下甚至会完全抛弃旧文化,重新打造新的价值观。

(2)产权结构的调整。从20世纪90年代以来,建立现代企业制度成为国有企业改革的方向。我国大量的国有企业通过产权重组、出让、兼并、收购等方式,实现了产权结构的根本性变革。国有企业改组为多元投资主体持股的有限责任公司或股份有限公司,对已经改组为国有

独资公司的,通过资产重组,引入新投资者,实现投资主体的多元化。因此,传统国有企业"以国为先"的一元价值观受到挑战,新的产权机制呼唤新的企业文化。

(3)垄断地位的丧失。在计划经济体制下形成的垄断性的行业,如电信、银行、电力、水务、航空、铁路等,随着市场经济体制的完善与中国加入WTO,其垄断地位将被逐渐打破,国有企业不得不参与市场竞争,进行战略目标转移。但无论是实行产业多元化战略还是实行名牌战略,都要以企业文化建设为先导。因此,重塑以企业价值观为核心的企业文化显得尤为迫切。

2.国有企业改革中文化创新的外部动因

社会层是企业文化的外溢,是企业同社会环境相互反馈而形成的价值体现,既有社会对企业的认同,也包括企业对社会的态度。它作为企业文化的一个关系层面,起着推进企业整体文化与社会经济文化进行交流的作用,使企业通过与社会的相互反馈不断更新自己,保持健康发展。近年来,日本企业员工的忠诚度有所降低,终身雇佣制被打破,企业也开始引进末位淘汰制。这正是企业与社会同步、与市场同步的体现。因此,应当认清国有企业的竞争环境,认清国有企业治理中的现实问题,创新国有企业的企业文化,通过塑造和建立起一系列与规范的、全球化的市场经济和国际化相适应的理念,来深化国有企业改革,增强国有企业竞争力,推动国有企业的长足发展。

(1)我国经济体制改革引发的宏观与微观环境变化。从宏观上来看,计划体制向市场体制转型,国有企业所有权和经营权相分离,企业实行自主经营,开始应对多重利益主体。从微观上来看,建立现代企业制度是国有企业改革的方向,对国有企业进行公司制改组是深化国有企业改革的一项重要内容,投资主体的多元化已成为历史趋势,国有企业需要对顾客、用户负责,对供应商、销售商负责,对股东负责。

(2)以跨国公司为载体的经济全球化带给国有企业强烈的冲击。具有雄厚实力的跨国公司,在市场产品竞争、技术、文化等方面都拥有国有企业所无法比拟的优势,势必会对我国国有企业占据重要或垄断地位的民族产业造成极大的影响。因此,国有企业必须在企业文化上进行相应的创新,在核心价值理念、管理、经营等各方面做出积极调整,才能有效应对经济全球化的挑战和跨国公司的冲击。

（3）文化变革，使中国社会关系中的乡土观念受到挑战。从某种程度上说，我国还没有形成真正意义上的市场关系。地方保护、血缘关系、亲缘关系等均不同程度地左右着人们的思维与社会行为，直接作用于国有企业。但无论是对市场经济还是对经济全球化来说，这种乡土观念和伦理至上的观念都是一种局限。文化变革与文化整合对注重伦理关系、盛行裙带关系的国有企业提出了更高的要求，以礼维系的人际关系将逐渐被以法维系的公共关系所取代。

3. 国有企业改革中文化创新的目标与原则

（1）国有企业改革中文化创新的目标

科学发展观引领下的企业文化创新要兼顾企业的经济功能与社会功能。首先，现代企业作为一种经济组织形式，其固有的营利性质决定了企业文化本身带有一种功利色彩。但企业盈利的意义除了提高员工的生活质量和工作质量，为股东及其他资产所有者带来可观利润外，还要为社会或公众提供有价值的产品与服务，满足人类物质上与精神上的需求。其次，现代企业作为社会大系统中的一个子系统，其生产、经营、管理行为会作用并依赖于社会大环境，即企业子系统与社会大系统间存在着紧密的相互联系、相互影响、相互制约的系统效应。因此企业在谋求自身经济效益的同时，也要兼顾包括社会经济效益、社会生态效益与社会精神文明效益在内的社会整体效益。作为人类物质与文化生活产品的提供者、生态环境的保护者、人类精神文明的传承者、人们生存方式与消费观念的塑造者，企业要担负起以优良的产品和服务奉献社会、以依法纳税的行动回报社会、以现代产业文明造福社会、以先进文化推动社会发展的历史重任。因此，应"兼顾经济目标与社会目标，促进经济社会协调发展"，这也是科学发展观对企业文化创新在目标上的基本要求。

（2）国有企业改革中文化创新的原则

企业文化建设须遵循一定的基本原则才能健康发展，取得成效。根据国内企业文化理论探索和实践经验，我国国有企业在文化建设中必须坚持以下基本原则。一是坚持从中国国情出发的原则。我国的企业文化建设是在生产力水平较低及发展十分不平衡的状态下进行的，因此应把发扬艰苦创业、勇于创新的精神作为企业文化建设的重要内容，把促进生产力发展作为企业文化建设的根本目的与检验企业文化建设成效的重要标准。企业文化建设要使企业真正成为适应社会生产力发展要求的、具有生机和活力的微观主体。二是突出"以人为本"的原则。人是生产力中最活跃的要素。作为社会主义国家，人民是国家与企业的主人，企业的厂长、经理同员工的地位是平等的，工作目标和利益是一致的，要坚持把尊重人、关心人、理解人、培养人、合理使用人、全方位地提高企业员工的整体素质，作为企业文化建设的主要内容，要推行以人为中心的经营管理理念，充分发挥企业员工的积极性、主动性和创造性，从而增强企业的活力。三是坚持全员共同参与的原则。营造出色的企业文化是一个系统工程，需要多方面的努力，需要各种因素的积极配合。首先，企业家作为企业文化的设计倡导者、执行推动者、实践变革者，是企业文化生成与创新的关键。其次，企业员工作为文化培育的对象，作为文化创建的主体，是文化创新的决定性力量。企业领导与各个层面的管理人员要对文化建设给予高度重视，并动员、组织、激励企业员工共同参与文化建设工作，使企业文化建设健康发展。四是突出绩效与个性的原则。企业文化作为一种先进的管理理论，只有在市场的磨砺和消费者的检验下才能发挥其效能。同时，企业文化也只有具备了本企业的特点，充分发挥自身优势，才能被广大职工认同，才能由此创造出效益，也才能真正具有强大的生命力。

国有企业在文化创新的实践中要注意遵照企业文化建设的基本原则，以科学发展观的基本要求为指导，统筹兼顾，系统规划，对文化创新构成各要素之间的关系进行科学处理，协调好创新主体中个别与整体的关系，创新基础中传统与时代的关系，创新内容中浅层与深层的关系，创新目标中共性与个性的关系，创新功能中经济效益与社会效益的关系。首先，以人为本，全员参与。企业文化建设是企业经营管理者的职责，也是全体员工共同的事业。以科学发展观为引领，企业文化的创新应该以培育包括强烈历史使命感、高度社会责任感的企业家精神为起点，以确立以人为本、服务社会的共同的文化追求为归宿，有效整合企业家高度文化自觉与员工自觉践行文化的力量，打造文化共同体、命运共同体与发展共同体。其次,深层整合,务求实效。企业文化创新是对企业精神文化、企业制度文化、企业行为文化、企业物质文化的改造与更新。依据四个层面的逻辑关系,既要摒弃简单的搞搞花样、走走过场、喊喊口号的"务虚"做法,也要避免将企业文化等同于企业精神或企业价值观,等同于企业的核心理念或行为规范,使企业文化沦为"空中楼阁"。科学发展观引领下的企业文化创新要立足于以人为本的核心理念,以培育企业精神文化为起点,以建立健全相应的现代企业管理制度为落脚点,有效整合文化自律与制度约束两种规范力量,并以高尚的行为文化与高品质的物质文化为载体呈现给社会。最后,相融共进,和谐发展。企业文化作为一种文化力,既要在微观层面起到人心凝聚、行为导向、精神激励的作用,为企业带来可观的经济效益,又要在宏观层面对社会主义主流文化产生影响与辐射,实现企业文化的社会效益。因此国有企业要自觉将企业文化建设融入企业生产经营和日常管理中,推动企业制度创新与管理创新,自觉将企业文化建设与企业党建、企业思想政治工作、社会主义精神文明建设有机结合起来,在职工中弘扬爱国主义、集体主义精神,倡导企业精神,开展公民道德、职业道德教育和诚信教育,把企业物质文明、精神文明、政治文明建设统一起来,促进企业与社会和谐发展、共同进步。

4. 国有企业改革中文化创新的路径

(1)国有企业企业文化创新的阻力及克服方式

美国社会心理学家库尔特·卢因运用"力场分析法"来解释企业文化创新过程。这种观点是,在创新的过程中,组织中存在着两种力量:一种是推动力,它有助于改变现实,能引发创新或将创新持续下去;另一种是阻力,是阻止或降低推动力的力量,它阻止创新发生或继续进行。二者对等时即达到"平衡"状态。因此,在企业文化创新中,可以通过三种途径来开创局面。一是增强创新推动力,使人们的行为脱离现有状态。二是降低创新阻力,减弱那些妨碍创新的力量。三是同时增强创新推动力和降低创新阻力。综合来看,国有企业企业文化创新中的阻力主要来自以下三个方面:一是由于不适应急剧复杂的社会经济变革,失去行为规范的参照而产生的企业成员个体失衡心理;二是文化惰性障碍、文化维模障碍等组织固有的文化阻力;三是社会思想、社会体制与制度中的一些消极因素。国有企业企业文化创新的阻力既来自企业内部,又存在于外部的社会大环境之中,既有隐性的,也有显性的,因此国有企业不仅要依靠自身增强创新的动力,消除企业内固有文化本身的惰性,而且要寻求社会各界的支持与帮助,更新整个社会运行机制,为企业创新不断获取支持力量。

（2）组织行为改变的方法

企业文化创新是一个对原有信仰、态度、价值观和假设进行扬弃的过程。由于无法事先对创新实现后的场景进行具体描述与准确判断,国有企业成员在"生存"与"学习"方面的忧虑成为创新的重大内在阻力。参考美国企业文化大师埃德加·沙因借助卢因的行为改变阶段和机制理论所给出的组织行为改变的三个阶段,我们提出了国有企业员工的态度和行为改变的基本方法。第一步,解冻:使员工改变旧的态度和行为。这一阶段的主要工作是使个体与他的习惯动作、知识来源和社会关系隔离,破坏个体的社会支持力量:贬低其经验,激发其创新性;奖励改变,惩罚保守和抵制。通过打破企业内的系统平衡,让员工产生外在与内在的生存危机,从而产生文化创新的动力,并自觉接受文化变迁。但在员工产生生存焦虑时,为了避免他们产生对学习的抵触,要通过增强他们的心理安全感来降低学习焦虑。第二步,创新:使员工产生新的态度和行为。这一阶段是通过领导者、顾问和模范的示范,使员工产生模仿行为。把员工放到需要变化的环境中去,使员工受到环境的同化。通过行为效仿与认同,通过自我审视与试错练习,让员工接受新的文化概念与新的评价标准。第三步,重新冻结:使员工新的态度和行为持久化。这一阶段是检验和奖励单个员工正确的态度与行为,并通过群体来强化员工的态度和行为,让员工将新的概念和意义内化到自我观念和认同感之中,内化到现行的关系模式中。国有企业要围绕企业文化创新的目标,通过同时增强创新推动力和降低创新阻力的方式来消解观念层面的创新障碍,通过新环境的创设来培育新的价值观念,并进一步将新的价值观念固化为员工的群体行为。

（3）以培育企业家精神为起点

企业家作为经济发展的带头人,行使管理或决策的职能,决定着企业资源的配置,在以卓越的指挥和胆识为企业赢得市场、创造物质财富的过程中,又要以自己的个性人格培育稳健而又健康的企业文化,为企业长期发展提供源源不绝的精神动力。因此,在坚持落实科学发展观,引导国有企业实现文化创新的过程中,具有远见卓识、开拓创新精神与过硬政治素质的企业家是解决问题的关键。

(4)创新国有企业管理层人员选拔方式

从公司高级管理人员从事国际化经营的经验指标排名看,我国经营者的企业家精神和创新精神,分别排在世界第四十五位与第四十四位。企业家在我国表现为一种稀缺资源,成为制约我国国有企业提升竞争力的重要因素。造成我国国有企业企业家资源稀缺的原因主要有三个:一是观念更新上的困难;二是体制与机制的制约;三是企业家阶层自身生长的周期及天赋制约。然而缺乏公正、公开、公平的选聘机制和竞争机制,对国有企业负责人的管理基本上还是套用党政干部标准,导致国有企业内部严重的官僚主义与官本位倾向,才是我国国有企业缺少企业家的根本原因。据统计,目前我国约90%的国有企业负责人仍由行政部门任命,职工选举的不到10%,董事会聘任的不到1%。因此,改革的关键是建立健全企业家队伍培育与选拔约束机制。

首先,建立健全企业家选聘和竞争机制,逐步建立企业家市场。培育企业家队伍,首先要培育和规范企业家市场。政府要设立中介组织资源库,对现职企业领导和准企业领导的信息进行备案,并设立科学的考核及考查程序,逐步培育和规范企业家市场。在企业负责人与经营管理人员的选拔和任用上,应当改变由政府任命的做法,真正由股东大会选举董事,由董事会从企业家队伍中择优选聘经理人员,把企业负责人、企业经营管理人员从现行干部管理制度中分离出来,使在职经理人员时刻面对潜在竞争对手的威胁,承担由于经营不善而丧失声誉或失业的风险。

其次,建立和完善企业家的激励和约束机制。在深化国有企业改革、调整国有企业内部委托代理关系的同时,要建立起一套针对所有代理人的激励约束机制。第一要对企业家在不同企业规模下、取得不同业绩时可以享受的物质待遇和个人荣誉进行界定,确保企业家责、权、利的对等;第二是要严格按照责任标准,按照企业家在任期内的经营绩效对企业家进行奖惩,经营不善者将被免职;第三是要保证企业家与普通员工间的报酬差距不能过大,既要有利于激发企业家的创造热情,又要有利于企业员工形成共同价值观。

最后,引导企业家形成正确的政绩观。创造政绩是为了发展,是为了造福社会,企业领导的政绩应体现在企业的发展与社会发展的协调统一上。在对国有企业领导的政绩考核中,要坚持全面的、实践的、群众的观点,兼顾经济指标、社会指标、人文指标和环境指标,既要看企业的经营利润,又要看企业为国家上缴的利税,既要看企业为社会提供的公益产品与服务,还要看企业在治理污染、节约能源、节省资源,引导社会道德,弘扬民族精神与社会主义主旋律方面的贡献。

(5)加强国有企业领导者的自身素养

企业家对企业的影响力既包括职位因素、传统因素和资历因素构成的权力性影响力,也包括由品格因素、才能因素、信赖感、亲切感构成的非权力性影响力。这两种影响力合成的企业家权威,对企业文化发展方案的贯彻和企业文化建设的进行具有强大的推动作用。

第一,企业领导必须具有强烈的使命感与责任感。2000 年年底,在北京举行的"21 世纪管理国际研讨会"上,美国杜拉克基金会主席弗朗西斯·赫塞尔本提出了"新世纪使命管理"的理念。他指出:机构的管理以"改善人生"为终极目的,适用于全球的领导力原则是如何做人,而不是如何做事,而做人的关键则表现为强烈的使命感。很多成功企业也都对此做出积极响应,从全球经济发展、人类社会的永续性角度思考问题,以全球问题的解决为目标宗旨,承担更广泛的社会责任。如福特汽车公司的"创造舒适的产品和环境,迎接未来的挑战"的目标,日本三洋电器公司"热爱人类和地球"的口号。这些响应既反映了各个企业家们的雄才韬略,同时也体现了其崇高的社会使命感。科学发展观提出的时代背景是"人口爆炸""环境污染""资源枯竭"等全球性问题突显的 21 世纪,是资源环境与经济社会矛盾突出的我国经济社会发展新阶段。在公平开放的国际化竞争中,企业要想得到永续性发展,顺利融入全球经济主流,企业家就必须胸怀使命感、责任感,摒弃追求一己私利的经营哲学与作风,承担更广泛的经济责任和社会责任。

第二，企业领导必须树立正确的权力观。企业文化能否真正创新，在很大程度上取决于企业家的素质、事业心、进取精神及"三观"，取决于国有企业是否拥有一支高素质的企业家队伍。而能否树立正确"三观"，对于各级领导干部来讲，在于能否以与时俱进的马克思主义理论武装自己，保持坚定的革命信仰，树立正确的权力观。只有树立了正确的"权为民所用、利为民所谋"的权力观，才能用好手中的权力、正确履行职责，才会胸怀大局，以事业为重、以企业为重、以他人为重，才会坚持系统思维、科学规划、协调发展。

第三，企业领导要不断拓展知识结构，丰富精神世界，提高修养，形成个人人格魅力。领导者在企业文化的塑造中起着主导作用，企业文化不可避免地带有领导者的个性色彩与印记。高瞻远瞩、思维敏捷、沉着冷静、心胸宽广、积极开拓、勇于进取是新时代企业领导者的重要特征和表现。领导者要坚持学习、不断进步，自觉实现知识的丰富、眼界的开拓、技能的提高与人格的升华，并通过这些魅力来影响员工的一言一行，带领全体员工团结奋斗，不断创新。

第四，企业领导必须将企业文化建设置于战略高度。曾有国外咨询公司访问北美和欧洲的 400 名 CEO，47% 的被访者表示，重塑企业文化及相关工作占据了他们相当多的时间，而且这项工作与财务信息监管一样重要。作为变革的先行者，要想成就优秀的企业文化，企业领导必须高瞻远瞩，视企业文化为企业的灵魂，调动一切因素，运用多种形式、技巧，全方位策划、实施，形成全员文化。

第五，企业领导应当身体力行，率先垂范，提高企业文化建设的执行力。执行力的提高是靠领导者与员工之间的沟通和示范来推动的，因此作为一个优秀的领导者，应当率先成为自己所倡导的理念、价值观的积极实践者，从宏观上着眼，从小处着手，以文化亲和力定取舍，营造公平公正的职场环境，让员工心里充满阳光。首先，企业领导要在企业内部培育一种尊重员工、善待员工、视员工为"上帝"的氛围。比如，在惠普公司，在联想集团，从总经理到基层员工，大家都提倡直呼其名，从而拉近员工与管理层间的心理距离，在企业内建立起一种和谐的人际关系。其次，企业领导要定期走访。"企业文化就是企业宗教。"作为企业文化的"设计师"和"牧师"，企业领导要经常下基层及定期走访，拉近干群关系,传播领导者文化。再次,企业领导要从我做起,从小事做起。企业文化建设是一个潜移默化、滴水穿石的过程,体现在企业日常管理的点点滴滴上。在思科,最好的停车位是留给员工的;而在通用电气公司,每个人都随身携带印有企业价值观的卡片,就连总裁也能随时拿出卡片,对员工进行宣传,对顾客进行讲解。最后,企业领导要明确管理层的责、权、利。管理层责、权、利是否明晰直接影响着企业文化的执行力。企业领导要明确工作任务责任人的权力、利益与其承担的责任,切实做到奖优罚劣,鼓励先进,鞭策后进。

(6)企业领导要加强企业的道德文化建设

道德文化是企业的根本。企业领导者必须充分认识到道德文化建设的意义,高度重视道德文化建设,在企业生产经营、日常管理、重大事件中通过行为示范、讲解培训、活动参与等多种方式教育员工树立正确的职业道德观念,培养正确的价值判断,将自觉珍视企业信誉、重视产品和服务质量作为企业可持续发展的基础。

(7)建立学习型组织是实现企业文化创新的有效途径

首先,善于学习,反应灵活,有助于企业适应外界环境的变化。国内的一项调查表明,中国小企业的平均寿命为 3～4 年,企业集团的平均寿命也只有 7～8 年。壳牌石油公司企划部前任主任德赫斯曾对世界 27 家历史超过百年的公司进行历时 3 年的研究,经过深刻分析后找到了这些公司"共同拥有"的四个关键要素。一是这些公司对自己周围的环境都非常敏感,与周围的世界相处非常和谐。二是这些公司具有凝聚力,员工具有较强的认同感。三是这些公司是宽容的,允许边缘化行为的存在,保持必要的多样性。四是这些公司在财政上比较保守,有效控制着自己的增长与进化。而该研究同时得出:眼界狭小,局限于本位,对变化迟钝,无法及时感知内外环境的变化,从而无法及时调整,最后导致企业危机发生则是企业短寿的一个重要原因。正如达尔文所说:在剧烈变动的环境中,能够生存下来的不是最聪明的,也不是最强壮的,而是最灵活的。我国国有企业必须面对一个现实,就是自身对环境的迟钝反应所造成的企业行为与外界环境的不协调和内部凝聚力不足,导致了企业目标与员工行为的不协调。由于国有企业员工个体与企业系统的各级组织都对现有环境感到"舒适",产生了天然惰性,再加上任何个体或组织似乎都有一个"过滤系统"，会将那些超出自己认知范围的信息过滤掉，从而导致国有企业对环境变化缺乏感知。另外，由于局限于本位思考，国有企业往往看不到自己行动的结果，或不需要为自己行动的结果负责，企业的错误行动自然也就得不到修正，这导致企业行为一再出现偏差。

其次，不断学习，自我管理，实现企业成员的自我超越。企业是一系列知识、资源的结合体。新产品开发、新技术引进、新方法引进、企业的组织结构改造、新的管理制度的建立，都需要企业更新原有知识，吸收或创造出新知识。国有企业要想获得持久竞争力，必须充分发挥每一位员工的积极性、创造性和潜能，必须加强产品质量与服务管理，必须比竞争对手学得更快，提高核心竞争力。而长期以来，在国有企业中实行的自上而下的"推式"管理使得员工不了解公司的情况和自己的工作任务，工作成了单纯的应付。因此国有企业要通过创建学习型组织，以共同愿景为引导，建立自我管理的工作团队，使员工知道如何行动才能符合全公司的利益，使高层管理者掌握如何实现自我超越和在全公司内推行自主管理，从而把企业中每个人的自我发展与整个企业的绩效联系在一起，使组织成员活出生命的意义。

最后，掌握新技能，产生新思想，打造共有价值观。在劳动中掌握新的技能，有助于促使人思维方式的转变及思想上的变化。学习型组织对"深度对话"等新的学习、沟通技巧的掌握也有助于推动每个成员的意识与情感的变化，而新的意识与情感又进一步影响个人的态度与信念。比如，企业通过对深入沟通交流与有效倾听技巧的推广运用，能有效促进企业内人际关系的融洽与和谐，而这种和谐氛围所营造出来的环境会促进员工形成开放的心态与积极进取的精神，新的态度与信念又会进一步影响人们对新的技巧与能力的学习，进而形成一个深层次的学习循环。经过一个漫长的过程，人们的思想中深层次的观念将被同化并固化。

第四节　供给侧改革,提质增效

一、供给侧结构性改革已取得一定成绩

自供给侧结构性改革提出至今,已经取得了一系列的成果,例如我国科创板成功面世、企业对自身创新越来越重视、降息减税力度不断增大等。这些可喜的成绩,说明了供给侧结构性改革确实是当下我国应对经济增长动力不足的有效方式。但是,供给侧结构性改革不是一个短期的适应性政策,而是一个应该能推动我国经济长远发展的长效机制,因此,在改革的过程中,我们依然会面临很多挑战,这就需要我们在供给侧结构性改革的过程中做好心理准备,做好长期准备,从而实现供给侧结构性改革的成功。

自 2015 年供给侧结构性改革提出以来,供给侧结构性改革取得了重大进展,"三去一降一补"稳步推进,产业结构不断优化,创新创业能力明显增强。农业方面,供给侧结构性改革效果良好,为深化供给侧结构性改革打下了良好的基础。2018 年上半年,中国工业产能利用率为76.7%,比 2017 年同期增长 0.3%。2018 年 6 月末,全国商品房销售面积同比下降 14.7%,比 2015 年年底下降 40%,三四线城市商品房清仓步伐明显加快。以市场为导向的债转股开始得很好,截至 2018 年 6月底,合同金额已达 1.722 万亿元,资金 3469 亿元,涉及高负债、高素质、有发展前景的企业 109 个。从签署的项目来看,银行及其执行机构承包的项目占 80%以上,到位资金占 70%以上。公司债务比例持续下降。2018 年 5 月底,规模以上工业企业资产负债比例为 56.6%,同比下降 0.6%;国有企业资产负债比例为 65%,比 2017 年同期下降0.4%。2018 年上半年,一般工商业用电价格继续下跌,物流成本也持续下降。2018 年 1 月到 5 月,规模以上工业企业主营业务收入每 100

元成本为84.49元,同比下降0.31元。对短板行业的投资迅速增长。2018年上半年,生态保护、环境管理和农业投资分别增长35.4%和15.4%,分别快于总投资29.4%和9.4%,高新技术产业和战略性新兴产业增加值分别增长11.6%和8.7%,增速较快。

1."三去一降一补"稳步推进

"三去一降一补"针对的问题是产能过剩、房地产库存大、财务杠杆和企业成本高这几个问题,针对这些问题,必须积极地去产能、去库存、去杠杆、降成本、补短板。

第一,去产能方面的进展。2018年,煤炭、钢铁等产能过剩的行业的产能转移工作已取得成效。原计划是将钢铁生产能力减少约3000万吨,实际完成3500多万吨;原计划是抽回约1.5亿吨煤炭生产能力,实际完成2.7亿吨。超额实现年度目标后,工人也得到了更好的安置。但是,在取得成绩的同时,我们也必须认识到,在当前的去产能中,依旧有很多问题需要解决。例如,在产能过剩的产业中,许多已经停止运营的企业未能得到有效清理,原因在于缺乏相关的标准,因此在实际执行的过程中缺乏相应的指导思想。同时,去产能还不能单纯聚焦在这个"去"字上,去掉、关闭一些高耗能或者闲置的产能很容易,只需要采取行政手段就可以了。但是,如何在去产能的同时,解决好去产能导致的再就业问题以及区域经济增长问题,是更为关键的。可以说,后两者的解决,会直接影响到去产能工作的推进。因为对于地方政府来说,很多高产能和闲置产能可以为他们解决就业问题、解决经济问题,所以,在去产能的时候,如果没有与之配套的去产能后的解决对策,那么地方保护主义就会抬头,去产能的难度也就会相应增大。

第二,去库存方面的进展。我国主要通过城镇化的方法,通过鼓励广大农民工和农民在城市购房,进而去库存。这样一来,既能够有效地实现去库存,同时也解决了大部分农民工在城市的工作、落户问题。在这一方面,我国推行的保障政策,主要是贷款和贷款担保机制。贷款和贷款担保机制既为农民买房提供了便利,也为银行扩展了业务。2016年,部分城市农民工和农民购房占房地产销售总额的50%,部分县甚至达到70%。此外,货币化安置也取得了一些成效。2016年货币化安置比例达到48.5%,比上年提高18.6%。2018年,全国商品房销售面积比上年年底减少 6510 万平方米。

第三，去杠杆方面的进展。去杠杆的主要目的是抑制我国债务规模，同时降低过度财务杠杆的潜在风险。2018 年，我国规模以上工业企业资产负债率下降 0.5％。由于杠杆得以抑制，实体经济的金融风险相对降低，有利于实体经济优化融资结构，对于推动实体经济发展有着积极的作用。在社会融资总额方面，得益于去杠杆政策带来的有利影响，社会融资中的股权融资增长迅速，2018 年前 10 个月，股权融资占社会融资总额的 12％，是 2017 年的 2 倍。而在股权融资增长的同时，债务融资则明显下降，这对于规避债务风险而言有着极其明显的作用，这是因为股权融资的比例增加能够减少资产负债率。

第四，降成本方面的进展。降低成本的主要工作是降低商业交易成本，降低税费、物流成本、电价、社会保险费。2016 年 8 月，国务院出台了帮助降低实体经济成本的政策和措施，制定了降低实体经济成本的综合规划，一系列措施的实施也取得了初步成效。数据显示，从税费构成来看，中国国有企业承担着 90％ 以上的税费。根据国家税务总局公布的数据，自中国全面实施营改增以来，我国税收减免已超过 1.3 万亿元。此外，目前我国国有企业的沉重负担不是单一的税收负担，而是一种综合性的负担，社会保障基金、贷款利息等成本占企业成本的比重也在上升，企业需要提高盈利能力，以抵销不断上涨的成本。

第五，补短板方面的进展。短板广泛存在于我国经济发展的各个领域，因此，补短板是一个涉及各行业、各领域的工作。比如东北地区商业环境不良，导致很多企业难以有效发展，民间甚至有"投资不过山海关"的传言，这句话描述的就是东北恶劣的投资环境和经济发展环境。根据企业反馈，吉林省迅速发行了一批票据，以减轻结算费用的负担；2016 年，实现省级企业行政事业费"零征"。黑龙江省大力推进政府精简和权力下放，对政府部门的怠慢和疏漏进行了严格的监督。在一系列的整改措施下，东北地区的经济形势有了显著改善，民营经济主体、个体工商户、注册资本等都显著增加。

2.产业结构优化升级趋势向好

产业结构是指各产业部门、各行业之间的比例关系，不仅包括数量与比例的关系，还包括国民经济各产业在社会再生产和相互制约过程中的关系。也就是说,产业结构是各工业部门之间的定性和定量关系。

产业结构之间的关系,会直接影响到资源的配置和利用,进而也会影响到经济发展,因此,在经济发展过程中,必须注重产业结构调整,而在供给侧结构性改革中,更是要大力推进产业结构升级。从我国目前的经济形势和产业发展来看,第一产业和第二产业依旧在有序增长,而第三产业则在供给侧改革下,实现了产业结构的优化,一些新兴产业的发展速度也显著提升。

在产业结构升级过程中,由于各个区域的主打产业不同,因此呈现出明显的结构差异。例如,长三角地区对外贸易发达,在新兴产业和服务业方面也具有很好的发展优势,因此,在产业结构方面,注重发展服务行业和互联网产业等新兴行业。又如,作为我国的老工业基地,东北地区在能源和重工方面有着丰富的经验,但是在一些新兴产业,如互联网、服务业等,则明显落后,而当前的经济形势中,互联网、服务业等属于相对高端的产业,所以东北地区不能再继续依赖重工产业,而是要积极实行产业结构升级,调整产业结构,弱化第二产业的主导地位,发展第三产业。

3.创新创业动力不断增强

随着经济的不断发展,创新的重要性日益凸显,尤其是随着互联网技术、人工智能技术、计算机技术等对经济的反哺,越来越多人认识到了创新对经济的有效推动,因此,自党的十八大之后,创新就作为一个关键词,频频出现在国家的相关政策规划中。

从政府角度来看,为了有效促进创新,政府提出了"大众创新、万众创业"的政策,推动各个主体参与到创新中来,同时,通过开设创新培育基地等一系列措施,在全民之中引发了关于创新的热潮。以东北地区为例,无论是中央政府层面还是区域政府层面,都对创新予以了高度重视,不仅积极主导各个行业进行创新,同时出台了一系列配套措施。吉林省加强了产学研之间的交流合作,通过产业之间的科技研究,和学术单位之间形成有效的联合,进而在确保经济发展的同时,不断增强研究力度,通过经济保障科研,同时又通过科研反哺经济发展,实现了双向互利发展。例如,吉林省建设有 128 个省级孵化基地,同时还建设有 30 个试点实验基地,这些基地的建设,既表明了政府大力支持科研创新的态度,同时也为吉林省的科研创新提供了土壤。截至 2017 年年底,吉林省科技创新中心引进和培育创新创业项目 1299 个,就业岗位 3688 个,企业申报有效知识产权 530 项,其中发明 135 项,培育创业板上市企业 1 家、新三板上市企业 9 家。从这些数据可以看出,创业中心已经为当地的创新发展提供了有效的助力,进而能够为东北地区的创新增加动力。此外,我国各个行业的创新动力也在不断增强。例如,为了鼓励各个行业创新已经推行的科创板,为创新创业企业增加融资渠道,同时也表明了我国全面推进创新的态度和决心。

二、依托产学研,提升国有企业核心竞争力

国有企业尽管资源丰富,但是在科技创新活动中,仍然无法达到一定的技术条件,例如,国有大型企业可能不具有健全先进的实验手段及高效的样机试制条件。所以,国有大型企业在进行技术创新时可以充分联合高校和科研机构,通过密切合作发挥各自优势,实现高效、低成本的技术创新。

1. 加强企业技术成果转化功能

国有企业创新的最终目的是服务社会生产,特别是一些资金实力雄厚、人员配置丰富的国有企业,每年投入大量科研经费进行生产手段改造和创新团队建设,然而真正流入市场的成型技术却非常少。还有部分国有企业技术创新成果转化功能非常弱,因此要通过各种孵化方式促进科研成果的转化。首先,通过企业联合的方式促进成果转化。大型国有企业可以与中小企业合作,中小企业专业化生产水平高,管理灵活快捷,渴望成为大型国有企业的配套企业,大型国有企业也希望将小批量的成果转化工作转嫁出去,所以双方完全可以实现利益共赢。人型国有企业掌握创新成果的知识产权,中小企业负责成果转化工作,一旦创新成果满足市场要求后,大型国有企业可以视情况决定是否收回产权,由自身进行规模批量化,或者继续由中小企业独家配套供应。其次,通过风险投资方式进行成果转化。国有大型企业的金融信用比较好,更容易吸引风险投资伙伴,对其技术创新成果进行专业化的市场运作。

2. 加强与高校的基础理论和实验合作

国有大型企业技术创新的最大特点是应用性特色明显,但进行技术创新要依赖大量的科研力量和实验数据,依赖国有大型企业自身创建理论、挖掘数据是不现实的,国有企业既没有足够的高端技术人员,也没有先进的配套实验条件,所以寻求与高校合作非常必要。首先,根据技术创新内容进行项目划分,明确企业技术创新团队中不同人员的不同任务,也就是技术任务的边界问题,对于非自身边界内的问题不做过多干涉,在边界划分过程中,将基础理论建设环节和实验环节分担给高校合作伙伴,高校需要按照规定进行相关理论的探索和实验数据的采集。其次,在技术创新后期,特别是成果论证阶段,需要高校进一步优化理论和实验数据,构建完整的技术创新理论验证链条,当国有大型企业技术创新任务完成后,高校仍然可以以前期的理论为基础进行后续研究,高校理论研究的成果归属高校。

3. 加强与科研机构的实验合作

国有大型企业技术创新的另一难点在于样机试制和常规科研工作。目前许多国有企业招聘的技术人员主要为企业提供技术服务,而企业承担的一些技术创新项目通常比企业技术服务难度大。如果与高校合作,高校的实际业务能力与企业仍然有一定的差距,同时高校科研人员在工程技术应用方面缺乏实践性。但与科研机构合作,情况就完全不同。科研机构的工作人员通常会进行大量的横向课题和纵向课题研究,他们的研发水平与企业不相上下,而且科研机构拥有大批技术水平扎实的技术人员,这些技术人员长期接受专业化培训,具有大量的企业技术服务工作经验。国有大型企业完全可以通过人员借调方式,向科研单位借调工作人员进行技术开发,也可以将技术创新任务继续切块划分,由科研单位进行承包。科研单位与企业之间具有广阔的合作空间,双方能够共同寻求技术成果和提高技术服务水平。当前我国实施的一些大型课题,都是采取以企业为基础,以科研单位为主体的合作模式,企业凭借充足的资金支持和装备支持,保障了创新活动的持续进行。

4. 增强知识产权保护力度

对企业技术创新成果的知识产权保护工作需要从政府、企业两方面同时抓起。对政府而言,要加大侵权监督和处罚力度。企业技术创新成果一旦转化成功,会被很快推向市场,在推向市场的过程中,很多竞争对手会快速模仿,导致国有企业技术成果被侵犯。这就需要政府工商部门、质量技术监督部门、公安部门加大联合执法力度,对技术创新成果进行备案,并将备案信息进行电子档案管理,同时使不同地区的执法部门之间信息共享,便于及时核查技术成果来源。对于恶意侵犯创新成果知识产权的行为,降低其银行信贷诚信度,对于严重侵权者,应追究其法律责任。对于国有大型企业公司而言,要加大技术创新成果的专利保护力度,在企业内部经常开展知识产权讲座,对企业技术人员进行专利申请培训,对创新成果的专利申请建立电子档案,及时追踪相关专利技术的有效保护期,防止超出时效保护的成果被二次利用。

5.科技成果转化扶持政策

国有大型企业技术创新成果的转化风险很大,既要投入大量的资金,又要承受巨大的市场潜在风险,所以政府必须推行企业科技成果转化扶持政策。首先建立专家智囊扶持政策,各地的院士工作站、专业化风险评估公司、市场调研分析专业机构,从专业前景、市场前景等方面帮助企业进行全面的风险评估,努力降低企业的可预见性风险危机。其次要充分利用当地的高新技术开发区的技术优势和政策优势,促进国有企业技术成果的合作转化工作,对于前景好、社会经济价值高的技术创新成果,可以面向高新区进行项目转化合作开发,通过技术成果展览会、洽谈会等方式加强企业之间的沟通了解,以政府信用为担保,加快科技成果的第三方转化速度。

三、推进供给侧结构性改革的路径

总的来说,国有企业经济体量巨大、能够调动庞大资源,并且处于关键性行业,这使得在供给侧结构性改革中,必须要对国有企业的改革予以充分重视,促使国有企业成为供给侧结构性改革的有力抓手。由国有企业的改革,带动其他各行各业的深层次改革,最终实现供给侧结构性改革解放和发展生产力、推动经济持续增长的目的。

1. 稳妥推进"三去一降一补"

深入推进去产能、去库存、去杠杆、降成本、补短板"三去一降一补"是供给侧结构性改革的五大任务,这五个任务并非单独存在,而是相互关联、相互补充的。在供给侧结构性改革中,稳妥推进这五大任务,能够有效平衡供求关系,进而稳定经济环境。

多管齐下,化解过剩产能。关于产能过剩,马克思进行了论述。根据马克思主义理论,需求不足,但是供给侧却出现过剩,是长期粗放的经济增长方式和一系列的失误投资所导致的。因此,根据马克思关于供需失衡的论述,要想解决产能过剩问题,必须多管齐下。第一,从机制建立上,要建立去产能的长效机制,用机制保障去产能的持续性和长期性。去产能是一项长期进行的改革内容,不是一时的适应性政策,因此,必须从机制方面予以保障。通过建立去产能的长效机制,让市场的决定性作用在资源配置中更加明显,同时积极发挥政府的监督调控作用,进而实现去产能的长效化、科学化。第二,要提高行业的准入门槛。我国钢铁、煤炭这两大行业之所以出现如此严重的产能过剩情况,和行业准入门槛不高有着直接的关系。由于行业准入门槛过低,大批企业涌入,大部分企业又缺乏科学的管理和发展规划,只知道盲目生产,久而久之,就导致了产能过剩。因此,要通过提高行业的准入门槛,控制行业内的企业数量,在减少存量的同时控制增量。第三,要加速对"僵尸企业"的清理。国有企业中许多已经停止运营的企业占据了大量的资源,导致了资源的浪费,因此,要想提高资源的配置效率,就必须要对这部分企业予以清理,将其占用的资源盘活,进而提高资源的利用效率,激发市场活力。因此,要对国有企业中许多已经停止运营的企业进行全面了解,通过兼并、重组、破产等一系列手段,对这些企业进行有效的处理。第四,要对各个传统行业进行技术升级,传统行业之所以产能过剩,主要的原因在于生产效率低下,生产资源利用率低。而通过技术升级,能够有效对传统行业的资产利用率加以提升,进而从企业层面解决传统行业的产能过剩问题。

多渠道监管,推进去杠杆。从我国的高杠杆现状来看,我国的高杠杆既包括金融行业的高杠杆,也包括实体经济的杠杆。因此,在去杠杆的过程中,也就必须通过多渠道降低金融行业和实体经济的杠杆。第一,要推动金融机构去杠杆。从金融机构自身来说,自有资本的增加、保证金比例的提高,都有利于金融机构去杠杆。同时,在金融项目的选择上,金融机构要更加谨慎,对高杠杆的融资项目要严格检查把关。在资产管理上,金融机构要对不良资产进行及时的清理,优先清理钢铁、煤炭等产能过剩行业的不良资产。第二,要加强金融风险监测预警。金融机构存在高杠杆投资,也就导致了高风险的存在,针对这些可能存在和可能爆发的风险,金融机构要建立起风险预警机制,同时,对于其所服务的互联网金融企业,要加强日常的运营监督和反馈,在风险爆发之前找出端倪,使自身避免遭受风险的冲击。第三,促进实体经济去杠杆。实体经济在发展过程中存在融资困难等问题,为了克服这些问题,实体经济可能通过增加杠杆实现融资。而实体经济去杠杆有助于为实体经济融资创造良好的环境;同时,在投资市场上,要支持多元化的投资、融资方式,例如风投、创投、私募等,通过一系列的措施,促进实体经济去杠杆。

降成本与补短板,是为了提高企业竞争力,改善企业外部发展环境,激发企业活力,提升经济潜在增长能力。因此,各项任务需要统筹兼顾,协调推进。企业成本过高,会导致企业在生产的过程中,通过降低人力成本、产品质量等方式降成本,从而导致企业出现人才配备不到位、产品质量不达标等问题,这些问题反映到需求侧,就是人们的高端需求得不到满足,进而导致供需之间产生矛盾。因此,必须要通过一系列措施科学有效地实现成本的降低。第一,要有效减少企业的交易成本。可以对现在的交易收费进行梳理,减少重复收费,减少各类机构征收的中介费用,同时引入市场竞争机制,促使一些中介机构在市场竞争中降低成本,避免一家独大,一家垄断。第二,要降低企业在各个环节的税收成本,对于小微企业、初创企业和高新技术企业,应给予有针对性的税收优惠,以此促进这些企业的发展。第三,要加大基础设施建设和现代化物流网络建设,为企业降低物流成本。第四,可以通过降低商业用电价格,减少企业用电过程中产生的费用。

补短板要求企业掌握更多核心技术,解决重点领域、关键环节"卡脖子"问题。国有企业改革的重要目标是改善国民经济发展质量,提升国民经济发展水平,稳定社会生产生活。未来国有资本布局要更多聚焦战略新兴产业、现代先进制造业、关系国计民生和国家安全的重点行业及领域，要通过布局优化和结构调整，来促进国有企业补齐发展短板，弥补发展弱项。

2.优化产业政策体系

产业政策体系是一个动态变化的过程，从国际发展的经验来看，在不同的发展阶段，打造不同的产业政策体系，能够显著提升国家的经济水平，进而推动国家发展。随着经济发展进入新常态，我国的产业政策体系已经逐渐不能适应新的经济变化，这就要求我国在当前这个时期，必须对国内的产业政策体系进行优化，对老、旧、缺乏增长潜力的产业进行清理，培育新的产业，实现我国的产业政策体系科学化发展，进而引导我国的经济发展。

（1）全产业竞争机制和监管机制

公平的竞争环境，是促进企业快速发展的保障，也是各类产业政策得以发挥作用的基础，因此，在产业政策优化升级的过程中，必须从竞争机制和监管机制入手。在完善产业竞争机制方面，政府应该大胆放权，减少对经济的干预，让市场竞争机制发挥作用，通过市场竞争机制盘活整个产业。同时，政府要减少以往管理中普遍存在的管理越位、缺位、错位等现象，通过有效的监管手段，减轻企业的压力，让企业在市场竞争中能够发挥主动性，不断优化自身的产品和服务，通过企业的发展，推动整个产业的发展。在完善产业监管方面，监管部门要充分发挥自己的监管职能。在以往的监管过程中，对于一些利益空间大的产业，各个政府部门争着监管，对于一些利益空间小的产业，又会出现监管缺位的现象。因此，政府应该对各个产业的监管情况进行明确的职责划分，同时，在强调政府监管的过程中，还要注重媒体监管、民众监管，多头并进，共同推动监管体系的完善。此外，监管的同时，还要建立事后召回机制、来源可溯机制等一系列机制，确保监管发挥其应有的作用。企业也应尽快建立符合国际标准的产品召回和补偿制度。

（2）变革产业准入政策及配套政策

产业准入政策是产业政策体系的重要组成部分，产业准入政策在严把产业入口方面发挥着重要的作用，可以说，产业准入政策的存在，直接决定了整个产业的发展方向。但是我国目前的产业准入政策僵化,导致市场行为发生了扭曲,无法进行有效的资源配置。同时,产业准入政策在发挥作用的过程中,存在权力寻租的现象,一些不符合准入标准的企业也进入了产业之中,最终导致整个产业的发展受阻。因此,要变革产业准入政策,并辅之以配套政策。通过产业准入和配套政策,把紧产业准入的门槛,避免从源头上对产业发展造成不利的影响。同时,产业准入政策应该按照"不限制、不许可"的原则,内容应该包括"四个清单"和"两个标准",即否定列表、许可列表、政府权力列表、不信任企业列表,以及能源消耗限值标准、工业污染物排放标准,充分发挥产业准入政策在行业发展中的积极作用。

(3)促进产业政策与货币政策、社会政策相协调

对于我国在经济新常态阶段所遇到的问题,单纯依靠产业政策进行调整,难以有效解决,因为在经济新常态阶段,我国所遇到的经济问题呈现出综合性、复杂性的特点。因此,在完善产业政策体系的同时,要实现产业政策与货币政策和社会政策的协调,通过各类政策的有机结合,全面促进产业的发展。首先,要实现产业政策和货币政策的协调。货币政策是宏观经济调控的主要手段,而产业政策则针对性更强,因此,两者的结合,能够对产业的发展起到积极的促进作用。例如,针对新兴技术产业,货币政策可以为之提供充足的发展资金,而产业政策则可以为之提供明确的发展指导,进而全面促进新兴技术产业的发展。其次,要实现产业政策和社会政策的协同。社会政策的主要目的在于增加社会福利,解决社会存在的矛盾。而产业政策则能够有效促进经济的增长,两者之间彼此配合,社会政策能够为产业政策的实施创造良好的环境,而产业政策则能够解决社会政策实施过程中出现的失业等问题,化解社会矛盾。例如,在去产能的过程中,关闭一些"僵尸企业"必然会导致企业员工失业,这是社会政策引发的社会问题,但是产业政策却可以发挥作用,吸收这些失业人群,进而缓解社会矛盾。

3.强化创新驱动发展战略

(1)要加快建设科技体制机制,释放产业升级活力。在市场经济创新过程中,必须为创新提供良好的政策保障,因此,就必须建设科技体制机制。通过建设科技体制机制,一方面,可以有效激励广大经济主体

参与到创新中来,为经济发展提供新的发展思路和发展增长点;另一方面,科技体制机制的建设,能够有效保护科技创新成果。以往我国的企业之所以缺乏创新的意识和实践,就在于科技创新的成果容易被剽窃和模仿。而科技体制机制的存在,则为企业去除掉这种后顾之忧,能够有效推动企业创新。

(2)改革完善科研资金管理和创新成果评价制度。对于科技创新而言,科研资金是创新的物质基础,而对创新成果的评价,则是对创新是否适用于市场的直接反馈,这两者都会对科技创新产生直接的影响,所以必须予以重视。在科研资金方面,要完善对科研资金的管理。以往的科研资金管理往往由某个机构负责,科研基金的使用情况不透明,这就导致很多科研基金被占用。因此,在完善科研基金管理的过程中,要加强对科研基金使用的监管,同时增强科研基金的透明化管理,做到每一笔科研基金都有迹可循,这样,可以有效避免科研基金被侵占,让科研基金用到该用的地方。在科研成果评价方面,以往的科研成果评价主要由政府主导,忽略了科研成果最终的应用情况,因此在科研成果的评价过程中,要引入市场评价机制。即一项科研成果是否有价值,不应该由某个部门说了算,而应该让市场说了算。这样一来,能够避免某些部门的偏见或者认识不足,导致真正有科研价值和实用价值的科研成果浪费。

(3)要畅通科技创新成果资本化、产业化通道,构建科技创新成果转移转化体系。科研成果的最终运用,是要在市场中产生经济效益。而在我国目前的科创体系中,科研成果缺乏成熟的商业化流程,这就导致很多科研成果问世后,难以实现商业化,进而导致很多科研人才不愿意投入太多精力在科研上,如此形成了一个恶性循环。因此,要进一步实现产学研一体化,通过高校、企业、技术人员等各个科研主体和经济主体的联合,在科研过程中,由经济主体提供经济帮助,当科研成果产出的时候,经济主体对科研成果享有一定的使用或者商业化权限。如此一来,既可以从经济上解决科研经费不足的问题,同时又可以从结果上推动科研成果的商业化。这对于科研人员、科研机构、高校以及企业而言,都是极其有利的。

结论
Conclusion

改革开放 40 多年来,中国经济长期高速增长,堪称世界经济史上的奇迹。企业作为载体在经济增长奇迹背后的作用不言而喻,有经济学家称企业就是社会主义市场经济发展的造血细胞。然而,随着经济发展内外环境与条件的改变,这种由要素和投资驱动的粗放式发展逐渐引发了诸多问题,产能过剩凸显、产品质量不高、核心技术缺乏和有效供给匮乏等问题成为阻碍经济健康发展的绊脚石。这些问题不仅导致我国经济高速增长难以持续,增长质量和风险堪忧,还使得企业发展空间受限。

自从我国实行改革开放以来,经济建设取得显著成就。国内生产总值已经坐稳世界第二把交椅,经济也由初级工业经济发展为高级工业经济,我国成功步入中等收入国家行列。但是从 2012 年开始,我国经济增速放缓,增长率持续走低。2015 年的增速为 6.9%,25 年来首次跌破 7%,经济发展步入中高速区间。我国需求侧持续疲软,对于经济发展的贡献率不断降低。通过一味加强需求侧来带动经济发展的空间明显有限,供需错位已经成为阻碍经济发展的最大障碍。一方面,盲目扩大生产造成产能大量过剩;另一方面,我国的供给体系与需求体系严重不匹配。一系列特征都表明我国的经济发展步入新常态。基于我国的经济发展现状,2015 年 11 月 10 日,习近平同志在中央财经领导小组第十一次会议上首次提到了"供给侧改革",即"在适度扩大总需求的同时,着力加强供给侧结构性改革,着力提高供给体系质量和效率,增强经济持续增长动力"。自此,供给侧改革不仅一跃成为时下的热词,也成为国内外各界洞悉我国经济发展的风向标。

可以说:供给侧结构性改革是我国主动适应和引领经济新常态的必然选择,也是我国实现经济持续健康增长的关键。作为实现供给侧改革的重要力量,国有经济在国民经济中始终占有重要地位,而国有企业又是国民经济的重要组成部分,因此国有企业是供给侧结构性改革的"助推器"。去产能、去库存、去杠杆、降成本、补短板五大任务,每一项的完成都离不开国有企业的配合与支持。

首先,供给侧结构性改革与国有企业改革具有统一性。第一,国有企业改革与供给侧改革在目标指向上具有同一性。供给侧改革以去产能、去库存、去杠杆、降成本、补短板五大任务为纲领,同时,这五大任务也是进一步深化国有企业改革的重要内容。这就决定了国有企业要想进一步深化改革,就要下定决心推进供给侧结构性改革,将供给侧结构性改革的任务作为国有企业改革的出发点,坚定执行各项改革决策,为经济发展创造新动力。第二,国有企业改革与供给侧结构性改革的改革方向具有同一性。供给侧结构性改革就是从供给端入手,运用改革的办法来优化供给结构,通过要素比例的调整提升供给效率,提高供给质量,提升全要素生产率,实现市场对资源的优化配置。国有企业改革的目标则是充分尊重市场对资源配置的决定作用,保证国有企业作为独立的市场主体去参与市场竞争,增强国有企业持续发展的动力和活力。所以,无论是国有企业改革还是供给侧改革,都是在肯定市场资源配置作用的前提下展开的,市场化是二者共同的追求。第三,供给侧改革与国有企业改革在制度需求上具有同步性。如上文所述,改革是通过对旧事物、旧制度、旧关系从局部或者根本上进行调整和改变,来为社会的发展提供动力。这两项改革都强调通过改革促进发展。制度是决定改革成败的关键因素,这也就决定这两项改革进程快慢的关键性因素是制度安排和供给。将《关于深化国有企业改革的指导意见》作为下一阶段国有企业改革的顶层设计方案,便是一场制度变革。从改革的总体要求到分类推进国有企业改革,从完善现代企业制度到发展混合所有制经济,从加强党的领导到防止国有资产流失,《指导意见》全方位描绘出新常态下国有企业的改革目标和发展蓝图。供给侧改革大力降低制度交易成本,扫除了制度障碍,为国有企业改革创造了条件,通过释放制度红利激发国有企业的活力,二者同步推进,并行不悖。总之,国有企业改革的核心是国有企业产权制度的变革,通过对企业内部国有资产股权的变动,不断促进治理结构的完善。除此之外,还有一层隐藏意义就是通过国有企业改革,注入民间资本,引入多元竞争主体,打破国有企业的行业垄断,提升要素效率,让国有企业成为真正的市场主体,在市场竞争中求发展,不断提升国有企业的竞争力和抗风险能力,促进我国产业结构的转换升级。这一点与供给侧结构性改革提升全要素生产率、升级产业结构的初衷不谋而合。二者目标统一,殊途同归,共同发力,协同发展。供给侧结构性改革的深入推进要求必须深化国有企业改革,而国有企业改革的任务和目标也要服从和服务于供给侧改革的要求和方向。

其次,供给侧结构性改革与国有企业改革具有互补性。国有企业改革是以产权为主要内容的体制改革,供给侧结构性改革是以产业为主要内容的结构改革。国有企业要通过合并重组与破产退出去完成供给侧结构性改革的主要任务,这就决定了兼并重组将成为国有企业下一阶段改革发展的主要任务。该任务将会以强手联合、债务分担、混合参股、破产退出等多种兼并重组的方式实现,特别是处于激烈竞争中、产品同质化高、经营陷入困境的央企,最有可能发生集团层面的合并。例如中国远洋运输集团和中国海运集团强强联合,一举将自身的集装箱海运能力提高到世界第四的水平。这也为国有企业走出国门提供了新机遇,部分国有企业可以利用兼并重组的契机来培育和发展企业核心竞争力,在国际竞争中占据一席之地。在去产能的过程中,可以放宽门槛,通过混合所有制改革的方式吸引民间资本,让民营企业、外资企业等资本主体也有参与的机会。中国联通集团通过专项公告,正式披露混合所有制改革试点的总体方案,打响了集团整体混改的"第一枪"。国有企业改革的成败关乎供给侧改革的成败。尽管供给侧结构性改革的表述是全新的,但却与这一阶段的国有企业改革纲领高度吻合。供给侧改革大力降低制度交易成本,为国有企业改革扫除制度障碍、解除行政枷锁、厘清政企关系、优化市场环境,而且还会为下一轮的国有企业改革提供更为明确的改革路径和发展方向,促进国有企业改革的深入推进。

关于国有企业混合所有制改革,习近平总书记在十九大报告中指出,中国已经进入中国特色社会主义新时代,我国社会的主要矛盾已经转化为人民日益增长的美好生活需要和不平衡不充分的发展之间的矛盾。这客观上表明当前企业处在低端产品无效供给、产能过剩,而对中高端产品的有效需求供给不足的困境中。这正是中央提出供给侧改革的初心,也是十九大报告所指出的我国经济要由高速增长转向高质量发展的原因。自党的十八大以来,特别是党的十八届三中全会决定全面深化改革之后,对国有企业改革做进一步深化的顶层设计已经开始,强调要准确界定不同国有企业的功能,推动国有企业完善现代企业制度,积极推动混合所有制改革建设,且首次明确阐明"国有资本、集体资本、非公有资本等交叉持股、互相融合的混合所有制经济,是基本经济制度的重要实现形式"。对于国有企业混合所有制改革,自十五大报告首次采用"混合所有制"表述,中央政策也一直延续且不断根据经济实践发展丰富其政策含义。

国有企业改革是一个庞杂的系统工程,涉及方方面面的问题,如国有经济的结构问题、国有资产代表人格化问题、经营者选择及其激励与约束问题、国有企业改革的外部环境问题,还有历史遗留下来的包袱问题。这些问题不解决,国有企业改革就很难完全成功,国有企业改革的目标也就难以实现。推进国有企业改革,实际就是在推进我国社会经济结构的全面重组和市场经济体制的全面建立。

参考文献
References

[1]蒋大兴.公司法改革的"社会主义(公共主义)逻辑" [J].中国流通经济,2020,34(7):3—16.

[2]闫乃福,李凌宇.基于集团管控模式的国有企业内部 审计途径[J].经济师,2020(7):105—106.

[3]范艳波.经济发展新常态下深化国有企业改革若干问 题的思考[J].经济师,2020(7):294—295.

[4]王静.经济全球化环境下的国有企业改革创新方向 [J].财经界,2020(7):41—42.

[5]郭卉.浅析国有企业改革背景下地方国有企业如何构 建有效的内控体系[J].财经界,2020(7):64—65.

[6]陈小璇,从均广,张瑞海.河北省国有企业改革 40 年 回顾与展望[J].河北广播电视大学学报,2020(3): 50—53.

[7]赵庆功.从美欧区域贸易协定相关规则看竞争中立对 我国国有企业改革的启示[J].法制与社会,2020 (18):115—117.

[8]李省.推动国网战略落实落地[J].华北电业,2020 (6):31.

[9]路新民.创新国资监管体制 加快国有企业改革步伐 [J].山东国资,2020(6):75—76.

[10]国资委企业改革局.翁杰明赴陕西省调研有关国有

企业[J].铁路采购与物流,2020,15(6):17—18.

[11]姜乾之,徐珺,张靓.上海国资国有企业竞争力、影响力和活力评估及提升思路[J].科学发展,2020(6):16—25.

[12]Guanchun Liu,Chengsi Zhang,Yueteng Zhu. The interest group theory of banking sector expansion in China:Evidence from a quasi-natural experiment[J]. *Journal of International Money and Finance*,2020,107:45.

[13]喻菁.国有企业混合所有制改革的薪酬激励体系探索[J].电动工具,2020(3):26—29.

[14]马运晴,姜斌.深圳投控探索国资国有企业改革发展新路径[J].企业管理,2020(6):56—59.

[15]袁国兴.分析国有企业管理改革中存在的问题及对策[J].建材与装饰,2020(17):171—172.

[16]崔文卿.深化国资国有企业改革的思考和建议[J].现代盐化工,2020(3):102—103.

[17]沈国岩.当好"六稳""六保"主力军[J].现代国有企业研究,2020(6):6—13.

[18]金迈平.探索创新职业经理人制度的实操性解决方式[J].现代国有企业研究,2020(6):34—37.

[19]张敏.基于淡马锡管理模式的中国商业类国有企业混合所有制分类改革探析[J].西南林业大学学报(社会科学),2020(3):59—63.

[20]祁秀萍.用国有企业党建引领国有企业改革[J].党课参考,2020(11):73—77.

[21]河南省审计厅.省审计厅政府隐性债务审计案例入选"首届河南省经济体制改革十大案例"[EB/OL]. http://sft. henan. gov. cn/2020/5-13/1454161. html

[22]孙文杰.企业上市:国有企业改革发展的必由之路[J].施工企业管理,2020(6):107—111.

[23]任腾飞.月度新闻[J].国资报告,2020(6):6—7.

[24]刘青山.聚焦国有企业改革三年行动,激发内生动力[J].国资报

告,2020(6):71—74.

[25]卫晖.国有企业改革如何加强思想政治工作建设[J].现代交际,2020(10):245—246.

[26]朱伟.数字化转型:"十四五"国有企业改革和发展的"新基建"[J].中国经济报告,2020(3):83—88.

[27]宋玉茹.新形势下做好国有企业改革方案的研究[J].现代商贸工业,2020,41(18):138—139.

[28]国资委新闻中心.剥离国有企业办社会职能和解决历史遗留问题工作视频会召开[J].铁路采购与物流,2020,15(5):17.

[29]王帅,李悦琴.对赌机制在国有企业员工激励中的应用[J].企业改革与管理,2020(10):8—9.

[30]吴玫媚.国有企业深改背景下加强企业文化建设的策略探讨[J].企业改革与管理,2020(10):193—194.

[31]赵根武.新时期加强国有企业基层党组织标准化建设的策略探讨[J].企业改革与管理,2020(10):213—214.

[32]刘现伟.深化国有企业改革必须加强政策协调配套[J].山东国资,2020(5):69—70.

[33]王浩.抓好"六个攻坚"加速国有企业改革[J].山东国资,2020(5):84—85.

[34]延晓阳.聊城:改革攻坚聚焦"八大提升行动"[J].山东国资,2020(5):90.

[35]丰家雷.全心全意依靠工人阶级振兴国有企业[J].山东国资,2020(5):78—79.

[36]王均,陈娣.国有企业改革背景下大型建筑安装企业投资并购研究[J].商讯,2020(16):109—110.

[37]屈辰龙,李想.中建一局二公司:善抓机遇"双百行动"促企业转型再升级[J].建筑,2020(10):50—52.

[38]龚群芳.浅析战略管理会计在国有企业改革中的作用[J].时代金融,2020(14):77—79.

[39]王大业.黑龙江省国有企业改革对策研究[J].商业经济,2020(5):17—18,131.

[40]郭晓颖.供给侧结构性改革中富余职工的分流安置:以福能集团煤炭企业职工分流安置为例[J].能源与环境,2020(2):112—113.

[41]张喜亮.以供给侧结构性改革为主线 系统推进国资国有企业深化改革[J].现代国有企业研究,2020(Z1):28—30.

[42]国资委.国资国有企业70年改革发展成就与经验[J].旗帜,2019(11):57—59.

[43]张定法.加大放权力度 激励国有企业改革创新发展[J].现代国有企业研究,2019(16):67—69.

[44]付嘉宁.探究混合所有制国有企业改革中实施策略[J].财会学习,2019(24):180—182.

[45]贾翔,樊红雨.混合制改革下国有企业股权结构变更与公司治理[J].全国流通经济,2019(15):25—26.

[46]谭昕.推进国有企业混合制改革存在的投融资风险[J].中国商论,2019(5):164—165.

[47]赵民.深化国有企业改革新思路:国有资产证券化作用探究[J].中国市场,2017(30):43—44.

[48]李昌庚.论中国国有企业改革路径依赖[J].团结,2017(3):44—49.

[49]庄涛.创新驱动与国有企业改革[J].现代国有企业研究,2017(4):5.

[50]邢炜,周孝.国有企业改革与技术创新模式转变[J].产业经济研究,2016(6):22—33,45.

[51]魏敬红.深化国有企业改革面临的问题研究[J].现代国有企业研究,2015(6):5.

[52]崔锦昌.当前国有企业改革面临的问题与应对措施[J].品牌,2014(7):70—71.

后记
Postscript

　　本书系浙江省哲学社会科学规划重点课题"全面深化改革背景下国有企业资产监督机制研究"（课题编号20NDJC33Z）的最终研究成果。进入绍兴市委党校工作后，因为承担了非公企业、国资企业主题培训班的内容设计工作，以及与国资系统领导、职工进行了广泛交流，我逐渐对国资企业改革产生了学术兴趣，并在《经济问题探索》《企业经济》《当代经济》等期刊发表了若干篇文章。在此基础上，2019年，我申请了浙江省哲学社会科学规划课题"全面深化改革背景下国有企业资产监督机制研究"，该课题有幸成为重点课题。申请课题是基于我的学术兴趣与平时的自由思考，但课题立项后，我才发现完成课题是一件很不容易的事情，完成课题的过程甚至成了对我的"折磨"。因自身学术功底不强、对国资企业改革相关理论积淀不足，而且随着年岁的增长，我的身体精力已经大不如前，故而本课题的完成对我来说显得格外艰难。在键盘上敲完本书最后一个字，我有点如释重负，也有点忐忑不安——如释重负是因为总算完成了，忐忑不安是因为书里面的很多观点与思考还需要得到进一步验证。但无论怎样，将我的研究成果公开出版，供大家批评指正，也算是一个交代，是对大家也是对自己的交代。

在课题申请、研究以及本书的撰写过程中，我得到了绍兴市委党校领导、同事的大力支持，他们对于本课题以及本书的完成都做出了贡献。感谢浙江省国资委、绍兴市国资委有关领导和处室负责人的关心，感谢浙江大学出版社领导、编辑的辛勤付出，也感谢对本课题的研究、本书的写作提出意见和建议的专家、同仁及朋友，是他们的默默关心，使得本课题申请与本书的完成拥有了坚实的后盾保障。感谢本课题组其他成员，我们一起调研，一起讨论论文的撰写，他们为课题的完成贡献了自己的智慧！感谢中央党校的朱谐汉教授，在百忙之中抽出时间做本书的第一个读者，并欣然同意为本书作序，为本书增色！最后，我要感谢我的家人，尤其是我的妻子陶礼军教授，她的支持与理解是我完成本书的有力保障。